国家社科基金教育学一般课题（BJA170089）研究成果

为积极而教

——职教范式的实践建构

主　编◎崔景贵　　　副主编◎朱永林　　吴荣平

知识产权出版社

全国百佳图书出版单位

——北京——

图书在版编目（CIP）数据

为积极而教：职教范式的实践建构/崔景贵主编. —北京：知识产权出版社，
2019.12

（职业教育现代化研究丛书/崔景贵主编）

ISBN 978 - 7 - 5130 - 6714 - 0

Ⅰ.①为… Ⅱ.①崔… Ⅲ.①职业教育—研究 Ⅳ.①G71

中国版本图书馆 CIP 数据核字（2019）第 291206 号

内容提要

积极职业教育是新时代职业教育创新发展的心理意蕴和实践建构。本书基于职业院校教育研究与实际，提出积极职业教育范式的基本理念，阐释积极德育、积极学习教育、积极生命教育、积极心理教育、积极职业精神教育、积极安全教育等范式建构的实践意蕴和行动路径。本书提出，积极职业教育范式是职业教育实践者共同的精神家园，是职业教育实践创新的系统建构。知行合一是积极职业教育范式的实践逻辑，职业院校教师要真正做积极职业教育实践的"有心人"和先行者，做积极职业教育的思想者和研究者。写好新时代中国职业教育高质量发展的"奋进篇章"，要理性认识积极职业教育的实践功能，在积极与消极之间保持教育实践张力，调动一切积极因素，汇聚一切积极资源，聚力做更加适合、更为优质的积极职业教育，协同推进积极职业教育范式的行动研究和创新实践。

让我们一道见证积极职业教育范式的成长！

责任编辑：冯 彤		责任校对：谷 洋	
封面设计：博华创意		责任印制：孙婷婷	

为积极而教——职教范式的实践建构

崔景贵 主编

朱永林 吴荣平 副主编

出版发行：知识产权出版社有限责任公司　　网　　址：http://www.ipph.cn

社　　址：北京市海淀区气象路 50 号院　　邮　　编：100081

责编电话：010 - 82000860 转 8386　　责编邮箱：fengtong23@163.com

发行电话：010 - 82000860 转 8101/8102　　发行传真：010 - 82000893/82005070/82000270

印　　刷：北京九州迅驰传媒文化有限公司　　经　　销：各大网上书店、新华书店及相关专业书店

开　　本：787mm×1092mm　1/16　　印　　张：17.75

版　　次：2019 年 12 月第 1 版　　印　　次：2019 年 12 月第 1 次印刷

字　　数：275 千字　　定　　价：88.00 元

ISBN 978 - 7 - 5130 - 6714 - 0

目　　录

为积极而教：职业教育范式的理念与意蕴

积极教育是以积极心理学家为主要代表发起，主张开发人的潜能、优势和美德，注重建设积极人性、人格、人力与人生的一场教育改革创新运动。积极教育契合和体现人们对美好教育的向往和期待，逐渐成为全球共同利益和构建人类命运共同体的价值追求。加快发展现代职业教育，呼唤心理科学的理论支持和实践指导，也需要吸收心理科学的理论精髓和研究成果。积极心理学的教育思想和实践走向，同样影响和制约着职业教育现代化的科学进程和理想目标。加快推进中国职业教育现代化，要有新思想、新范式，在培养现代人的探索进程中反思理论基础，在改革创新实践中审视科学依据，在育人的观念转变、过程转换和方式转型等方面追寻积极取向，着力从消极误区走向积极范式。积极职业教育范式是新时代职业教育发展的心理路径、创新理念和实践选择。

第一节　积极职业教育范式的基本理念

教育理念是行动的先导和实践的指南。培养什么人、怎样培养人、为谁培养人——这些是加快发展现代职业教育必须回答的根本问题，也是需要职业教育工作者深入思考、深刻回答的时代命题。积极职业教育是现代职业教育的重要范式，是培养高素质技术技能人才的重要抓手。积极职业教育代表一种充满希望的新未来，体现一种幸福教育的新主张，预示一种理想教育的新格局。追寻积极、建构积极是职业教育现代化发展的心理学新趋向、新理念。

一、教育就是助人自助、阳光心灵

2018 年 9 月，全国教育大会提出"以立德树人铸就教育之魂，以凝聚人心、完善人格、开发人力、培育人才、造福人民为工作目标。"教育究竟是什么？回答可以众说纷纭，但有一个基本共识，教育就是为人成人的益事、帮人助人的善事。教育要坚持读懂人心、开发人力、健全人格、培养人才、幸福人生，让人成为真正具备现代人性的人。现代教育要回归到人的原点，做到以人为本、从人出发、为人着想；教人求真、与人为善、成人之美；促人成长、助人自助、育人至上。对助人自助的教育，有三点基本认识：助人的目标是重在自助，助人的前提是学会自助，助人的结果是实现自助。所谓阳光心灵的教育，就是让人心理健康、精神成长、满怀希望，培育自尊自信、理性平和、积极向上的社会心态。这是我们所理解的回归本真的职业教育，应遵循的教育准则和行动指南，应秉承的教育信念和理想追求。

二、为积极而教、与幸福同行

积极是职业教育的目的和主题。理想的职业教育是能够激发人的生命潜能，职业教育的理想是真正提升人的生命意义。积极职业教育是激发潜力、活力和努力，培养动力、能力和定力的现代教育。积极职业教育就是让每一个人（学生）能够有人生出彩的机会，让每一个人（学生）成为最好最优的自我，让每一个人（学生）拥有健康、快乐、和谐的幸福生活。为积极而教，就是要培养多维立体、三位一体的"积极人"，即以积极为基本特质和核心素养的学习人、心理人和职业人。教育的根本目的是人类的幸福，这是国际积极教育联盟提出的主张。让每一个学生幸福成长、人人成才，这是中国教育梦的应有之义。与幸福同行，职业教育就是要让每一位教师和学生的每一天，健康快乐而有意义地活着，真正有更多的安全感、归属感、尊严感、获得感和幸福感。这是职业教育者的实践立场和精神信仰，能够为职业教育者提供坚实的发展动力和行动指南。

三、没有积极就没有真教育

积极是职业教育的本性和天性。职业教育应该是积极的，但职业教育并不必然就是积极的。没有职业教育的积极特性，就没有真正积极的职业教育。缺少积极特性，职业教育就没有动力和活力，就没有潜力和魅力，必然没有希望，未来也没有出路。当今职业教育发展最大的弊端就是积极职业教育的缺位空位，消极教育大行其道。现实教育中消极取向似有泛滥成灾之势，人们对消极教育的过度熟视无睹、习以为常，随波逐流甚至推波助澜。职业教育领域出现的异化现象日益普遍，似有愈演愈烈之势，蜕变得越来越消极，越来越背离教育的本意和"初心"。积极是深化职业教育改革创新的"支点"，是办好人民满意职业教育的"亮点"，是加快发展现代职业教育革故鼎新的"重点"。现代职业教育的改革变革，就是着力从消极转向积极，善于化消极为积极，以积极为教育的重心和重点，积极职业教育成为现代职业教育的主导、主力。

四、优质教育、积极优先

当今时代是一个积极教育优先、回归积极教育的新时代，更加注重积极、倡导积极的新时代。党的十九大报告提出"要优先发展教育事业。""要让每一个孩子享有公平而有质量的教育。"职业教育要提质增效、转型升级、服务发展，实现更高质量、更加公平、更为适合，才能成为让人民满意的现代职业教育。写好新时代教育高质量发展的"奋进之笔"，更要调动一切积极因素，汇聚一切积极力量。所谓积极优先，就是能够站稳和坚持职业教育的积极立场，以积极职业教育为主体和主线，积极赋义看待教育教学过程中存在的问题，积极认识对待职校学生的时代特征和成长过程中出现的问题。

五、积极育人、育心为本

育人是职业教育的核心使命和根本任务。积极育人是新时代职业教育实践创新的课题，就是要育全面和谐发展、个性多元发展和自主积极发展的卓越之人（才）。这是职业教育常识的必然回归。俗话说：浇树要浇根，育人要育心。育心为职业院校育人育才之"初心"、第一要务。这是职业教育摒弃功利化的一种初心回归。坚韧、自信、希望和乐观是现代人最为重要的基本心理能力，全面提升心理资本，注重优良习惯、责任意识和实践能力、创新精神是职业院校立德树人、铸魂育人的重点和重心。这是一种职业教育使命的本分回归。如何更加富有成效地育心？建立"三全"育人工作机制，全员化、全过程、全方位地实施心理素质教育，创造、实现和促进最近心理发展区。这是现代职业教育职责的担当回归。

六、教育要从心懂学生、用心助成长

职业教育最大的难题就是理解儿童（学生）。事实上，一些教师自以为和学生在一起，对学生了如指掌，其实并没有走进学生的心理世界，没有了解或真正读懂学生的"内心"（心志、心智、心声、心结、心态和心灵）。职业教育工作如何从心？了解理解学生是教育的起点和开端，就是要真正洞察学生的心理世界、需求和状态，能够将心比心，以心换心，以心唤心，以心焕心。职校教师要以一种真正专业的教育视角看学生，用积极的眼光看待学生发展的差异、差距或差别，充分尊重、理解信任和宽容包容。何谓用心教育？职业教育用心何为？就要探寻探究教育的智慧、艺术和创新。职业教育教学实践重在用心而为，不是简单用力、尽力而为或量力而行。职业教育工作者需要信心、热心、专心、细心、恒心、宽心等积极品质，成为人格健全大写卓越的"现代心理人"。职业教育的终极目的是促进人的成长，充分实现人的自主自由成长、健康快乐成长、幸福和谐成长。

七、真正适合的才是最为积极的教育

我们一直在探寻，什么才是让人民满意的好的职业教育？所谓好的职业教育，就是适合学生发展的积极职业教育，就是公平而优质的积极职业教育。职业院校要为每一个学生提供适合的教育，不是让学生无条件适应或服从既有的职业教育。适合学生发展、促进学生成长的教育，才是最为理想、富有成效的职业教育。真正适合，是要遵循人的身心发展规律和教育基本规律，充分信赖人性和尊重个性，从学校、学生、学习的实际实情出发，以学论教、以学定教、以学促教，实现教学相长、教学合一、教学育人。最为积极，就是看职业教育与人（学生）的发展之间是否实现最优最佳的资源配置，职业教育能否充分发掘人的潜能，发现人的优势，发展人的能力，发扬人的特长，发挥人的作用。

八、在积极与消极教育之间保持实践张力

积极与消极是职业教育相辅相成、不可或缺的两个方面。没有教育是纯粹的积极教育，也不存在没有积极因素的消极教育，不要陷入非此即彼、非黑即白的两极思维陷阱。积极教育与消极教育之间没有严格的界限。职业教育过度的积极或许就会走向消极，变成消极。有时教育无为的消极表象，却蕴涵着积极的教育契机，也可能出现期待的积极教育效果。职业教育的积极与消极，既是矛盾对立、相互斗争的，也是有机统一、相互转化的。积极是相对于消极，但并不是从根本上否定消极教育。善于保持一定的教育张力，在积极与消极之间开展育人行动，考验着职业教育工作者的视野、胸怀、智慧和艺术。

九、积极人格是职业教育现代化的核心旨趣

职业教育现代化是教育现代化的重要方面，是建设现代化经济体系、实现高质量发展的有力支撑。职业教育现代化的核心要义就是要引领和促进人的现代化，培养现代化的人格，尤其是积极人格。第 24 届世界哲学大会的主题是"学以成人"。而教育的核心旨趣是为人成人、助人立人，职

业教育的最低目标和最高目标都是成人，成为身心健康、生命和谐的社会人，成为人格大写、人生幸福的现代人。积极是现代职业教育立德树人、铸魂育人的主旋律。职业教育的本质就是要着力培养学生一种积极乐观奋发向上的人生态度。积极职业教育的价值取向，就是全面凸显和真正提升人的生命存在感、意义感和价值感。健全积极人格，彰显积极人性，提升积极人力，培育积极人才，服务积极人生是职业教育现代化的理想目标和时代使命。

提出积极职业教育，就是号准了世界教育创新变革的脉搏，紧扣当今时代社会转型发展的新趋势，回应了职业院校办学满足人民群众对高质优质职业教育的新期待，满足广大学生渴望进一步拓展成长成才空间的新需求，创造让每一个职业教育人都有人生出彩的新机会。置身在职业教育新时代，我们要提高教育思想站位，以更宽广的学术视野深入研究现代职业教育；要直面新挑战，在大有可为的历史机遇期中谋划积极职业教育；要搭建好研讨研究平台，以更强烈的时代担当精神服务中国职业教育高质量发展。

第二节　积极职业教育范式的实践意蕴

未来已来，将来已至，一个全新的教育时代已经来临。这是一个需要职教理论创新也一定能够创新职教理论的时代。这是一个需要倡导积极教育也一定能够推动教育积极创新变革的新时代。这个时代，呼唤我们同唱一首积极范式之歌，共筑一个职业教育梦想，做有理想信念追求的职业教育实践者，做追求专业卓越的积极职业教育实践者。

一、积极范式是职业教育实践者的精神家园

教育是一种信任、信念和信仰。教育是一种有情怀的梦想，可作为的理想。积极职业教育就是一种可以托付的理想职业教育，一种值得追求的职业教育理想。积极职业教育是基于积极、倡导积极和实现积极的一种理想教育范式，"为积极而教"是职业教育改革创新的希望之路、必由选择

和实践信念。作为积极范式的学术共同体，我们都是积极职业教育理想之路上的努力奔跑者，我们都是满怀激情、践行理想职业教育的执着追梦人，我们都应成为有理想、有情怀、有特质、有担当的职业教育人、积极教育人。着力引导每一位学生幸福成长、人人成才，助力服务每一位教师幸福教育、专业发展，这是中国教育梦的生动实践和校本行动。作为一个学术共同体，我们正在为着这一共同的教育理想，携手同行、奋勇前行。

二、积极范式是职业教育实践创新的系统建构

积极职业教育不但是加快发展现代职业教育的理想或梦想，更是实实在在的教育行动与实践。建构职业教育现代化进程中的积极范式，就是要为职业教育改革创新发展资鉴，为职业院校学生幸福人生奠基，为职业院校教师专业卓越发展铺路。建构就是建设性解构、创造性重构。建构需要探索行动，建构需要实践创新，建构需要校本研究。建构职业教育范式，就是要有理想目标，有价值追求，有适合的行动路径。积极职业教育范式的建构策略，就是"积极主导""积极回归""积极赋义"和"积极先行"。建构积极职业教育，不应该只是原地踏步转圈般"吹喇叭"、形式化的"喊口号"和停滞不前的"谈设想"。不能够只是跟着感觉走，差不多就行，更不能采用错误的方法解决虚假的教育问题。我们会继续做我们认为值得做，也应该做好的积极职业教育研究。因为专注，所以专业，因为执着，所以卓越。我们一定会努力做优做好，努力做得更特更优更好。

三、知行合一是积极职业教育范式的实践逻辑

积极职业教育来自于实践，在实践中发展，需要继续接受实践的检验，需要深化专业实证的教育研究，需要贴近实际的教育行动。蒙台梭利说过："我听到了，我记住了；我看到了，我忘记了；我做过了，我理解了。"知行合一是新时代职业教育改革创新的"心学"，也是建构积极职业教育范式的实践逻辑。知得真切，知得笃实，便是行；行得明觉，行得精察，便是知。知行合一，要求我们真知，然后真的去做，做积极职业教育实践的"有心人"。奋进职业教育新时代，砥砺前行在积极教育改革创新

发展之路上，做职业教育思想解放破冰的"先行者"，当助推职业教育高质量发展的"实干家"，才能真正奏响"为积极而教、因幸福而学"的时代乐章。

四、聚力做真适合、更优质的积极职业教育

把握新时代高质量发展的新机遇，现代职业教育必将深化改革、开拓创新，实现弯道超越、变轨超车。我们不是新建积极职业教育大厦的"搬运工"，也不是积极职业教育管理的"看门人"或过路人、旁观者，而是设计者、建设者、监理者、助推者和见证者。职业院校教师要争做积极职业教育的先行者和开拓者，争做积极职业教育的学习者、思想者和研究者。懂学生是积极职业教育的"基本功"，有思想是积极职业教育的"指南针"，善研究是积极职业教育的"助推器"。职业院校教师要进一步增强专业成长追求卓越的意识，不断反思教育、反思学习、反思自身，不断完善教育的观念、技能和艺术，真正把握时代意蕴、理解学生心灵和创新现代职教，积极应对人工智能变革的新挑战，努力做更为适合、更加优质的积极职业教育。

五、理性认识积极职业教育范式的实践功能

奋进新时代，积极职业教育范式理应实现新作为、书写新篇章。开启新征程，我们更需要理性沉思积极职业教育实践的应然与实然、功能边界与理论局限。积极职业教育的本意，应该是适合学生的职业教育，公平有效的职业教育，优质理想的职业教育。积极职业教育不应该是独有唯一的教育范式，也不可能是最好最优的职业教育范式，更不会是万能的职业教育范式。不要盲目排他，不要吹捧迷信，不要当作灵丹妙药，不要随意夸大放大，毫无教育行动边界。这才是对待积极职业教育范式的理性立场。其实，建构积极职业教育范式，我们只是指出了当今中国职业教育可持续、内涵式、高质量发展的新方向（位），只是提出了值得所有职业教育工作者深刻思考、深入研究的新课题，只是讲出了社会各界都在关注和反思职业教育诸多问题现象的新视角。

六、协同推进积极职业教育范式的校本行动研究

教育研究，尤其是教育科学研究，其功能就是善于描述现实、解释现象和预测未来。研究就是解决怎么做得专业、卓有成效，还要解决为什么要这么做，教育实践创新的理论基础和科学依据是什么。当前国内有关积极教育的心理学研究热情高涨，研究成果"井喷式"持续涌现，而积极教育的教育学研究似乎显得零碎冷清，基本是一些心理学工作者的教育应用研究或经验总结，或者将积极教育等同于积极心理品质或心理健康的教育，认识视野和实践路径有待进一步拓展。其实，我们真没有现成、已经完全成熟的积极职业教育理论，更不可能拿来就可应用，不应该简单复制或刻意模仿。即便真有这样的积极职业教育理论，也有一个再加工、再创造的实践研究过程。我们要在校本化行动中深刻思考、深入研究，在系列化研究中创新行动、改进行动。

第三节　做积极职业教育范式的先行者

改革创新要面对真的职业教育问题，解决职业教育的真问题。这些年，我们一直在追问和思考，积极职业教育是什么？为什么？积极职业教育能够做什么？积极职业教育究竟应该怎么做？我们不得不反问和沉思，"00 后"学生为什么要接受职业教育？职业院校在让学生接受什么样的职业教育？如何教学生接受真正适合、更加优质的积极职业教育？我们或许一时无法回答清楚，但我们必须直面这些有意义、有价值的真问题，用自身的创新行动和理性实践去更加充分回答，努力做积极职业教育实践的"有心人"。

一、做积极职业教育实践的"有心人"

积极职业教育论坛至今已举办过六届。2014 年 8 月 16 日，首届积极职业教育论坛，主题：把握职校学生心理·推进积极职业教育。2015 年 8 月 8 日，第二届积极职业教育论坛，主题：积极职业教育：为职校学生幸

福人生奠基。2016 年 1 月 25 日，积极职业教育课题研究专题论坛，主题：读懂职校学生心理，做积极职教实践者。2016 年 8 月 25 日，第三届积极职业教育论坛，主题：为积极而教：职教理念与行动。2017 年 8 月 16 日，第四届积极职业教育论坛，主题：适合的教育：走向实践的积极职教范式。2018 年 2 月 2 日，积极职业教育课题工作研讨会，主题：新时代新篇章新作为：做优质高效的积极职业教育。2018 年 8 月 18 日，第五届职业教育论坛，主题是积极教育力：新时代办人民满意的职业教育。2019 年 1 月 20 日，2019 年课题工作研讨会在高邮举行，主题：面向人工智能时代的积极职业教育。2019 年 8 月 8 日，第六届职业教育论坛，主题是积极育人：职业教育范式的校本行动与创新建构。我们的系列研究还是初步的。我们倡导践行求真务实的研究理念：真心去做实实在在的研究，实实在在地做真正的研究，研究真实的现代职业教育问题。

积极职业教育旗帜鲜明地提出"行动，才有收获；改革，才有未来；创新，才有奇迹；研究，才有成就；坚持，才有卓越"的要求，把现代理念、改革思维、创新意识、行动哲学和田野精神，作为学术共同体的重要追求。积极职业教育力图实现"五个改变"：改变学生的消极心态，改变教师的职场状态，改变专业的办学模式，改变职校的研究方式，改变职教的发展范式。实现这五个改变，积极职业教育主张开展"十大行动"，即走近自我问题、走进学生心灵、走秀改革创新、走起校本行动、走心教育反思、走入和谐团队、走出消极误区、走向积极范式、走趋心本管理、走奔幸福卓越。推进职业教育现代化，办人民满意的现代职业教育，这是现代职业教育发展的理想，是值得追求的理想职业教育范式。

知行合一是现代职业教育范式建构的真谛。我们深知，"为积极而教"是积极职业教育的一种信念和理念；因为我们始终坚信，没有积极就没有真正的好教育；我们始终铭记教育者的初心，积极教育、人人有责；因为我们一直会笃实前行，优质教育、积极优先；卓越教育、积极先行。建构积极职业教育范式，就是晓之以理，动之以情，炼之以意，导之以行，持之以恒，就是"为积极而教"，"没有积极就没有真教育"，"积极育人、人人有责"和"优质教育，积极优先"。做到知行合一，一要自主学习，坚持学习学习再学习，认真学习新思想、学习新理论、学习新进展；二要深刻理性反思。建立在理性基础上的反思教育、反思学习和反思自身。

二、做专业卓越的积极职业教育研究

如何看待和对待积极职业教育范式建构的实证研究？我们要真正读懂三个关键词，用心专注"理""信""坚"三个字，真心写好现代职教改革创新的新篇章，继续写实写特课题研究一脉相承的新篇章。

（一）积极职业教育——理想之职业教育

课题研究要把握研究的理论基础和依据，注重学理，以理服人，学会讲理，讲清道理。即理解核心意蕴，理性认识评价，理智付诸行动，追求教育理想。

一要理解要义。对积极职业教育范式的基本意蕴不要误解与误读。积极是相对于消极，但不是根本上否定消极职业教育。新理念不可能空穴来风。不是抛弃或放弃现实职业教育，完全另外自搞一套。更要避免假借积极职业教育之名之声，做消极职业教育之事之实。

二要理性认识。不要狭隘理解积极职业教育，就是积极心理学在职业教育中的应用。我们的学术视角和理论基础之一是积极心理学，但不应只限于积极心理学，也不能够止步在积极心理学。当然，也不要高估积极职业教育。积极职业教育不可能是最好的，最好的职业教育范式或许根本就不存在，至少现在还没有出现。

三要理智定位。不要随意夸大放大，毫无教育边界。积极职业教育既不是唯一的，更不是万能的。不要形式化地吹喇叭、喊口号。不要原地踏步、停滞不前。不能够只是跟着感觉走，差不多就行。课题研究不是旁观看热闹、凑人气。

（二）范式建构——信任之旅途

范式是学术共同体，有共同的信念，有共同的目标，我们作为团队手拉手奋力开拓、肩并肩执着前行，就是为了实现办好人民满意的现代职业教育。研究职业教育范式的根本问题，是人（才）的培养与优化问题。新时代培养什么样的技术技能人才？如何培养好现代人？人工智能时代或互联网时代怎么样培养高素质的积极人？要有"一揽子"工作方案和系统化的设计。解决信与不信的问题，对积极职业教育存有信心、信念、信仰。

一有信心。研究积极职业教育，这是一个循序渐进的发展与提升过程，更是一个满怀希望、憧憬未来、追求卓越的心路历程。相信积极职业教育，就是值得追求的教育行动梦想，它的未来不是虚无缥缈的梦幻之路。

二有信念。研究积极职业教育，要发自内心的真信，树立"为积极而教"的教育信念，做有理想信念追求的教育实践者。

三有信仰。研究积极职业教育，要有无怨无悔的教育笃信。心中有积极信仰，积极行动有力量，职业教育范式实践就大有希望。职业院校教师有积极教育信仰，学生个性发展有阳光、多元发展有希望，职教改革创新才会有神奇的育人力量。

（三）实证研究——坚韧之品格

一是坚持实证。实证取向已经成为教育研究大势之一，我们要顺势而为而动、因势而新而特、乘势而上而优。对实证研究不要误解，以为就是统计数据或测量。实际上就是倡导研以致用，走稳走实教学做研用合一之路。教育研究要走出书本、书斋、书柜，面向职业教育的实际、实践、实验和实训，恰如其分地体现实战、实用和实效。就是要形成建立在研究基础上的、适合各自学校的办学品牌和特色，不要搞教育教学管理和课题行动研究"两张皮"。

二是坚守规范。严格管理、态度严谨、诚信至上。大胆假设、自由思想、小心求证、积极探索。充分体现现代职业教育研究的工匠精神，一丝不苟、精益求精。既要三思而行、量力而行，更要尽力而为、用心作为。我们可以不用追求论文发表的数量，但一定要有研究质量、有学术工作的专业品质，全面守好科研诚信的研究工作底线。

三是坚强定力。聚焦积极职教研究主题，聚力改革创新实践，务必真求实效。发展的道路肯定有坎坷，崎岖不平坦，我们必须经受得住各种考验、挫折或困难，扛得住质疑、嘲讽和学术批判，甚至是艰难的煎熬。"有风有雨是常态，风雨无阻是心态，风雨兼程是状态。"以积极的姿态、状态和心态，主动自觉做，深入思考去做，脚踏实地做，坚持不懈做，协同协作做。

积极职业教育的基本意蕴是什么？现代职业教育创新发展为什么要选择积极范式？如何用心做本真卓越的积极职业教育？这些问题需要我们深入思考，积极回答。我们要进一步坚定积极职业教育研究工作者的理论自信、道路自信与行动自信，始终保持自尊自信、理性平和、乐观向上的积极心态，做更为适合、更加优质的积极职业教育研究，做奋发进取、专业卓越的职业教育研究，做脚踏实地、引领发展的积极职业教育研究，为科学建构积极职业教育范式、全面推进职教现代化做出积极有为的新贡献。

三、建构优质高效的积极职业教育范式

新时代职业教育要有新境界、当有新作为。新时代对职业教育而言意味着什么？新时代需要什么样的职业教育来培养什么样的人？如何培养符合新时代社会需求和期待的技术技能人才？立足职业教育高质量发展的新时代，我们要科学系统建构积极职业教育新范式，以现代职业教育改革创新的奋进之笔，用心写好积极职业教育新实践的"好故事"。一要聚力奋进新时代，把握现代职教发展的新方向（位）。研判现代职教发展新趋势，把握加快发展职业教育的新机遇，树立理想的职业教育人才培养新目标。二要聚焦实践新思想，谱写职教改革前行的新篇章。树立追寻积极的新视野，贴近职教新需求，实践新理念。为积极而教就是创造与建构适合"00后"职校生的现代职业教育，为积极而教应成为职业教育教学的思想共识和实践信念。三要聚合开启新征程，建构积极职业教育的新范式。坚持深化职业教育改革的新路径，建设融合整合的积极职业教育新格局，推动实现校本行动的新作为。

做优质高效的积极职业教育，职业院校是"为了人（学生）真正成为最好自己"的改革和发展，不是"只为他人"，不是在"配合或支持别人"，而是"志同道合"的职教学术共同体，协作协同协力积极推进教育教学改革。我们要以改革创新为动力，坚持问题导向、行动导向、研究导向和创新导向，坚定不移走实职教改革创新之路，探寻适合职业院校、适

合学生发展的办学之路。直面职业院校自身发展中的问题而改革，为提升教育教学和育人内涵而改革，为转变师生在职业院校生命状态而改革。研究建构积极职业教育范式，并不是为职业院校提供完整系统的或最好的改革方案，不是在额外"增加"或附加的意义上，给职业院校添加"新负担"，而是在原有职业教育管理基础上提出新理念、养成新思维、创造新变式；不是彻底变革的"以新替旧"，而是循序渐进的"从旧到新"，承认和尊重职业院校原有的教育教学基础，在对已有办学行为的理性反思和优势分析上启动和推进职业教育改革创新。

作为积极职业教育的学术共同体，我们要聚焦课题研究的核心目标与基本任务，深入学习贯彻习近平新时代中国特色社会主义思想和党的十九大精神，着力办好职校师生和人民群众满意的现代职业教育，注重培养具备核心积极素养、担当民族复兴大任的高素质技术技能人才；要按照新时代、新思想、新矛盾对优质职业教育的新诉求、新需求，加强科学规划、顶层设计和组织领导，加快推进职业院校教育教学现代化，因校制宜探索积极职业教育范式建构的基本策略。我们要树立为积极而教的新理念，把握改革创新实践的新方向，扎根中国职教大地，坚持立德树人、育人育心，推进更加公平、更高质量的现代职业教育，做真正适合学生发展的积极职业教育，全面提高职校学生的积极学习力，全面提升职校教师的积极教育力，全力保障"学有所教"，努力实现"学有优教"。

未来具有不确定性，但至少我们一直行走在奔向未来的希望之路上。守初心再出发，担使命谱新篇，奋勇前行、奋发进取，依然是我们回应职教时代之问的最有力回答。让我们坚定信心，凝心聚力，齐心协力，奋力创造出无愧于历史、无愧于时代的新业绩，大踏步迈向积极职业教育更加美好的未来。为积极而教是积极职业教育的基本意蕴，育卓越之人是积极职业教育的理念创新，与幸福同行是积极职业教育的行动策略。

树立为积极而教的新理念。追寻积极是职业教育现代化的希望之路和必由选择。职业教育迈进现代化发展的新时代，职业教育范式是一个需要深入探讨的重要课题。迈进新时代，我们要进行创新实践、提升教育质量、推进立德树人、实现职教梦想，仍然需要保持和发扬与时俱进的理论品格，勇于推进实践基础上的理论创新。我们要深刻理解现代职业教育的积极意蕴和实质，以积极为价值取向和发展主线，把握改革创新实践的新方向。积极职业教育是对当代职业教育的有效补充和有力支持，而不是也不可能取代现实的或者传统的职业教育。应该不是职业教育彻底变革的"以新替旧"，而是循序渐进的"从旧到新"。

强化育卓越之人的新目标。职业教育现代化，关键是实现和促进人的现代化，真正培养具备现代素养、符合社会期待的技术技能人才。范式建构就是要深刻思考和充分回答培养什么样高素质的人（才）？职业教育如何才能卓有成效培养这样的人（才）？该由怎样的职业教育范式来培养这些人（才）？要树立培育"积极人"的理想目标，以积极的态度、多元的视角和发展的眼光，理性面对"00后"职校生群体的新面貌、新特征和新需求，引导和促进职校生成为具备核心积极素养、健全积极人格、追求卓越人生的现代人，成为集积极的学习人、心理人和职业人于一体的现代人。

开启校本化行动的新征程。建构积极职业教育范式需要积极实践行动，用心做积极职业教育的开拓者和思想者。与时俱进的教育思想和研究理念是推进职业教育现代化的前提。积极职业教育的范式建构提供了一个值得关注的实践案例和行动参照。要和愿意改变现状、愿意实现更好发展的职业院校及广大教师一起，携手开展合作协作的校本行动研究，在"如何做优、怎样做特"的意义上形成"新内涵"。要善于用脑袋行走，做积极职业教育思想的实践者；善于用脚板研究，做积极职业教育实践的思想者。着力构建中国现代职业教育创新发展的话语体系，让世界读懂积极职业教育范式建构的"中国故事"。

不忘初心，方得始终。习近平总书记指出，"勿忘昨天的苦难辉煌，无愧今天的使命担当，不负明天的伟大梦想！"伟大的时代成就伟大的事业，伟大的事业需要伟大的精神，伟大的精神托举伟大的梦想。新使命续写新篇章，我们正在做积极职业教育的传播者；新担当阔步新征程，我们真心做积极职业教育的践行者；新作为创造新辉煌，我们争取做积极职业教育的示范者。未来，我们的最大期待，就是积极职业教育的健康成长、蓬勃发展，真正成为助推中国职业教育改革创新实践，筑梦、追梦和圆梦的教育新范式！

让我们一道见证积极职业教育范式的成长！

本章小结

积极职业教育是新时代职业教育发展的心理意蕴和实践建构。追寻积极、建构积极是职业教育高质量发展的心理学新趋向，积极职业教育是基于积极、倡导积极和实现积极的一种理想教育范式，"为积极而教"是职业教育改革创新的希望之路、必由选择和实践信念。基于职业教育研究与实践，提出积极职业教育范式的基本理念，即教育就是助人自助、阳光心灵，为积极而教、与幸福同行，没有积极就没有真教育，优质教育、积极优先，积极育人、育心为本，积极教育就要从心懂学生、用心助成长，真正适合的才是最为积极的教育，在积极与消极之间保持教育实践张力，积极人格是职业教育现代化的核心旨趣。积极职业教育范式是职业教育实践者共同的精神家园，是职业教育实践创新的系统建构。知行合一是积极职业教育范式的实践逻辑，要真正做积极职业教育实践的"有心人"和先行者。写好新时代职业教育高质量发展的"奋进之笔"，要理性认识积极职业教育的实践功能，调动一切积极因素，汇聚一切积极力量，聚力做真适合、更优质的积极职业教育，协同推进积极职业教育范式的行动研究。

（江苏理工学院　崔景贵）

职校人才培养积极范式的实践建构

2019 年 1 月，国务院颁布《国家职业教育改革实施方案》（以下简称"职教 20 条"），第一条提出要"落实好立德树人根本任务，健全德技并修、工学结合的育人机制，完善评价机制，规范人才培养全过程"，"职教 20 条"为职业教育"为谁培养人""培养什么人""怎样培养人"指明了方向。

目前我国在校中职学生已达到 2000 多万人，他们中的大多数是中考没有考上普通高中的学生，由于多种原因没有形成良好的行为习惯和学习能力，而从职业学校毕业后都将直接跨进社会，成为我国技能劳动大军的主要来源，他们的道德状况、技能水平和职业素养高低直接关系到我国产业大军的素质，关系到国家和民族的未来。

江苏省江阴中等专业学校全面贯彻党的教育方针，多年来，不忘初心，砥砺奋进，逐步探索"三维互动、双轨并行"的"现代班组长型"人才培养模式，通过"积极德育 + 积极教学"双轨并行的"积极职业教育"，扎实推进各方面建设，取得了显著的育人成效，为地方经济发展培养了一批批具有"现代班组长"潜质的高素质技术技能人才。2014 年《基于育人为本的德育体系的构建与实践——积极德育实践研究》、2018 年《积极教育视阈下的"现代班组长型"人才培养模式构建与实践》研究成果荣获国家优秀教学成果二等奖。

第一节 为谁培养人：新时代呼唤积极职业教育

习近平总书记指出，"职业教育是国民教育体系和人力资源开发的重要组成部分"，"发展职业教育是为实现'两个一百年'奋斗目标和中华民族伟大复兴中国梦提供坚实人才保障"，"要树立正确人才观，培育和践行社会主义核心价值观，着力提高人才培养质量，弘扬劳动光荣、技能宝贵、创造伟大的时代风尚，营造人人皆可成才、人人尽展其才的良好环境，努力培养数以亿计的高素质劳动者和技术技能人才。"

在经济新常态下，产业升级和变革正在悄悄影响用工形势。当下的劳动力市场，透露出怎样的信号？转型升级的经济结构中，究竟什么样的人才是社会所需要的？进入新时代，职业教育肩负着更加重大的历史使命。面对这些变化，职业教育要准确认识新常态、主动适应新常态、全面服务新常态，亟须为全面提升人力资本整体素质增强培养能力，更加重视中高端技术技能人才的培养，加大技术教育在人才培养中的比重，使培养的人才向中高端发展。

一、产业需求是职业教育的命脉

从国际竞争的角度来看，没有一流的技术技能人才，就没有一流的产业，没有高端的技术技能人才，就没有资格去谈中国产品在国际上的竞争力。提高我国产品的竞争力，要有系统的理念，要有上游的品牌，要有火车头，要培育支撑产业系统的关键技术和关键人员，这些对职业教育有着更新更高的要求。

当前，我国经济增长的动力正在由要素驱动向创新驱动转换，技术进步和产业转型升级使产业一线劳动者内涵发生深刻变化，迫切需要职业教育培养的人才向中高端发展❶。教育部鲁昕副部长在一次讲话中指出："由于有一段时间，我们在顶层设计上没有太搞清楚，把中等职业教育的定位

---

❶ 张金英. 新常态下，职教应培养什么人？[J]. 中国农村教育，2015（10）：40–41.

设定在培养低端劳动力，这是极其错误的"，"我们瞄准的是产业链、价值链的中高端，要培训中高端的技术人才，不是培养'一技之长'。'一技之长'是职业培训，不是学校教育"。这为职业学校指明了新形势下的办学方向，职业学校要及时调整学校布局和专业设置，提升面向一、二、三产业的人才培养能力。要着眼于学生的全面发展，不能只传授一技之长，更要注重道德品质、文化素养、职业精神、技术技能培养，为人的全面发展夯实基础。

从技术发展的趋势来看，随着人工智能的到来，很多职业都会被机器所替代，一些专业可能在未来将会消失，很多重复性的简单劳动将不复存在，职业学校应该教给学生终身受用的东西，要让学生学会什么？掌握什么？如果仅仅教会学生一点简单的技能，忽视学生终身受用的素质，或者缺乏系统的理念，仅仅把职业教育变成就业教育，仅仅为了工作服务，而忽视为了今后的学习、生活，都是很狭隘的观点。随着技术的发展，通用的技术、通用的素养将越来越重要。

随着经济转型升级，国内企业对低端劳动力需求逐渐减少，对于中高端技术技能人才的需求越来越大。高效率的机器让制造业企业的车间变成安静的无人化生产场所，"工业4.0"的革命浪潮正以悄然的姿态和迅疾的速度颠覆着各个地区招工结构和产业结构。未来一体化人才最吃香，越来越多的企业在招聘时，明确提出需要交叉融合型人才。懂设计、能服务、知营销，这类一体化人才更受市场青睐。如今，招人才成为新兴企业面临的共同问题，也愿意支付比较高的人才成本。因为大多数企业并不只是"招人"，更主要的是"招才"。所以，很多企业还是觉得招工难，招聘不到中意的高素质技术技能人才。

因此，职业教育要牢牢把握服务产业发展、促进就业的办学方向，深化体制机制改革，创新人才培养模式，坚持产教融合、校企合作，坚持工学结合、知行合一，努力培养数以亿计的高素质劳动者和技术技能人才。

二、职业学校服务地方产业发展

江阴历史悠久，人文荟萃，自古重文重教，被称为"衣冠文物之邦，东南人文之薮"。改革开放40年来，江阴经济飞速发展，截至2018年，连续16年蝉联全国县域经济百强县之首，连续11年获得中国全面小康十大示范县称号，拥有48家上市公司，其中，海澜集团、中信泰富特钢成为无锡地区两家营业收入超千亿元企业，江阴上市公司总数排名全国县级市第一，形成了江阴板块；10家企业入围中国企业500强，12家企业入围中国民营企业500强，17家企业入围中国制造业企业500强，形成了"中国制造业第一县"品牌。

高质量发展的江阴经济，催生了对高素质技术技能人才的需求，根据江阴市人力资源和社会保障局发布的《2018年江阴市重点企业紧缺人才需求目录》显示，在调研的327家"双百"企业以及重点用工监控企业中，共涉及两大产业领域、覆盖16个重点产业、近百个行业。这16个重点产业分别为先进制造业领域的机械装备制造、物联网、节能环保、新材料、软件和集成电路、新能源和节能环保、医疗器械和生物医药，以及现代服务业领域的金融服务、科技服务、商务服务、工业设计、现代物流等。调查显示，先进制造业中，紧缺的高级专业技能人才最为紧俏。制造业的转型升级需要更多装配维修、工艺创新和改进、工装设计、数控操作等各领域专技与技能人才的合理配置。现代服务业中，紧缺的复合型人才与熟练型人才最为紧俏，尤其是基础性人才相对饱和、高级复合型人才与熟练型人才相对不足、关键人才比较紧缺。本次调查显示，企业均表示需要增加员工人数，特别是一线班组技术技能人才，需要增加100人以上企业占8%，需要增加50～100人占8%，需要增加10～50人占45%，需要增加10人以下占39%。

新时代的前进号角呼唤着职业教育的创新发展，江苏省江阴中等专业学校根据江阴地方产业发展的需要，及时调整专业，优化布局，按照"立德树人"的根本任务，积极探索"三维互动，双轨并行"的"现代班组长型"人才培养模式，通过"积极职业教育"着力培养高素质技术技能人才，为地方经济社会发展贡献应有力量。

第二节 培养什么人："现代班组长型"技术技能人才

2019 年 6 月，教育部《关于职业院校专业人才培养方案制订与实施工作的指导意见》要求坚持育人为本，构建德智体美劳全面发展的人才培养体系，把立德树人融入思想道德教育、文化知识教育、技术技能培养、体育美育劳育以及社会实践各环节，促进学生全面发展。要求传授基础知识与培养专业能力并重，强化学生职业素养养成和专业技术积累，将专业精神、职业精神和工匠精神融入人才培养全过程。《指导意见》体现了新一轮职教改革对新时代职业院校科学制订和实施专业人才培养方案、提高人才培养质量提出的新的更高要求。

一、人才培养目标定位

当前国内职业教育快速发展存在诸多结构性问题与矛盾，企业一线技术应用人才需求与学校技能人才培养严重脱节，很多中等职业学校人才培养目标要么定位不准，要么比较宏观或者随大流，与地方产业需求匹配的针对性不强，人才培养规格和要求不清晰，比较模糊。从而导致不同产业布局的不同地方的各个学校专业人才培养方案、专业课程体系千篇一律、基本趋同，也就难以构建特色鲜明的人才培养模式。

自 2008 年以来，江阴中等专业学校在积极探索校企协同育人的"订单班"的基础上，针对学校办学层次的人才培养定位，通过集中座谈和个别访谈等形式，对地方产业一线班组技术技能人才的需求进行了大量的调研，并在校企深度合作育人的探索和实践过程中逐步明确了学校人才培养目标：具有"现代班组长"潜质的高素质劳动者和技术技能人才，即"现代班组长型"人才（图 2-1），重点突出"道德品质 + 专业技能 + 职业素养"核心能力及素养培育。

现代企业的人才需求一般可以分为图 2-1 所示四个层次，第一层次是高层管理人才，如总经理、厂长；第二层次是中层管理者，如车间主任、部门经理；第三层次是基层生产管理者，如班组长；第四层次就是面广量

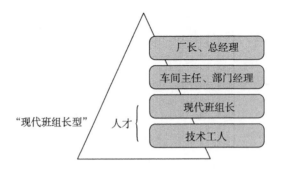

图 2 - 1   企业人才需求"金字塔"结构

大的一线技术技能操作工人。"班组"是现代企业组织中的基本细胞，是企业发展和竞争力的基础，班组人才的技术水平和综合素质将直接影响企业的经营绩效，而号称"兵头将尾"的"班组长"，既是直接的生产者，也是一线生产的指挥者、组织者和管理者，更是对企业生产经营起到关键作用❶。

"现代班组长型"人才是一个"广义微化"和"动态发展"的概念。所谓"广义微化"，指"现代班组长型"人才是学校宏观层面的培养目标，但涉及不同的专业，人才培养目标应该进一步具体化、个性化，如数控、机电、汽车等制造类专业的培养目标可以是"现代班组长型"人才，酒店管理、市场营销服务类专业培养目标应该是"领班型""营销助理型"人才，而软件技术、视觉传达艺术等设计类专业培养目标则是"项目组长型"人才。而"动态发展"是指我们的毕业生刚开始可能是生产一线具有"班组长"潜质的技术工人，但不排除他们工作一段时间后成长为"班组长"，甚至一些优秀的"班组长"会逐步走到"车间主任""厂长"和"总经理"，乃至自己创业做老板的多种可能性。

二、人才培养规格确立

通过调研，学校了解到很多企业对一线班组员工的考核主要侧重于

---

❶ 周亚娟，潘永惠. 基于积极教育培养现代班组技能人才［J］. 江苏教育（职业教育），2016（2）：54 - 56.

"工作态度、工作能力和工作绩效"三个综合方面，优秀员工的考核标准如表2-1所示。

表2-1 企业优秀员工考核标准

评价项目		评价要点
工作态度	责任心	工作主动，尽职尽责，勇于承担责任
	勤勉性	遵守规章制度，时间观念非常强
	爱岗敬业	爱岗敬业，诚实守信，精益求精，有奉献精神
工作能力	技术能力	技能过硬，能指导他人工作并提出改进方法
	沟通能力	善于沟通和合作，班组成员认可度高
	学习能力	主动探究、学习岗位专业知识和职业技能
工作绩效	工作质量	工作质量优，成为技术、业务模范
	工作效率	经常提前完成工作并超过效率指标
	安全作业	安全意识强，能为班组提供安全意见

而具有"班组长"潜质的优秀员工在表2-1基础上还要有较好的"组织协调、质量监控、总结反馈"等班组管理能力。

针对企业对优秀员工及具有"班组长"潜质人才的要求，结合中职学校学生特点和成长规律，通过进一步梳理、探讨和论证，江阴中专构建了"现代班组长型"人才能力、素质的培养模型：以"现代班组长型"人才为核心，分为"道德品质、专业技能、职业素养"三个综合维度，具体细化为"遵章守纪、文明礼仪、情感态度；专业知识、职业技能、学会学习；爱岗敬业、班组管理、工匠精神"九个基本要点，具体如图2-2所示。

图2-2 "现代班组长型"人才履职能力、素质模型

对于职业学校学生来说，优秀的道德品质是立世之本，过硬的专业技能是谋生之术，良好的职业素养是发展之基。

三、人才培养路径构建

根据"现代班组长型"人才培养目标定位和规格要求，积极推进校企双主体协同育人，通过"认岗→仿岗→跟岗→顶岗"的"四岗递进"的育人路径来培养"现代班组长型"人才，并在近年来不断实践、完善和深化，通过"四岗递进"校企深度合作人才培养途径，充分发挥行业、企业在育人过程中的主导地位和作用。

（一）认岗：职业认知

学校为主、企业为辅，以企业参观、认知和体验为主，了解和考察未来职业领域和工作岗位，激发学习动力。

（二）仿岗：仿真教学

学校为主、企业为辅，人才培养方案中的专业基础课程教学内容模拟企业岗位、仿真生产任务，通过"任务驱动、探究思考、分组实训、合作交流、总结提高"的探究式学习，让学生主动投入到知识应用、技能练习、规律探索中，形成自己的独特的认知、体验和概念，让学生掌握专业通用技能的同时，提升"团队协作、沟通交流、学会学习"等综合能力。

（三）跟岗：工学交替

学校、企业双主体，以企业的培养要求为主，将整个培养过程在工厂企业和职业学校之间交替进行，企业中的生产实践与学校核心专业课程的知识、能力和素质培养紧密结合，重点培养专业核心技能和班组生产必需的职业素养。

（四）顶岗：生产实习

企业为主、学校为辅，半年的顶岗实习让学生独立承担企业生产工作，履行岗位所有职责，全面融入班组作业管理，促进学生向企业员工身份转换，为毕业后顺利上岗、就业做准备。

通过"四岗递进"促进企业深度参与学校人才培养，实现课程内容与职业标准对接，教学过程与生产过程对接，让学生获得最直接的、最有效的职业岗位体验、知识、技能和素养，实现从理论到实践、从仿真到顶岗、从学校到企业的无缝对接，提高"现代班组长型"人才培养的针对性和适应性。

第三节　怎样培养人：职校积极育人范式的实践策略

当前许多职业学校教育存在过度关注学生的问题、缺点和不足，而对他们的优点、长处和潜能关注不够的倾向，这种消极倾向的教育极大压制了学生的自主发展和自我完善的能力。

适合的教育才是最好的教育。针对职业学校学生特点和成长规律，学校将"积极教育"理念（积极德育、积极教学）融入人才培养全过程，实现学生"道德品质、专业技能和职业素养"三个维度的自主发展、自我完善和交叉培养，构建了"三维互动、双轨并行"的积极教育育人模式，如图 2 - 3 所示。

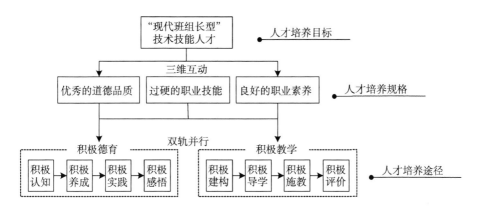

图 2 - 3　"双轨并行、三维互动"积极教育育人模式

学校针对中职学校的学生特点和成长规律，将积极心理学相关理论和研究成果引入职业教育，实施"积极职业教育"（积极德育 + 积极教学），尽量关注、挖掘学生的优点、长处和潜能，通过肯定、鼓励、欣赏、强化等积极、正向为主的教育理念和方法，以受教育者的主动认知、自我激励和积极实践为发展策略和途径，激发他们完善道德品质、学好专业技能、拓展兴趣爱好、塑造健全人格、积极人生态度的主观愿望和内在动机。

一、职业学校积极道德教育

教育的根本任务是立德树人。所谓树人，就是像培养树木一样去培养人。立德是树人的基础。所谓立德，就是把做人的道理讲清楚，把做人的规矩立起来。有原则、有品行、有道德的人才能立于天地之间，才能在社会上站得稳、立得住、行得远、升得高。育人的根本在于立德。立德就是让学生具有美好的人性，形成高尚的道德。

道德教育是对受教育者有目的地施以道德影响的活动，内容包括发展学生的道德认识、陶冶学生的道德情感、培养学生的道德品行三个密切相关的方面。中等职业学校德育要遵循学生身心发展的特点和规律，培育和践行社会主义核心价值观，坚持以人为本、德育为先、能力为重、全面发展，努力培养德智体美劳全面发展的社会主义建设者和接班人。

2014年教育部最新修订的《中等职业学校德育大纲》，规定了国家对中等职业学校德育工作和学生德育的基本要求，为学校开展德育工作明确了目标。但是目前职业学校德育工作中，传统消极取向的道德教育方式仍是主流，受教育者的问题、缺点、不良品行和习惯成为学校和教师的关注重点。如何改变传统消极取向的德育思维，树立积极道德教育理念，结合职业学校学生实际情况，研究和探索积极取向道德教育的策略和途径来培养职业学校学生优秀的道德品行和积极的人生态度，显得尤为迫切和重要。

（一）职业学校道德教育现状分析

教育有三大目标：第一是纠正人的缺点，帮助有问题的人消除问题并得到发展；第二是使人成为一个具有一定的知识、能力和社会道德的人；第三是在对人进行鉴别的基础上使其得到充分的发展❶。

当前国内教育，特别是道德教育，很多学校和教师往往将重心放在第一项任务上。职业学校甚至过度关注学生的问题、缺点和不足，而对他们

---

❶ 任俊. 西方积极教育思想探析 [J]. 外国教育研究，2006（5）：1-5.

的优点、长处和潜能关注不够，从而导致职业学校道德教育的取向出现了偏差，教育效果弱化。部分学生毕业时存在一定社会道德和职业道德风险，在以后的生活和工作中，很可能发生偏离社会公德、职业道德和家庭美德的现象，给社会、企业和家庭带来潜在的隐患，造成各种有形和无形的损失。

没有考上普通高中的初中生是当前职校生的主要来源，很多学生长期处在学业不良状态，多次的挫折与失败，形成了不正确的归因，认为自己再努力也不能成功，因而主动放弃了努力。还有部分学生因为本人或家庭等原因，在学习、生活、社会交往等方面存在相应的缺点和不足，很少得到班主任老师的表扬，长期被忽视，便逐渐丧失了自尊心，变得焦虑、消沉和信心不足。因此，大多数职业学校的教师和家长就更加容易形成消极道德教育倾向，以自我为中心，忽略受教育者的主体地位，关注重点和主要工作变成了纠正问题、修补缺点和治病救人。同时，在当前职业学校道德教育实践领域中，大量充斥着灌输、规训、惩戒和管制等措施和手段，严重压制了学生积极认知、积极体验、积极感悟的自我完善和发展能力。正是这种普遍消极的德育教育取向，使现行职业学校道德教育效果并不理想，导致"职业学校道德教育弱化，学习不快乐，教育实效不高；学生烦，教师累"的客观现状。

（二）积极心理学视域下的道德教育

"积极"来源于拉丁语 Positism，英文是 Positive，有"确实的、肯定的、潜在的"和"正面的、正向的"意思，也就是说既包括外在积极取向的品德行为，也涵盖内在的积极潜能和意愿。

1. 积极心理学与道德教育

积极心理学（Positive Psychology），创始人是美国当代著名的心理学家马丁·塞里格曼，他意识到第二次世界大战以来心理学主要致力于人类心理问题和疾病的解决和补救，而忽略了人本的优势和潜能。

因此，积极心理学不仅要关注人的问题和不足，更加要关注人的优点和建设性力量；既要治疗痛苦和疾病，更要研究人类积极的品质，帮助众人实现幸福人生的价值。经过很多学者、专家的努力，目前积极心理学在研究人类美德、积极力量方面已经有比较完善的实验方法和有效的测量手段，并且有很多成功的案例和应用。

在积极心理学的影响下，积极取向已成为国内外道德教育研究的新方向、新趋势，国内一些基础教育和职业教育院校，都开展了体现积极取向理念的、形式多样的道德教育创新与实践活动。学者们也逐渐开始接受突出学生主体、中心地位，强化他们自身的潜能和力量，构建积极的氛围和教育关系，通过积极认知、积极实践和积极体验感悟等积极、正向的策略和途径来培养他们积极的道德品行和人生态度。

2. 积极道德教育内涵特征和根本目标

道德教育的核心是"重视人、满足人、发展人、成就人"，要努力探索促进人"成为人"的各种积极取向措施、途径与方法❶。

（1）积极道德教育的内涵特征

积极道德教育是传统道德教育与积极心理学理论的有机结合，把成功的快乐和积极的体验作为道德教育的内在机制和关键环节，通过受教育者的积极认知、积极实践和积极感悟来培养和固化积极道德品行。同时，当受教育者经历了大量的积极体验和感悟后，也会进一步促进对积极道德教育的认知能力和实践兴趣，以更加积极的取向来评判自我、他人和社会。

积极道德教育以肯定受教育者的优点和长处、激发受教育者的积极动机和潜能实现为主要途径，消除不良道德品行为辅助手段，重点体现"以人为本"的道德教育创新思维与实践路径。积极道德教育从受教育者已有的优良道德品质出发，通过肯定、鼓励、欣赏、强化等积极、正向为主的道德教育策略和方法，营造充满尊重、真诚、理解、关爱、信任的道德教育关系，以受教育者的积极认知、养成、拓展和感悟为闭环的发展策略和途径，激发他们美德培养的主观愿望和内在动机，加快积极道德品行的发展，并在美德培养的过程中消除问题和缺点，遏制不良品行的萌芽与出现❷。

---

❶ 鲁洁. 做成一个人——道德教育的根本指向［J］. 教育研究，2007（11）：11－15.

❷ 周围. 积极道德教育——积极心理学视域中的道德教育研究［D］. 南京师范大学，2011.

（2）积极道德教育的根本目标

积极道德教育的根本目标是培养美德，促进受教育者的良好品行的增长与发展，而不仅仅是消除或减少问题和不良品行。积极道德教育首先关注受教育者的优点和长处，重点是培养美德、挖掘潜能，同时辅之以不良品行的矫治和修正，通过挖掘和发挥受教育者潜在的善良和美德，使受教育者在自我激励和自我发展的基础上形成良好的道德品行和积极的人生态度，获得把握幸福人生的能力。因此，完整意义上的道德教育，应该将培养美德与消除不良品行二者有机结合起来。

（三）"四层递进"的积极道德教育实践

积极心理学中的"习得性无助"是指在面临不可控的情境时，无论动物还是人类，如果意识到无论怎样努力，都不能改变不可避免的悲观结果后，就会产生放弃努力的消极认知和行为，形成丧失信心、绝望无助和心理抑郁等不良情绪，导致相应的心理和行为偏差等问题。很多中职学生一直遭受学习、考试等挫折，反复的失败使他们失去了信心，产生厌学情绪，部分学生甚至产生严重的心理障碍，这便是"习得性无助"的体现。既然"习得性无助"是后天"习得"的，那么就可以通过积极的措施和训练来逐步形成"习得性乐观"，养成积极、稳定的人格特质❶。

消极取向的道德教育无论在传统社会还是当今时代都普遍存在，当前职业学校的实际情况和社会背景决定了积极取向的道德教育，即积极道德教育在职业学校推进的必要性。为此，江苏省江阴中等专业学校近年来一直在探索和尝试积极取向的道德教育，在清华大学积极心理学研究中心的支持下，逐步将积极心理学相关理论和研究成果引入学校道德教育，构建了"积极认知、积极养成、积极实践、积极感悟"四层递进的闭环式积极德育育人体系，如图2-4所示。

江阴中等专业学校提出的"四层递进"积极道德教育模式是在积极心理学理念、成果的启发和影响下，反思传统消极道德教育，对过去、现在

---

❶ 潘永惠，张寅，陈尊雷. 职业学校积极德育模式构建与实践［M］. 北京：知识产权出版社，2018.

图2-4　"四层递进"积极德育育人体系

存在的传统消极取向的道德教育的革命性和颠覆性改变，并对这种积极取向道德教育的理论思想和实践策略进行行动研究和实证探索，研究成果于2014年获得国家级教学成果二等奖，得到了社会普遍认可。

1. 积极认知：积极品德培养的基础

通过营造积极的校园文化氛围，依托"青爱小屋"开展青春期教育、实施"美德课程"，使学生逐步形成积极的自我认知与判断，在意识到自己的缺点和不足时，更要看到自己的优点、长处和潜能等积极力量，并逐步形成对社会和他人进行积极感知和评判的能力。

（1）课程引领

开设心理健康教育课程和团辅课程，在每学期开学初按班级开设，与学生进行交流和心理辅导，让学生打开心扉，掌握交流技巧，健全心理素质。学校与清华大学积极心理学公益项目小组共同开发的积极道德教育"幸福课程"，连续三年六个学期分别开设"积极自我、积极情绪、积极投入、积极关系、积极意义、积极成就"6大模块和24种积极品质的"幸福课程"，使学生掌握提升自我幸福感和树立积极人生态度的方法。

（2）心理疏导

心理疏导是心理健康教育的主要方法，通过心理测量、建立档案、开展心理疏导等途径，筑牢了心理危机的防火墙。学校利用心海软件症状自评量表SCL-90对所有新入校学生进行心理测量和分析，建立班级学生心理档案。同时，学校还依托"青爱小屋"，通过网上预约，定期接受学生的心理咨询，并通过沙盘模拟、宣泄放松等多种形式为学生释放压力，舒缓情绪，调节心态。

2. 积极养成：积极品德培养的根本

养成教育的目的是培养学生生活、学习和工作中一辈子受用的好习惯。学校构建了"文化润德，行为铸德，孝善养德，劳动砺德"为内容的积极养成方案和实施途径，建立"学校、系部、班级"为架构的三级实践网络，通过"每日一扫、每周一孝、每月一善；励志晨跑、激情出操、整洁宿舍；疯狂早读、专心课堂、安静自修"等活动培养学生的优秀品行，通过在系部、班级之间进行相关活动的考核、比赛和展示，激发师生参与的积极性。同时树立先进典型，通过各种途径和形式表扬在各个方面做得优异的学生代表，以榜样的力量引领学生行为习惯的养成，不断提高学生美德养成和践行的自觉性、主动性，实现知行合一，努力培养学生的社会主义核心价值观。

通过多年来的坚持与发展，积极养成效果显著，实现了"人人礼貌待人，仪表朴实大方，宿舍整洁有序，用膳文明友好，晨练天天励志，做操振奋有力，早晨书声琅琅，上课认真专注，自修紧张安静，考试诚信真实"的良好局面。

3. 积极实践：积极品德培养的外延

"学生的事学生管，大家的事分头干"。大大小小的学生活动如校园卫生管理、宿舍管理、用餐、早锻炼、晚自修、出操、班会等活动，以及各级各类的学生文体社团、俱乐部、创新创业团队的社会实践等，都由不同层次的学生进行自主安排和实施，锻炼事务协调、团队协作和问题处理能力。

通过形式多样的社团组织、志愿者群体、体育俱乐部、虚拟公司和创客空间，打破专业、年级和班级的界限，志向和兴趣相同的学生组合在一起，发挥特长、挖掘潜能，通过各种各样的团队活动，培养创新创业意识和能力，丰富社会实践经历，培养协作精神，提升综合素质。很多学生通过这些实践活动的洗礼和历练后，自信心明显提升，逐渐形成积极的人生态度，个人的沟通和表达能力得到加强，团队意识和社会责任感更加强烈。

4. 积极感悟：积极品德培养的内化

积极感悟能促进学生对道德理论知识达到更深层次的理解，更好地对社会、他人和自身道德行为进行评价和判断，提高道德伦理的辨别能力，逐步实现道德动机的内化和道德言行的自律，有利于个体良好习惯养成和道德情操的升华，在潜移默化中影响学生的道德和价值取向。积极认知是积极养成和积极实践的基础，而积极感悟是积极养成和积极实践的目标，通过积极感悟，激发和形成学生主动的、自觉的道德意识和觉悟，反过来进一步促进积极的认知、养成和实践的深化和发展，继续固化个体积极的道德品质，形成良好的习惯和行为，提升学生对社会、他人和自己道德品行的评价和判断力，是优秀品德形成的标志和道德教育成效评价的依据。

实施"积极认知、积极养成、积极实践、积极感悟"四层递进的闭环式积极道德教育以来，学生的道德品行和职业素养明显提高，大大提升了用人单位对学生品德行为和职业素养的认可度和满意度。

虽然在过去几年的研究和实践过程中，学校积极道德教育取得了较为丰富的成果和成效，但有些方面还需继续深化：一是在学生幸福感数据的监测方面，目前只是对2016级、2017级、2018级入选的新生进行了测试，今后要持续对所有学生和教师进行监测，然后统计、分析和对比，进一步指导今后的研究和实践；二是"四层递进"的积极道德教育育人模式目前在学校层面的探索和实践比较多，今后要增加家庭教育和社会实践在积极道德教育中的比重，并开展相应的理论研究与实践探索。

二、职业学校积极教学改革

传统教学目前主要有集中教学和在线学习两种模式。集中教学是一种标准化教学模式，所有学生采用统一的课程安排，课程和科目通常是单一和相对独立的，教学形式主要是面授，教学资料主要是课本、讲稿和书面作业，让学生在规定的时间内，在固定的教学场所进行学习，优点是教学效率很高。基于网络的在线学习是一种个性化教学模式，教学内容传播可能是同步的，学生和老师能够实时互动；也可能是异步的，学生和老师通过邮件和在线论坛等进行交流，优点是教学不受时空限制，学习自主性强，教学成本相对较低。但是传统教学存在的缺点是：①重灌输讲授，轻探究学习，学生"知其然"，不"知其所以然"；②重知识传授，轻能力培养，学生综合素质和创新能力目标难以达成；③重目标结果，轻过程方法，过多关注考试成绩；④重整体综合，轻个性发展，学生成为被动接受知识的标准化容器，缺少个性和创见；⑤重教师主导，轻学生主体，学生的自主性和积极性受到很大的抑制。

混合式学习是建立在现代教育技术基础上的一种新型教学模式，把传统集中教学和网络化个性学习的优势结合起来，既发挥教师引导、启发、监控教学过程的主导作用，又要充分体现学生作为学习过程主体的自主性、积极性与创造性，使二者优势互补，让学生获得最佳的学习效果❶。而项目化学习是当前职业院校课程教学的最主要形式，通过"任务驱动"方式促进学生进行探究学习和技能培养，帮助学生学以致用，让他们更好地运用课程知识，掌握专业技能。本文提出的混合式学习视阈下职业院校积极教学模式改革，就是针对上述传统教学模式存在的缺点和弊端，结合项目化课程改革，基于混合式学习构建职业院校积极教学模式并进行有效探索，目的是突出学生教学的主体地位，激发学生学习的内在动力，实现知识、能力和素质的综合培养，不断提高课程教学效率和质量。

（一）混合式学习的智慧服务平台建设

随着智慧教育的提出，数字化校园逐步迈向智慧校园，以学生为主体的自我导向智慧学习已经成为发展趋势。智慧校园建设的重点是让教师和学生通过"互联网＋教育"技术拓展教学手段，提供合适的教学时间、空间和资源，构建个性化的学习环境，提升教学质量，促进师生共同发展。教育部在《2016年教育信息化工作要点》开始提出"智慧校园"，要"建设智能化教学环境"，促进学习方式变革。江苏省于"十三五"期间启动了职业院校"智慧校园"项目建设，并对智慧校园的建设提出了明确的建设要求和标准，到"十三五"末所有高校和60%的中小学、职业学校建成智慧校园。随着职业院校学生中移动用户及各种智慧终端的普及，为学习者提供了多样化泛在连接，从笔记本电脑到智能手机、平板电脑的各类终端设备，使在校师生能够在任何时间、任何地点接入到智慧校园环境，形成以学生为中心的智慧学习服务环境。

---

❶ Michael B. Horn. 混合式学习——用颠覆式创新推动教育革命［M］. 北京：机械工业出版社，2015.

智慧学习服务环境为学生个性化、协作式学习提供了机会和便利，通过信息技术改变了传统的学习活动，克服时空的限制，提供适合的学习资源和互动工具，自动记录学习进度、诊断和过程评价，促进以学习者为中心的自我参与、积极体验的有效学习。

混合式学习是将集中教学和在线学习的优点互补融合，一方面发挥学校固定场所集中教学的主导和监督作用，同时在丰富的网络学习资源基础上，构建分享、参与、探究的在线学习平台，满足学生个性化学习的需要，打造师生、生生学习共同体。

慕课（MOOC），起源于 21 世纪初美国的大规模网络开放课程，课程结构和目标清晰，拥有优秀的教学团队，在线资源丰富，开始前会发布课程介绍、时间、进度等计划安排，通过网络注册后进行学习，一般不受人数、时间、地点和环境的限制，建有功能强大的探究式互动学习平台，学生可以定制自己的学习进度和计划，注重视频观看、在线作业练习、互动交流等学习过程评价，必要时还会安排线下集中交流学习。课程结束时，会组织相应的期末考试，并结合平时学习情况和讨论交流活跃程度等给出课程综合成绩。

小规模限制性在线课程（SPOC：Small Private Online Course）是面向某学校某课程班学员的小范围私有开放在线课程。SPOC 一般由课程教学团队集体进行课程设计和教学实施，其中由课程骨干教师担任主讲，普通教学人员配合主讲在课程教学过程中进行在线答疑解惑和课堂集中学习（问题讨论、作业点评、难点讲解及总结反馈等）。为保证课程教学资源的设计与制作质量，由课程开发团队（课程负责人、骨干教师和技术人员）来进行课程教学资源（包括课件、教学视频、在线作业和测试等）的开发及后续优化。建立 SPOC 的目的是通过设计和利用类似 MOOC 的在线教学资源，改变和重组学校教学流程和模式，通过如图 2 - 5 所示的"课前 + 课中"结合模式，促进混合式教学和参与式学习，不断提高学与教的质量。

目前国内很多职业院校都选择超星泛雅作为 SPOC 课程学习平台，教师在后台上传并完善课程教学资源，并布置相应学习任务，学生一般通过

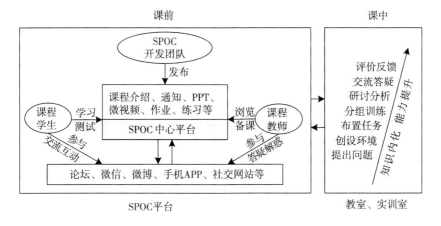

图2-5 基于SPOC的混合式学习转换

自带的智能手机进行课前在线学习和课堂探究学习。

（二）职业学校积极教学改革与实践

学校通过"积极教育"理念激励教师掌握和运用积极教学策略和方法，通过引入企业项目、案例等来重构课程教学内容，开发丰富的在线课程资源，引导学生课前个性化自主学习，创设"任务驱动"学习情境，在教学过程中充分体现学生的主体地位，不断提高学生的积极情感体验，强调互动和交流，重视团队合作和共享，用发展的眼光来评价学生，基于混合式学习构建如图2-6所示的"积极建构、积极导学、积极施教、积极评价"的项目化课程积极教学模式❶。

1. 积极建构

按照"项目主线、知识辅线，任务明线、能力暗线"的项目化课程建设要求重构课程知识体系，对课程教学内容按照"项目-任务"逻辑结构进行系统编排和序化，课程教学基本单元以情景化的工作任务为主。

（1）项目化课程设计

将课程中引入的企业项目教学化，使之符合学生的认知规律，并形成相应的逻辑结构，按照工作过程将项目细分为若干个相互联系的子项目，

---

❶ 周亚娟，潘永惠. 混合式学习视阈下职业院校积极教学模式探索［J］. 江苏教育研究，2018（387）：14-18.

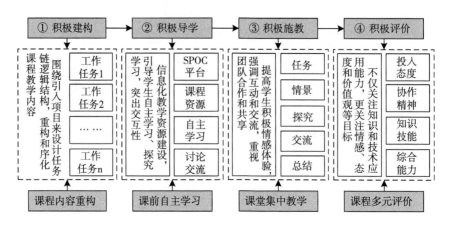

图2-6 项目化课程混合式积极教学改革

每个子项目再按照知识学习和技能训练的实际需要由多个情景化工作任务构成紧密联系的"任务链",每个工作任务根据项目教学的需要重新编排并形成相对独立的教学单元,如图2-7所示。

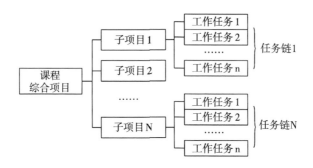

图2-7 课程项目-任务逻辑结构

(2) 项目化教材开发

在项目化课程设计基础上,进一步对项目化课程的教材或讲稿按照"项目引导、任务驱动"的思路进行重构和编写,凸显"四线两化"特色。"四线"指的是"项目主线、知识辅线,任务明线、能力暗线"。

项目主线、知识辅线:将专业领域的真实项目作为主要载体,并且按照课程教学的实际需要对项目进行教学化改造,课程知识体系完全遵从项目教学化的要求进行重构和编排,为工作任务的递进教学服务。

任务明线、能力暗线:由于工作任务是项目化课程的基本教学单元,因此项目化教材的体系结构是按照项目的工作任务进行编排的，通过完成项目的多个工作任务让学生运用知识、掌握技能，同时还关注过程与方法、情感与态度等。

"两化"则是"项目任务化、知识技能化"。

项目任务化：选择的课程项目一般系统涵盖了课程教学的主要知识和技能点，这就需要按照知识的层次性、单元性和工作过程的技能特点将课程综合项目分解为若干个工作任务组织教学，达到项目化教学的目的。

知识技能化：每个工作任务相关知识的构成和取舍服务于任务实施过程中技能训练的需要，并根据应用情况进行级别化划分，突出"必需、够用"原则，对少量相对重要但与任务有间接联系的知识点可以用任务拓展或补充说明等形式来呈现。

2. 积极导学

基于 SPOC 课程学习平台推进"课前在线学习，课中集中讲练"的混合式学习，如图 2-8 所示。课前引导学生对课程教学内容中的主要知识点进行个性化学习并通过论坛等交流、探疑和释疑，让学生自己通过视频观看、思考、练习、讨论等途径学习，掌握解决问题的方法和流程，强化自主学习能力的培养。

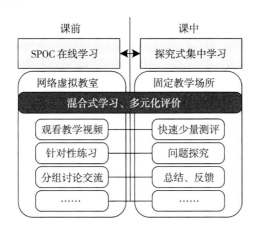

图 2-8 基于 SPOC 的混合式学习

SPOC 课程在网络发布开始后，学生在浏览课程介绍、时间安排和学习要求后进行课程注册，成功注册后即可进行相关的课程学习，完成教师定期发布的教学视频观看、作业和阶段性测试，学习过程中可以进行在线互动和交流。为确保学生对所学内容有较高的注意力并提高教学效果，课程知识的学习主要通过观看以知识点为单元的微课视频（一般3分钟左右），必要时可以在视频中嵌入相关的问题与测试。同时，课程教学团队中的相关成员根据课程安排定期登录 SPOC 平台，通过论坛、微信群等方式建立互动社区，通过在线进行互动交流、答疑解惑，动态把控学习进度和效果，并为课堂集中教学做针对性的准备和设计，如共性的学习问题、交流平台难以解决的问题等。

3. 积极施教

基于课程教学计划定期进行集中教学，根据学生在 SPOC 平台上在线学习的反馈情况，教师创设相应的学习情景，有针对性地对共性的重点、难点和关键性知识和技能实施问题导向的探究式学习，引导学生根据自己的兴趣爱好来组建3~5人为单位的学习团队，每个团队确定一名负责人，负责学习任务的分工协调、进度安排、沟通交流和评价反馈等，最后教师对整个教学过程进行点评、归纳和总结。在问题探究和工作任务完成过程中，突出学生主体中心地位，增加师生、生生之间的互动和个性化的接触时间，增强学生情感体验和学习兴趣，提高问题探究、团队协作能力。此时，课堂不再是传统的灌输模式，教师转变为学习过程的参与者与促进者，学生成为教学活动的中心和主体，在团队协作的探究学习和工作任务实施过程中综合能力不断得到提升。

4. 积极评价

针对项目化课程"知识、能力、素质"目标的要求，结合混合式学习的"自主、探究、合作"特征，调整课程评价模式，实现评价主体多元化，评价内容多维化，评价手段多样化，使评价结果更加积极、正向，激发学生的学习积极性，促进学生全面发展。基于 SPOC 的混合式学习更加注重学生课程学习的过程性评价，如课前视频观看、作业情况、在线交流、学习态度等，课堂学习任务的参与程度、团队协作、反馈交流等内容，对学习的效果、过程以及与学习密切相关的非智力因素同时进行全面的评价，肯定成绩，找出问题反馈给学生，促进其良性发展。努力实现评价过程与教学过程的交叉和融合，评价主体与客体的互动和融合，对课程学习动机、过程和效果实施三位一体的评价。

实践表明，"积极教学"课改的实施，大大提高了课程教学质量，充分发挥每一个学生的个性化学习潜能，在促进学生学习能力提升的同时，增强学生应用知识、技术的能力，有效提升情感、态度和价值观等综合素质。

三、积极职业教育的育人成效

通过多年的实践和探索，江阴中专不断推进校企协同的"现代班组长型"技术技能人才培养，经过长期的实践而逐步确立培养规格及相应的"三维互动、双轨并行"人才培养途径，构建了基本稳定的人才培养模式，取得了良好的育人成效，并通过各种途径积极地宣传、推广和应用，努力为职业学校提供一个可供参考、操作性较强的人才培养模式范例。

（一）人才培养

围绕"现代班组长型"人才培养目标和培养规格，要求各个专业不断修订、细化人才培养方案，推进"四岗递进"人才培养模式，将"积极职业教育"理念贯穿到人才培养全过程，突出"道德品质、专业技能和职业素养"三个综合维度的交叉培养、自主发展和自我完善。近三年学校毕业生就业率达到99.9%，对口就业率达85.9%，本地就业率达93.4%。第三方（麦可思数据咨询公司）对毕业生追踪数据分析得出：十年来，学校为社会输送具有"现代班组长"潜质的毕业生10178个，用人单位满意度高，就业水平和质量连创新高。追踪毕业已经5年以上的三届学生（2010—2012届）有48%已经走上"现代班组长"及以上相关岗位，为地方经济社会发展做出了巨大贡献。

近几年，学校使用EPOCH青少年幸福问卷对我校学生进行了测量，问卷由投入、坚持、乐观、关系和愉悦5个维度构成，测量结果为学生总体幸福感平均得分处于较高水平，学生在"积极职业教育"育人理念的培养下，拥有了积极的心态、健全的人格、阳光的个性。

（二）模式迁移

学校"现代班组长型"人才培养模式和"积极职业教育"育人理念，吸引了省内外 50 多批次兄弟院校带队来校考察交流。学校还与广西武鸣职业技术学校和四川绵竹市职业中专学校结成共建援助单位，两个学校半数以上教师来江阴中专进行为期一周的"跟岗"培训学习，"现代班组长型"人才培养模式和"积极职业教育"育人理念已经在这些学校得到很好的推广应用。

（三）示范辐射

多次在省内外兄弟学校和相关学术会议上进行"现代班组长型"人才培养和"积极职业教育"相关讲座，出版《职业学校积极德育体系构建与实践》专著及《现代班组长实用教程》，发表"现代班组人才培养"相关论文近百篇，出版"任务驱动"式教材 50 多本。在国内形成了较高的影响，省、市级积极教育研讨会、现场会相继在学校召开。《中国教育报》《中国职业技术教育》《江苏教育》《江阴日报》及江阴电视台等新闻媒体，对学校育人模式进行了共计 200 多次报道宣传。

在 2015 年、2017 年由清华大学主办的积极心理学国际学术会议的"积极教育"专题论坛和校长培训班上，江阴中专校长和副校长分别作为特邀嘉宾，就学校基于积极职业教育培养"现代班组长型"人才的探索和实践做了交流发言，得到国内外同行的好评。

本章小结

学校积极探索校企协同育人的"订单班"，在走访、调研大量企业基础上，提出为地方产业培养具有"现代班组长"潜质的技术技能人才，即"现代班组长型"人才，并进一步明确"现代班组长型"人才培养三大内涵："优秀的道德品质、过硬的专业技能、良好的职业素养"。针对"现代班组长型"人才内涵要求，学校结合中职校学生特点和成长规律，将积极职业教育理念融入人才培养全过程，实现"道德品质、专业技能、职业素养"的互动、交叉培养，构建了"三维互动、双轨并行"的"现代班组长型"人才培养模式，不断提高人才培养的针对性和适应性，奠定从"技术工人"到"现代班组长"，向"车间主任"和"部门经理"等更高层次发展的坚实基础。第三方毕业生追踪（应届毕业生培养质量评价报告）数据分析得出：用人单位满意度高，就业质量和水平连创新高。同时追踪毕业已经 5 年以上的三届学生（2010—2012 届），48% 以上已经走上"现代班组长"及以上相关岗位，为地方经济社会发展做出了巨大的贡献。同时，学校"积极职业教育"育人理念在省内外多所职业学校得到很好的示范应用与模式迁移。

（江苏省江阴中等专业学校　朱永林　潘永惠；

江阴职业技术学院　周亚娟）

职校积极德育范式的实践建构

积极德育是积极职业教育的重要组成部分，也是职业学校积极育人的重要手段。建构积极德育范式，一方面顺应了现代职业教育发展的潮流，是建构积极职业教育范式的题中之义；另一方面也是国家对当代教育发展提出的新要求，是对党的十九大提出的"落实立德树人的根本任务"的积极响应。围绕《中等职业学校德育大纲（2014 年修订）》提出的总要求，结合中共中央办公厅、国务院办公厅 2019 年 8 月印发的《关于深化新时代学校思想政治理论课改革创新的若干意见》的文件精神，在实践中建构积极德育范式，就是要研究和解决如何"立德树人、铸魂育人"的根本问题。

第一节　职校积极德育范式的实践意蕴

"德育范式既阐明了某一范式的理念、价值取向，同时也阐述了在这种理念、价值取向指导下的实践操作策略、方法即操作样态"。❶ 积极德育范式，是在吸收和借鉴积极心理学、积极教育理念基础上对传统消极取向

---

❶ 范树成. 当代学校德育范式转换与走向研究 ［M］. 北京：人民出版社，2011：2.

德育范式的反思与批判，不仅代表了一种全新的德育思想、德育理念、德育价值观，而且意味着一种全新的德育实践。建构积极德育范式，要厘清积极德育范式的基本含义，明确积极德育范式的核心理念，把握积极德育范式的操作样态。

一、积极德育范式的基本内涵

明确积极德育的内涵是研究和践行积极德育范式的起点。以"积极德育"为关键词在中国知网共检索出文献 40 篇，其中最早的一篇发表在 2004 年的《思想·理论·教育》杂志，作者苏奕认为，"所谓积极德育，是指道德教育者遵循主动干预的原则，在道德实践者尚未有道德发展需求的时候，用挖渠引水的方式对学生实施的道德教育。"❶ 在此后的研究中，孙伟认为，"积极德育就是以深刻认识并促进受教育者在德育方面的潜在积极性为出发点，使其道德发展能动性充分发挥，激发并促进自我道德成长能力发展，培养其完善人格的德育。"❷ 周晓宜认为，积极德育是"教育者遵循积极主动的干预原则，将德育目标指导下的德育内容与受教育者的成长过程有机契合，通过对受教育者自我道德成长能力的培养，加深并强化受教育者的积极德育情感体验，促使其道德社会化过程的完善。"❸ 葛伯炎等人认为，积极德育是"以积极心理学、成功教育、养成教育等理论为基础，从唤醒人的美德、注重健康人格培养出发，通过有效的育德过程，激发人的积极动力，深层次地推动人的品德成长。"❹

综观这些研究对积极德育的界定，显然未达成一致意见，甚至存在矛盾之处，比如有的研究将个体潜能作为积极德育的出发点，有的将个体的人格作为出发点；有的将人格作为培养目标，还有的将道德的社会化作为

---

❶ 苏奕. 从未成年人道德教育角度看消极德育与积极德育 [J]. 思想·理论·教育，2004 (10)：47 – 50.

❷ 孙伟. 积极德育价值取向初探 [D]. 北京：首都师范大学，2008.

❸ 周晓宜. 积极德育理论的四维度分析及其启示 [J]. 北京青年政治学院学报，2013 (2)：61 – 64.

❹ 葛伯炎，杭强，张振军，等. 职业学校积极德育模式构建与实践 [J]. 中国职业技术教育，2015 (17)：69 – 72.

培养目标，等等，可谓是五花八门，不一而足。这些定义很难说有对错之分，更多体现的是研究者对积极德育的不同理解。

周围教授认为，积极德育是"以肯定人的美德、激发人的潜能实现为手段，充分体现以人为本精神的道德教育的创新理念与实践策略"。随后她作了更详细的阐释："积极道德教育从受教育者已有的积极道德品质出发，采用肯定、鼓励、欣赏、强化等积极、正面为主的方法，营造充满尊重、真诚、理解、关爱、信任、公正的教育关系，以增进学生的积极情绪体验为教育契机与途径，激发受教育者道德发展的愿望和潜能，促成受教育者积极道德品质的培养，并在积极道德品质形成的过程中消除不良的道德品质，预防恶习的萌芽与产生。"❶ 这一阐释，从人既有的优势出发，采用积极的方式方法促成受教育者德性的养成，并且将积极的预防思想渗透其中，是相对完整的。

综合现有的研究以及积极职业教育范式的基本理念❷，我们认为，积极德育具有以下三个层面的基本含义：一是将德育研究和实践的重心从"问题"转移到"发展"上来；二是对"问题"作适当的解释，并从中探索积极意义；三是提升学生自我道德成长的能力。

二、积极德育范式的核心理念

理念是行动的先导。积极德育范式的理念是对积极德育的本质、价值和基本规律的反映，主要包括积极性、人本化以及发展性。

（一）积极性

积极是积极德育范式最本质、最核心的理念，也是贯穿积极德育全过程的一条根本的价值主线。积极，是对过去集中于问题研究的病理式传统德育的一种变革，宣告那种打着探照灯寻找学生的道德问题、围绕如何消解学生道德问题的德育研究和实践已经落伍了；倡导现代德育要关注人性的积极方面，深入系统地研究如何利用学生已有的道德优势以及主动发展

---

❶ 周围. 积极道德教育——积极心理学视域中的道德教育 ［M］. 北京：中国文史出版社，2014：72.

❷ 崔景贵. 积极职业教育范式的基本理念与建构策略 ［J］. 教育研究，2015（6）：64-69.

的愿望，积极为学生创造良好的环境，积极指导、引领，科学高效地开发学生的潜能，促进学生的道德发展；强调用积极理性的方式对职校德育以及职校生德性方面存在的问题做出适当的解释，并从中获得积极意义。说到底，就是树立积极的德育目标，采用积极的德育方式，培养积极的师生关系，激发积极的情感体验，使学生德性获得积极发展。

（二）人本化

作为对"目中无人"的消极德育的一种反动，积极德育必定是追求以人为本的德育。人本化是积极德育范式的重要理念，是对传统德育理念的匡正，也是德育价值取向由工具性走向人性化的一次重要回归。人是教育的重心，也是教育的目的；人是教育的出发点，也是教育的归宿；人是教育的基础，也是教育的根本。实践积极德育范式，必然要坚持以人为贵、以人为重的人本化理念。人本化意味着学生是德育工作的重心，所有的工作都要围绕学生成长成才的需要来进行，助力学生成长为自然生命、社会生命、精神生命相统一的人；意味着要充分考虑学生的尊严、自由、幸福、价值、个性等，助力学生成为与自我、与他人、与社会和谐一致的人；意味着要在德育过程中激发学生自我完善、自我超越的主动性与积极性，助力学生成长为认知、情感、意志、行为完整统一的道德人格大写的人。

（三）发展性

积极德育范式中的"积极"一词本身就意味着正向的、主动的、实际而具有建设性的❶，决定了积极德育必定是助人发展的德育，发展性是积极德育范式的重要理念。发展性至少包括三方面的含义：一是指职校生是发展中的个体，需要积极预防和应对发展中面临的困难或危机，顺利度过每一个发展阶段；二是指发展是需要条件的，只要方法得当，环境适当，每个职校生都能获得积极的发展；三是职校生道德发展中暴露的问题要通过新的、更高水平的发展来解决。发展性意味着要紧扣职校生道德发展的现实需求，着眼于职校生道德发展的可能性，立足于道德发展的可塑性，

---

❶ 陈振华. 积极教育论纲 [J]. 华东师范大学学报（教育科学版），2009（3）：27 - 39 + 68.

按照道德发展的阶段性和顺序性，为学生提供发展的机会，帮助学生找到发展的办法，既要全面发展，也要个性化发展，最终助力学生自主、和谐、充分、可持续的发展，实现最优化的发展。

三、积极德育范式的操作样态

所谓的操作样态，是对理念的进一步具体化，也是在理念指导下的操作策略、方法的一种概括和统称，用以表达实践的意蕴与智慧。积极德育范式的实践智慧就在于其是主体发展的德育，是扎根生活的德育，是注重情感的德育，归根结底，是以人为本的德育。职校德育工作要"以学生和谐发展成才为本"，"为了一切学生，为了学生一切"，为职校生成才发展创造各种可能的条件，最大限度地激发职校生的内在成才动力。

（一）积极德育是主体发展的德育

马斯洛指出："教育的功能、教育的目的——人的目的、人本主义的目的、与人有关的目的，在根本上就是人的'自我实现'，是丰满人性的形成，是人种能够达到的或个人能够达到的最高度的发展。说得浅显一些，就是帮助人达到他能够达到的最佳状态。"❶ 人是积极德育的主体，积极德育是主体发展的德育。

践行积极德育，就是要把职校生理解为具有自由意志、内在价值、精神品性和人格尊严的理性个体，肯定职校生的主体地位，发挥职校生的自主性、能动性、积极性，全面提升学生的主体素质、实现学生的最优发展。一要转变教育观念，将以社会为本、教师为主导的德育转变到以人为本、以职校生为主体的教育轨道上来，尊重职校生的主体地位和主体人格，肯定职校生的主体辨别能力和选择能力，坚信职校生具有正向的自我调适和自我成长的潜能；二要建立新型的师生关系，从"我说你听""我讲你做"的"单向命令式"转变为平等、民主、宽容氛围下教师与学生的"双向互动式"，给予职校生在教育内容、教育过程等方面自主选择、自我判断的自由；三要重视学生自主体验，鼓励职校生主动参与真实的实践活

---

❶ ［美］马斯洛. 人性能达的境界［M］. 林方，译. 昆明：云南人民出版社，1987：169.

动，并以活动中的体验为切入点，促进道德情感和道德认知的相互影响，以生成和发展良好的社会公德、职业道德、家庭美德和个人品德。从一定意义上讲，积极德育本质上是对个体主体性的培育过程，是一种主体自我教育。践行积极德育范式就是要鼓励职校生在实践中去观察、去体验、去活动、去思考、去感悟、去拼搏，启人以思想，教人以智慧。

（二）积极德育是扎根生活的德育

传统德育之所以未能取得令人满意的效果，一个重要的原因就在于其过于强调规范和知性而脱离了人的生活。然而，没有生活的德育是"死德育"❶。践行积极德育范式，就是要把德育同生活紧密结合起来，"根本作为就是引导生活的建构，它所指向的是更有利于人之生成和发展的好生活。"❷

杜威提出"教育即生活"，陶行知认为"生活即教育"，引申到德育也是如此。德育即生活，因为德育源于生活，源于学生社会生活的需要；存于生活，为了人更好的生活而存在，与生活共存亡；在生活中展开，通过校园生活和社会生活的实践学习并形成良好的品德；作用于生活，实现对生活的适应、改造与创新。生活即德育，因为生活需要德育，人在生活中掌握道德规范，实现道德的社会化；生活决定德育，政治生活、经济生活、文化生活决定了德育的目标和内容，是德育的手段和目的；生活具有德育的价值，影响了个体道德的形成和发展，生成着个体的道德，包括道德认知、道德情感、道德意志和道德行为。"只有植根于生活世界，德育才能具有深厚的基础和强大的生命力，德育的科学化与人性化才能获得真正的统一。"❸

践行积极德育范式，就是要从生活出发，扎根职校生当下的、真实的、具体的、可感知的、可触及的生活，在生活中提炼教育的目标、方法、手段、素材，培养职校生生活的积极态度、能力和智慧；最后回归生

---

❶　高德胜. 生活德育简论 [J]. 教育研究与实验，2002 (3)：1 - 5 + 72.

❷　鲁洁. 道德教育的根本作为：引导生活的建构 [J]. 教育研究，2010 (6)：3 - 8 + 29.

❸　王啸，鲁洁. 德育理论：走向科学化和人性化的整合 [J]. 中国教育学刊，1999 (3)：17 - 21.

活，使职校生想过、能过道德的、健康的、有意义的生活，并成为生活的积极开拓者和创造者。

（三）积极德育是注重情感的德育

"人在发展过程中，正向、积极的情绪情感状态持存不仅是有意义学习的基础条件，也在人的健康习性养成、道德价值观内化以及人格涵养等各个方面发挥着弥散性的效用。"❶ 德育不仅是说服人的工作，更是感染人的工作；不仅是传授知识的过程，更是培育情感的过程。践行积极德育范式，就是要关注职校生的情感要素，以情唤情，以情育情。

"人非草木，孰能无情"，情感是德育成功的"润滑剂"和"催化剂"，利用人的情绪情感的特殊机制，将情感因素渗透到教学中，以情优教，才能让学生产生积极的情感体验，进而提升教师的教学效率和学生的学习效果。这就要求教师要树立积极的情感观念，具备良好的价值观、积极的人生态度和宜人的个性气质，为学生树立良好的榜样；要善于观察学生、倾听学生，从而了解学生的所思所想，和学生平等自然地进行情感交流；要尊重学生，欣赏学生，了解学生的情感需求，倾听学生的情感诉求，公平对待每一位学生；要提升自身情绪调控的素养，以自身积极的情绪去感染学生，潜移默化地影响学生。

另外，积极德育还要重视学生道德情感的发展，并将其转化为学生的道德行为和道德品质。"道德情感教育强调以感受体验为基础，以情感态度的养成为表征，以情感与认知相互影响、彼此促进为发展过程，以培养情感性道德人格为目标。"❷ 这就要求教师要在教学中主动创设情境，引导学生积极体验，产生情感的共鸣，鼓励情感的交流，进行自主情感教育，提升情感体验的能力；要对教学内容进行情感化的处理，挖掘教材中的情感素材，整合政治情感、道德情感、审美情感等情感教育的内容，提升学生的情感认知、升华、控制、移情的能力。总之，就是让"冷酷无情"的德育课堂变得"热情洋溢"，以情激情、以情感人、以情育德，增强德育

---

❶ 朱小蔓，王坤. 涵情育德　以德育人——"全球化时代的'道德人'培养——教师情感表达与师生关系构建"项目的思想与实践［J］. 中小学德育，2018（9）：27－30.

❷ 朱小蔓. 情感德育论［M］. 北京：人民教育出版社，2005：74.

工作的针对性和实效性，提升学生的道德情感能力。

第二节　职校积极德育范式的实践反思

在实践中建构积极德育范式，除了要在观念上和认识上厘清积极德育范式的实践意蕴，更要在行动中避免传统德育实践中的误区和不足。这就要基于积极德育的视角，反思职校现实德育活动中存在的问题并积极分析导致这些问题的原因，以避免类似的误区，更加科学系统地建构积极德育范式。

一、职校德育存在的问题

传统德育重社会价值而轻学生的个体价值；重外铄过程而轻学生道德的自我塑造和自我生成；重德育的限制功能而轻发展功能；重学生道德知识的掌握而轻学生的实际生活；重学生对道德戒律的认知轻学生的体验和感悟；重学生道德思维而轻学生主动实践；重他律而轻自律；等等，凸显出德育目的功利化、德育重点问题化、德育内容知识化、德育合力未形成、德育能力待提升等问题。正是这些问题，导致了职校德育效果不尽如人意。

（一）德育目的功利化

德育在某些职校并未得到应有的重视和真心的认可，仅仅是在教育行政部门要求下不得不开展的一项教育活动，可以说是始于功利，流于形式，终于表面。如有的职校开展德育活动是为了应付教育主管部门的检查，为此大搞形象工程、面子工程，热衷于开展运动式、突击式德育活动，将德育活动演变成一场"表演秀"，制造了德育的"假、大、空"；有的开展德育活动是为了评奖评优，为了获得上级的"青睐"，不惜投入重金追求德育活动的大场面，制造所谓的"轰动效应"，看起来十分热闹，实际上有什么教育内涵，给学生带来了什么成长启示却不闻不问；有的教师开展德育活动是为了应付学校的德育管理或绩效考核，即所谓"职责所系，不得不做"，走完"拍张照片、发篇通讯、做个台账"的"德育活动三部曲"

似乎也就意味着履行了工作职责，昭示着"大功告成"；如此等等。

（二）德育重点问题化

有的职校对学生道德方面的问题和缺陷很重视，将工作的重点放在学生道德缺陷和问题行为的训诫上，开展工作的思路即为"发现学生问题，分析问题原因，寻找解决对策"，工作的核心旨趣就是学生不出问题。这就导致职校教师常常带着问题的眼光去看待学生，热衷于用"探照灯""放大镜"去发现学生的问题，直接导致了德育工作只会围绕所谓"问题学生"来开展。在这些教师眼里，发展、潜力、自主、能动等诸如此类的积极特征与职校生是没有什么关联的，他们热衷于惩罚的教育、纠错的教育、听话的教育，不愿意启发，认为启发浪费时间；不愿意激励，认为激励没有作用；不愿意表扬，认为问题学生没有闪光之处；不愿意欣赏，认为问题学生满身都是错误。然而，这种围绕着学生问题"头痛医头、脚痛医脚"的工作方式，即便可以暂时消解学生问题，但新的问题仍可能层出不穷。这样的做法纵然可以使处在困境中的学生学会走出困境，却不能使绝大部分普通学生德性发展的需要得到满足，更无助于学生整体道德素养的提高。

（三）德育内容知识化

受苏格拉底"美德即知识"这一论断的影响，部分职校将道德等同于知识，片面追求学生道德认知的提高，认为人一旦掌握了道德知识自然就有了道德，倾向于向学生机械化地传授道德知识，教授抽象的道德概念、规范、准则。这种道德知识抽去了具有生命表征的内容，无视人的情感和态度，忽视人的直觉与体验，造成了知识和情感的分离，使知识和行为脱节，实际上也否认了道德情感、道德意志和道德行为在学生德性形成方面的作用。学生虽然掌握了大量的道德知识，但却不会运用，更没有转化为学生积极的德行，导致部分学生成为道德言行不一的"双面人""分裂人"。事实上，脱离了学生生活和实践的道德知识好似无源之水、无本之木，由于丧失了生机和活力，不仅会失去对学生的吸引力和感染力，甚至会导致学生对德育的不满和厌倦。显然，这种过于强调道德知识的掌握而忽略人的情感体验的德育是行不通的，难以达到理想的育人效果。

（四）德育合力未形成

表面来看，职校从管理到教学，从校内到校企合作，建立了比较完备的德育体系，但实际上仍是各自为阵、各自为战，教育合力有待形成。从德育管理上来看，职校一般设有政教处、学工处这样的专门机构，配有班主任或是辅导员这样的专人负责，看上去完备合理，但事实上也导致了"德育只是德育工作者的职责"，其他教育工作者对学生德育可以不闻不问；"德育只是德育部门的职责"，非德育部门可以"事不关己，高高挂起"之类的不良现象。从教学上来看，现行的教育体制把教师队伍一分为二，一部分从事学科教学，一部分从事学生管理，又导致了"教书的不育人"，即科任教师不管学生的德育工作，学科教学出现"去德育化"；"育人的不教书"，即专职的德育工作者不从事学科教学，由此割裂了教育之"教书育人"的本义。在校企合作方面，多侧重学生技术技能的培养，但对德育的重视程度不够，方法不多，暴露出学生德育方面校企合作的空白，致使学生在实习岗位上不断出现问题，严重制约了学生在企业的发展。

（五）德育能力待提升

有的职校不能说不重视德育工作，但是教师在德育的多项能力上都存有不同程度的欠缺，直接影响了德育工作的开展。如课堂教学方面，如何调动学生学习的积极性，如何增强师生之间、生生之间的互动与体验，如何将道德知识内化为学生的道德信念显得办法不多；在活动组织方面，缺少形式上的创新和内容上的设计，凸显职教特色的意识不强，打造活动特色"品牌"的能力不足；在学生管理方面，对学生的思想动态、心理特点、话语体系的了解不深入、不透彻，教师的沟通、共情、疏导、指导能力有待提高；在德育研究方面，科研意识不足，科研水平不高，科研能力有待提升，理论和实践结合的能力更是有待提高；在文化建设方面，新形势下德育工作者不仅要成为德育的专才，更要成为育人的"多面手"，而职校的现状与此相差甚远。

二、问题的成因分析

导致上述问题的原因是多方面的。从学校角度看，主要包括主观因素和客观因素两个方面。

（一）主观因素

思想上不重视、认识上有偏差、理念上较落后是造成当前职校德育效果不佳、暴露出种种问题的主观因素，从根本上来说，就是还没有树立积极的、人本的、发展的现代德育理念。

1. 思想上不重视

思想上的不重视是导致职校德育工作滞后的重要原因。部分职校对待德育工作"讲起来重要，做起来次要，忙起来不要"。虽然"立德树人"的口号喊得响，但实际工作的重心仍放在学生技术技能的掌握上，其核心旨趣是培养所谓的具备"专业技能"的"人才"，创造一个个就业的"神话"；而德育在他们看来是无关紧要的，甚至是令人厌烦的，浪费了时间，占用了资源，耽误了专业教师培养所谓的"专门人才"。

2. 认识上有偏差

有些学校和教师认为，学生的道德受社会、家庭等多方面因素影响，在社会整体环境得不到改善，家庭教育无法积极配合的情况下，学校能够承担的责任也很有限，再多的作为是徒劳的、无用的。还有的教师认为，学生道德方面的很多不足在入学前就已经存在，中小学德育低效导致的问题凭什么要交给职校教师来解决。诸如此类的认识偏差，成为教师掩盖自身德育工作低效甚至失效的借口和托词，直接导致了教师德育工作中的消极作为。

3. 理念上较落后

部分职校的德育理念落后有待更新。受传统德育思维惯性的影响，一些职校的德育理念消极落后，直接导致了德育活动中的不当行为，表现为以人为本、以学生为主体的德育学生观有待深化；预防为主、助人发展、能力为重、全面提升的德育目标观有待提高；全员、全程、全方位的德育过程观有待改进；重体验、重内生、重实践、重生活的德育方法观有待更新；以教师为主导，争当学生道德发展的引领者、促进者、研究者、实践者的德育教师观有待健全。

（二）客观因素

客观因素主要是有关部门宏观指导、统筹协调不当，统一的和可持续的德育体制有待完善，具体来说，就是保障机制不健全、激励措施不到位、评价体系不完善。

1. 保障机制不健全

部分职校没有建立良好的德育工作保障机制，对开展德育工作所必需的物质、财政的支持力度和保障措施不够到位，缺乏必要的工作条件和工作平台；对德育工作者提升专业素养的专业成长需求重视不够，德育师资培训力度不大，德育师资发展项目不够完整，消减了他们专业成长的动力。

2. 激励措施不到位

部分职校对德育工作者政治上、工作上和生活上的关心不够，在政策和待遇方面没有体现对德育工作者的重视，缺乏完善可行的奖惩制度和表彰制度，以致德育工作岗位的吸引力不足，德育工作的职业归属感不强，挫伤了他们工作的积极性和工作热情，影响了他们才能的发挥。

3. 评价体系不完善

在德育评价上，多数职校仍侧重通过传统纸笔测试对学生进行道德认知考查，对学生道德能力、情感态度、道德行为的评价仍比较欠缺；对教师德育工作的考评上，过于侧重对德育结果的考评，尤其是过于看重"不出问题"这一指标，忽略了过程性评价。

以上问题在昭示传统德育不足的同时，实际上也为积极德育范式实践建构提供了思路和借鉴。积极德育范式的建构，就是要避免和纠正这些问题，引领职校德育回到适合而积极的轨道上来。

第三节　职校积极德育范式的实践策略

积极德育范式的实践建构，就是要在职校真实的德育实践中开展德育研究，以德育研究指导德育行动。通过树立德育工作的全局观念和整体意识，以课题研究、平台搭建、队伍建设、途径优化、科学评价等为手段措施，不断理顺教育、管理、引导和服务的关系，最终形成学校、家庭、企业及社会线上线下的教育合力，切实提升育人效果。

一、以课题研究引领专业发展

职校德育工作是一门科学，不仅要按照科学的理论和方法做好这项工作，而且更需要在实践中研究这门相当复杂的学问。随着德育工作领域的拓宽和内容的丰富，随着职校生发展需求的增多和要求的提高，职校德育工作面临的问题正日趋复杂和棘手，唯有将职校生成才、存在的问题和解决策略作为研究对象，德育工作才能更有针对性和实效性。职校应以系统提升学生的道德意识和道德能力为重点，有组织、有计划地进行研究，从学生发展变化的规律和特点中探求德育工作的科学途径和方法，以研究来推进德育工作中问题的解决。

职校可根据学校的实际情况，结合校园霸凌、网络借贷、"校园门事件"等社会热点问题，全方位开展课题研究。鉴于职校教师整体科研能力相对薄弱，可以课题研究为契机与高校合作，邀请高校的相关专家指导德育科研工作的开展。要通过课题研究，不断更新德育工作者的育人理念，着力提升职校德育工作的理论水准，形成重视理论学习和研究的良好氛围，增强班主任、科任教师"我是一个研究者"意识，提升教师以研究的心态、研究的视野去推进与改进德育教育和管理工作的能力，培养一批德育理论研究的骨干，促进职校德育工作的专业化发展。

二、以队伍建设提升育人质量

优良的德育工作队伍是加强和改进学校德育质量的重要保证，职校要像重视专业教师队伍建设那样，重视德育工作队伍建设。总的来说，就是要建成一支人人都是德育工作者的德育队伍，组织全校各个部门、各个组织机构及全体工作人员分工承担德育任务，建立党委领导为核心，校长及行政人员为主体，政工干部及"两课"教师为骨干，其他教职员工积极配合的全员德育工作机制，具体做到以下四点。

一是要选对人。职校应坚持"德才兼备、择优选拔"的用人原则，精选那些思想道德素质良好、德育观念先进、具备一定道德理论知识，同时对待学生有爱心、耐心、热心的优秀教师，尤其是年轻教师充实到德育工作队伍中来。二是要用好人。应从政治上、工作上和生活上关心德育工作者，在政策和待遇方面给予适当倾斜，做好基本的工作保障，使他们工作有条件、办事有平台、发展有前途，让他们的工作才华得到最大程度的发挥。三是要培养人。要通过继续教育与深造，不断提高他们的理论水平、专业素养和学历层次；通过师徒结对，由经验丰富的教师向他们传授管理经验、教学经验，以老带新，不断提高他们的工作水平和业务能力，促进队伍的专业化成长。四是要激励人。职校应制定可行的奖惩制度，完善表彰制度，不断提供发展的机会，提高德育工作岗位的吸引力，增强德育工作的职业归属感，以提升教师的工作热情，最大限度地激发他们的工作热情和活力。

三、以平台建设优化育人格局

积极德育的顺利开展离不开必要的平台建设。通过搭建线上平台、校企合作平台、家校合作平台以及校社合作平台，形成人员无缺席，时间无空当，空间无死角的"全员、全程、全方位"整合育人格局，以营造良好的育人氛围，提升育人的成效。

（一）线上线下平台

随着网络技术的发展，尤其是移动互联网技术的发展，网络已经成为人们生活中不可或缺的重要组成部分。建构积极德育范式，在做好线下德育工作的同时，要充分利用互联网所带来的便捷性，发掘、利用网络优势，构建网络德育平台。一方面，利用网络平台提供即时性的文字、图片、视频等，充实德育的内容，丰富德育的形式；另一方面，利用网络平台开展学校、家庭、企业、社会等在学生德育方面的合作，进行信息共享，拓宽网络育人的渠道。

比如，可以在学校主页上设置专门的"德育"模块，下设"班主任工作""先进典型""心理健康""体艺'2+1'""法制长廊"等栏目，一方面让家长和社会了解学校的德育动态，支持学校的德育工作；另一方面通过这些栏目进行道德知识、道德典型的宣传，营造良好的德育氛围。另外，职校还应充分利用新媒体技术开展德育工作，加强德育工作的宣传力度和覆盖范围。总之，就是充分利用网络平台实现和线下平台的优势互补。

（二）校企合作平台

随着职业教育的深入发展，职业学校在技术技能人才培养方面加强了校企合作，形成了良好的合作机制，但是在学生职业道德方面的涉及还很有限。事实上，职业道德是职校德育的一个重要内容，缺乏企业参与的职业道德教育，可能会造成学校德育内容与企业现实需要的脱节，造成学生在企业的发展受挫。职校应在既有的技术技能方面良好的校企合作的基础上，增加德育相关的内容，在顶岗实习、见习、实训等过程中，渗透职业道德方面的内容，加强职业道德方面专门的教育。

比如，职校可以通过对企业的问卷调查，主动了解企业对学生职业道德方面的需求、意见和建议，以加强学校职业道德教育的针对性；可邀请校企合作单位参与人才培养方案的制订，并在其中加入"职业道德"模块，就学生职业道德的教育进行分工合作；可通过劳模报告会、企业家进校园等活动，开展学生职业道德、职业精神教育；在学生实习过程中，结合生产实践由带队老师和企业共同开展职业纪律、安全生产、敬业爱岗、诚实守信等方面的教育，发现问题及时教育纠正。

（三）家校合作平台

苏霍姆林斯基曾说过："教育的效果取决于学校和家庭教育影响的一致性。如果没有这种一致性，那么学校的教育和教学过程就会像纸做的房子一样倒塌下来。"对于德育来说也是如此。家庭教育和学校教育对职校生的道德发展和德性养成都具有重要的作用，只有确保二者在教育过程中协调一致才能产生教育的合力，从而实现德育效果的最大化。

一方面是请进来。邀请家长进校园，每年组织家长学校授课，做到"四有四定"（有目标、有计划、有教案、有课件，定时间、定地点、定师资、定内容），不定期开展讲座培训，并通过网络平台进行全程直播，以更新家长的育人理念；开展"一日访校"活动，促进教师、家长、学生三方的沟通。另一方面是走出去。结合"千师进万家"活动，组织教职工深入学生家庭，了解学生在家庭的各方面表现，尤其是就特殊学生群体进行专门的联系，与家长共同探讨教育方法。

（四）校社合作平台

陶行知先生说过："不运用社会的力量，便是无能的教育；不了解社会的需求，便是盲目的教育。"社会的风气、文化、舆论等，是影响学生道德发展的重要因素，学生生活的社区更是会对学生的道德品行产生直接的影响。学校要充分发掘利用社会的各种德育资源，主动把社会的德育资源引进到学校中来，更要通过各种社会活动，创设各种机会让学生走进社区，走上社会，接受社会的再教育。这就要求职校应该按照贴近实际、贴近生活、贴近学生的"三贴近"要求，积极打造德育的"学校－社会"合作平台。

职校可以把德育工作与文明城市、文明校园创建结合起来，宣传社会主义核心价值观；可以通过"八礼四仪"进校园、进班级活动，引导学生日常行为规范、文明礼仪的养成；可以通过党员帮扶、"爱心妈妈"走访特困家庭等活动，切实帮助学生解决学习、生活中遇到的实际困难和问题；可以通过"检察官进校园""法官进校园"法治主题教育活动常态化，不定期结合社会热点开展如"扫黑除恶法治主题教育活动""预防校园欺凌主题教育活动"等，培养学生学法、知法、懂法、守法的公民意识；可以通过组织开展"消防安全教育"主题活动，邀请消防员进校园为学生做讲座并示范演练消防和逃生的基本技能，强化学生"财富可以再造，生命不能重来"的生命安全意识，等等。总之，就是要让学生接触社会、了解社会，在与社会的亲密互动中去陶冶人格，提升品格。

四、以完善途径丰富育人手段

"道德教育从本质上讲是人格、生命、生活质量的教育，它是整个教育的灵魂，应当统摄并渗透在全部教育过程之中。离开其他任何教育活动孤立地谈道德教育无异于无本之木，无源之水。不能把道德教育从活生生的生活之中抽离出来，也不能把道德教育从其他诸育中抽离出来。"这就要求践行积极德育范式，必须扎根学生的现实生活，不断完善教育的途径，丰富教育的手段，不仅通过专门的课堂教学，而且通过学生活动、校园管理、文化建设、社会实践、心理教育等，诸育协同、密切配合，多点开花、全面出彩，切实提高教育的实效性。

（一）课程育人

《关于深化新时代学校思想政治理论课改革创新的若干意见》指出："思政课是落实立德树人根本任务的关键课程，发挥着不可替代的作用。"做好课程育人，既要全面提高思政课本身的质量和水平，也要注重在各门学科中渗透德育的内容。

1. 思政课程

思政课是学校德育的主渠道，课堂教学是德育最基本的形式。思政课教学应充分体现社会主义教育的方向和本质要求，充分反映马克思主义中国化的最新成果，全面反映中国特色社会主义理论体系的基本内容、社会主义核心价值观的基本要求。尽管思政课堂教学一直为人们所诟病，但问题不在课堂本身，而是课堂的组织以及课程内容的呈现形式。这就要求思政课在内容上，要紧密联系实际，体现现实生活需要和符合时代发展趋势，具有现实性和适用性，才会被学生认同并自觉主动地接受；在方法上，要主动创设学生熟悉的情境，综合运用讨论法、问答法、辩论法等，培养学生逻辑思维、道德认知和道德选择的能力，并用所学的德育理论去观察、分析和认识各种社会现象，学以致用。

2. 全科融合

班华教授认为，所有的教育都包含了德育因素，所有的老师都是德育老师，德育应该与整体教育融合，最重要的体现就是与教学的融合。❶ 因此，公共基础课以及专业技能课等要结合自身课程特点，充分挖掘课程中的德育因素，有机融合德育内容，寓德育于教学内容和教学过程之中。在教育内容方面，充分挖掘教材中体现理想信念、中国精神、道德品行等的元素，促使学生形成积极的情感体验和价值认知；在教育方式方面，利用

---

❶ 班华. 德育理念与德育改革——新世纪德育人性化走向［J］. 南京师大学报（社会科学版），2002（4）：73-80.

探究性学习、合作学习等，培养学生的研究精神、科学精神、合作精神等。尤其要在专业技能、专业实训课中，结合专业特点和岗位工作要求，提升学生的职业精神、职业操守。

（二）活动育人

如果说课堂是培养学生的主阵地，丰富多彩的学生活动则是必不可少的第二课堂。学生活动是区别于传统德育的重要途径，具有自主性、开放性、非功利性，可以满足学生交际、结伴、归属的需要，能够锻炼学生的意志品质、培养学生的审美情操、提升学生的创造力等，增强学生自我服务、自我管理、自我教育的能力，因此激发广大学生参与的积极性。学生通过活动，可以发现更好、更具价值的自己，大大提高学生的自我效能感，增强自信心，而这是任何说教都无法达到的效果。由于走进了学生生活，学生活动使得德育"活"了起来，而不再是一片死寂。

职校要高度重视学生活动的开展，支持、鼓励和引导学生社团的发展，通过职业技能类社团拓展学生的专业兴趣，养成学生主动探究的精神；通过文体类社团，培养学生健康的兴趣爱好，让学生发现自己的特长，增强综合素质。另外，通过开展多样化的竞赛活动，专业方面如技能大赛、创新创业大赛等，艺体方面如冬季三项赛、三人篮球赛等，培育学生的竞争意识、合作意识、争创一流的意识。

（三）管理育人

管理育人是加强和改进职校德育的重要途径，在人才培养过程中占有非常重要的地位，实质上是全员育人、全程育人、全方位育人的重要体现。管理育人意味着学生管理部门、教学管理部门以及行政管理部门围绕育人的预期目标，通过制度建设、环境建设、榜样示范等，把育人融入一切日常管理工作中，构建起以服务学生成长成才为中心的学生教育管理服务体系，为学校育人根本目标的实现奠定良好的基础。一方面要做好学生的直接教育管理，做好引导培育工作；另一方面要做好学校各项事务的管理工作，培养教职员工的良好职业道德，营造良好的育人环境、育人条件和育人氛围，使学生在潜移默化中受到影响，得到启发，获得成长。

学校应进一步深化二级管理体系，建立以政教处为主导的督查与专业部为主体的常态管理相结合的工作机制，建立由政教处、团委主导，学生会主体的巡查机制；要加强对学生日常行为的管理和引导，除了组织学生学习学校的基本规章制度外，更要通过开展文明之星、礼仪之星、劳动之星、学习之星、遵纪之星等评比活动，全面引导、培养学生的道德行为，促使学生主动积极地养成良好的道德品质；要重视安全教育，常态化开展防灾减灾紧急疏散演练、防溺水教育、防诈骗、消防器材使用、交通安全、"青春期卫生"教育、"防校园欺凌，构平安校园"法制讲座等活动。另外，班级是学校德育工作的基层单位，班主任是组织班级管理和德育的直接实施者，职校要高度重视班级管理，通过组织班主任参观学习、专题培训、经验交流、班主任基本功大赛等，不断提高班主任的管理能力和管理水平。职校还要努力优化校园各项事务的管理工作，加强教职员工的师德建设，提高全校教职员工的育人意识，在日常工作的言行中为学生树立良好的榜样，以积极的行为和人格魅力影响学生，感化学生。

（四）文化育人

习近平在 2018 年全国高校思想工作会议上强调："好的思想工作应该像盐，但不能光吃盐，最好的方式是将盐溶解到各种食物中自然而然地吸收"。德育工作区别于智育的一个重要特征就在于德育越是了无痕迹，效果越是突出，"润物无声"当是德育工作的最高追求，而文化育人正是这一理念的重要体现。文化育人就是要将德育的理念、思想、信息等融入校园的物质环境建设、制度建设等，通过开展主题教育等活动，使学生的道德素养在潜移默化中得到提升。

职校要高度重视校园文化建设，围绕学校的办学理念，结合地域文化等，对校园环境进行整体规划和精心布置，为学生的学习和生活营造良好的物质环境。职校可以开展新生夏令营活动，在新生还未正式入学前，组织学生参观所在城市的人文景观，进行简易军训，开展文明城市、文明校园双创应知应会及自身文明素质教育，进行职业生涯规划设计等，感受学校及城市的文化氛围，加深新生对所学学科专业特色的了解。职校还可以围绕培育和践行社会主义核心价值观开展"七以"系列主题教育活动，即以"听党话、跟党走"为目的的党史、国史、军史教育，以"爱家乡"为抓手的爱国主义教育，以 40 年改革开放巨大变化为主要内容的改革史教育，以"八礼四仪"为重点的素质教育，以"遵纪守法"为基本的法制教育，以"爱技能"为先导的"三爱"教育，以"学雷锋"为标志的尚善教育，努力培育和践行社会主义核心价值观。

（五）实践育人

"知行合一"是德育的重要目标，"做中学"是德育的重要途径。通过实践开展积极德育，有助于学生"实践出真知"，即在实践活动中获得道德知识并内化为自身的信念、信仰；同时也有助于学生将已有的道德知识、道德思维转化为良好的道德行为，进而从根本上真正推动学生道德品质的发展，使学生成长为一个完整的"道德人"。实践育人就是要"课堂实践、校内课外实践、校外社会实践"的三结合，实现学校、家庭、社会（社区）教育一体化。

职校要在课堂理论教学中积极开展课内实践，强化学生的道德认知，如在课堂教学中采用模拟情境法、体验法、角色互换法等，提高学生的学习积极性和认识问题、分析问题、解决问题的能力，培养学生主动实践的意识；要开展校内课外实践，加强学生的道德体验，如组织学生开展校内义务劳动、食堂帮厨等活动，体验劳动的艰辛与成就；开展校外社会实践，强化自我教育，深化道德知识的运用，如组织学生志愿者服务队，积极投身社会志愿者活动，在社区开展电器义务修理活动，为各种大型活动提供志愿服务，让学生了解社会、增长才干、磨炼意志、培养品格。

（六）心理育人

构建积极德育范式离不开心理教育的参与。在现实教育实践中，心理教育与道德教育已经自发地走向了融合；又在理论的指导下，自觉地开展起了"心理—道德教育"[1]，"心理—道德教育"已成为一种重要的教育范式[2]。一个基本认识是：对学生道德品质的培养，需要以学生的心理结构要素为基础；而学生心理素质的提升，也离不开德育的导引与参与。二者

---

[1] 班华. 对"心理—道德教育"的探索——兼论中国自己的心理教育之道 [J]. 教育科学研究，2010（1）：25 – 29 + 33.

[2] 沈贵鹏，沈丽萍. 心理—道德教育范式论析 [J]. 教育科学研究，2018（9）：73 – 79.

共同的教育目的都是为了育人，即促进学生素质的全面发展。值得注意的是，"我们既不能因为有了心理教育便可以取消、替代道德教育，也不能因为有了道德教育便排斥、否定心理教育，正确的态度是肯定二者的共通性，保持二者的差异性，注意二者的开放性。"❶

职校在践行积极德育范式的过程中，要不断提升班主任与心理教师的专业化水平，加深对心理问题与道德问题之间的关系的认识，既不把学生的道德问题简单地以心理问题来对待，也不把学生的心理问题笼统地当作道德问题来处理，而是从道德问题中寻找心理根源，对心理问题作积极的价值引导；要经常性地组织开展道德教育和心理教育的互动与对话，针对学生的心理发展和道德发展，在课堂教学、主题班会、学生活动中整合心理教育与道德教育的内容、方法，多侧面、多角度寻找心理教育与道德教育的有机联系，"以心育德，以德育心"，推动心理教育和道德教育"一体化"工作格局的形成。

五、以科学评价改进教育实效

德育评价是德育过程一个十分重要的环节，对于德育过程的优化控制、德育效率的提高与德育效果的增强，都具有重要的意义。践行积极德育范式，要对内容、方法、手段等加以变革，探索建立健全一套科学的、系统的、积极的、发展的德育评价体系，以真正发挥德育评价对于加强与改善德育工作的作用。

一是要坚持评价的多元化。在评价的主体方面，不局限于教师，同时将家长、企业以及学生个人纳入评价主体，将外部评价与学生自评、互评结合起来。在评价的方式方面，既有定性评价，也有定量评价，既有横向的对比，也要有纵向的比较，尤其要关注后者。二是坚持评价的系统性和科学性。职校要建立一整套科学的评价指标体系，涵盖德育的目标、方法、效果等，既有整体评价，也有要素评价，既要注重形成性评价，更要加强动态性

---

❶ 崔景贵. 解读心理教育：多学科的视野［M］. 北京：高等教育出版社，广州：中山大学出版社，2004：254.

评价、发展性评价、过程性评价。三是积极对待评价结果。要将结果及时反馈给学生，既要反馈学生的不足和缺点，更要关注学生的进步和闪光点，班主任要和学生一起对评价的结果进行分析，放大优点，改进不足。

积极德育范式的实践建构是一项复杂的、系统的工程，既要考虑其相对独立性，也要基于职校积极教育范式建构的整体布局，理顺与诸育之间的关系。在积极的实践行动中，不断优化这一新的德育范式，因时而进、因势而新，促进职校生德性的整体发展，助力职业教育"立德树人"目标的全面实现。

本章小结

积极德育范式，是在吸收和借鉴积极心理学、积极教育理念基础上对传统消极取向德育范式的反思与批判，不仅代表了一种全新的德育思想、德育理念、德育价值观，而且意味着一种全新的德育实践，具有三层含义：一是将德育研究和实践的重心从"问题"转移到"发展"上来；二是对"问题"作适当的解释，并从中探索积极意义；三是提升学生自我道德成长的能力。积极性、人本化以及发展性是积极德育范式的三大基本理念，主体发展、扎根生活、注重情感是积极德育范式主要的三种操作样态。传统德育存在着德育目的功利化、德育重点问题化、德育内容知识化、德育合力未形成、德育能力待提升等问题，这些问题主要是由于思想上不重视、认识上有偏差以及理念上较落后等主观原因以及保障机制不健全、激励措施不到位、评价体系不完善等客观原因共同造成的。积极德育范式的实践建构，就是要在职校真实的德育实践中开展德育研究，以德育研究指导德育行动，通过树立德育工作的全局观念和整体意识，以课题研究、平台搭建、队伍建设、途径优化、科学评价等手段措施，不断理顺职校教育、管理、引导和服务的关系，最终形成学校、家庭、企业及社会线上线下的教育合力，切实提升积极育人效果。

（江苏省高邮中等专业学校　吴荣平）

职校积极心理教育范式的实践建构

追寻积极是现代职业教育改革创新实践的"新常态"和新姿态，走向积极是现代职业教育转型升级的希望之路和必由之路❶。积极心理教育范式的实践建构，是积极职业教育改革创新的实践行动。积极开展行动研究，进行积极心理教育范式的实践建构，有助于更好地促进和引领"00后"职校生的心理和谐发展。本章对积极心理教育范式的实践意蕴进行解读，对职业学校积极心理教育范式的实践背景和实践价值进行分析；在梳理职业学校积极心理教育范式实践现状的基础上，分析在积极心理教育范式实践中存在的问题以及范式建构需要把握的原则，进而提出积极心理教育范式的实践策略。

第一节　职校积极心理教育范式的实践意蕴

"范式"代表着科学或某一专业共同体成员所共有的信念、价值和技术，以及整体的基本元素和范例。心理教育范式是融合心理教育理念和实践的统一体，是心理教育理论应用于心理教育实践的中介环节和桥梁。探

---

❶ 崔景贵. 追寻积极：现代职业教育发展的理念、内涵与范式 ［J］. 江苏社会科学，2015 (5)：242－247.

讨积极心理教育范式的实践意蕴，有助于更清晰地把握积极心理教育范式在心理教育实践中的有效运用，有助于将积极心理教育范式和心理教育实践有机联系起来，更科学更规范地指引心理教育实践。

一、积极心理教育范式的实践内涵

积极心理教育范式是一种致力于培养人的优秀品质和美好心灵，促进心理积极和谐发展与心理潜能开发的心理教育。积极型心理教育范式的特征就是：面向全体，促进学生心理积极和谐自主发展和心理潜能充分开发，倡导心理教育要关注和研究人心理生活的积极方面，用积极的方式来对心理教育问题做出解释并获得积极意义。在积极心理教育范式中，积极应当成为贯穿心理教育全过程的核心价值和主线，使每一个人的心理素质都能够获得相对于自身而言的更为健康的、积极的发展与提高❶。

积极心理教育范式的实践，是积极职业教育改革创新的实践行动。积极心理教育范式的实践建构，应该把"积极"作为贯穿积极心理教育范式实践全过程的核心价值和主线，应当通过积极心理教育的实践，促进全体学生心理积极和谐自主发展和心理潜能充分开发，应努力让每一个学生成为最好最优的自己。具体而言，积极心理教育范式的实践意蕴，主要包括五方面的内容：

1. 积极的发展目标

积极心理教育范式的实践，要以学生为主体，要立足全体学生的发展，要尊重学生的心理需求，要发现学生的优势，要发掘学生的潜能，要发挥学生的特长，要发展学生的个性，要发挥学生的作用，要为每一个学生提供适合的教育，要为每一个学生的卓越发展提供条件或机会。

2. 积极的教育理念

积极心理教育范式的实践建构，是心理教育理论和心理教育实践相结合的产物，是在心理教育理论指导下进行的有益的心理教育实践探索。只有教育理念正确，才可能有正确的思路，才可能选择正确的路径和措施，

---

❶ 崔景贵. 心理教育范式论纲［M］. 北京：社会科学文献出版社，2006：11.

取得育人的实践成效。因此，积极心理教育范式的实践建构，需要为积极而教等现代化教育理念的引领。

3. 积极的教育教学过程

积极心理教育范式的实践建构，要求在心理教育的教学过程中，要"读心""走心"和"用心"，也即是说，要了解当代职校生的心理状态与特征，要读懂职校生的心理，贴近职校生的心理发展需求，发掘职校生的心理优势、心理资本和心理潜能，开展创造适合每一位学生的积极心理教育，进而实现学生乐意参与、乐意投入的互动模式。

4. 积极的教育组织系统

在积极心理教育范式的实践中，学生个体的发展，如积极优势的发挥、积极心理品质的培养和积极潜能的开发，与家庭环境、社会环境等外部环境是密不可分的，而且在很大程度上会受外部环境的影响或制约。因此，积极心理教育范式的实践建构，需要建立积极的家庭、学校和社会组织系统，共同致力于培育和发展学生的积极力量和积极品质，为实现学生卓越发展和人生幸福奠基。

5. 积极的校本创新行动

积极心理教育范式的实践建构，是在积极心理教育理念引领下的校本行动创新，是先进教育理念和校本创新探索的有机结合，也是推进积极职业教育教学改革的重要途径。因此，积极心理教育范式的实践建构，需要职业学校及职校教师深刻理解和充分把握积极职业教育的理念，与时俱进地创新积极心理教育实践，以改革创新的视角思考、推动和深化积极心理教育范式的实践，努力创造适合每一位学生的积极心理教育实践范式。

二、积极心理教育范式的实践背景

（一）现代职业教育改革创新的时代要求

全面深化改革创新，办人民满意的、更加优质的职业教育，是当前加快发展现代职业教育的时代意蕴和实践诉求。积极职业教育坚持育人为本，强调"为积极而教"，"让每一个人都有人生出彩的机会"，成为现代职业教育改革创新的一种新范式❶。积极心理教育范式的实践建构，坚持以学生发展为本，注重每位学生的积极潜质潜能发展和最优化发展，使培养高素质的劳动者和技术技能人才的具体要求在职业学校落地。因此，积极心理教育范式的实践建构，是在立足校本基础上对职业学校心理教育的改革创新，是积极职业教育范式对职业学校心理教育改革创新的要求，也是现代职业教育改革创新的践行和落实。

（二）积极职业教育创新实践的社会要求

积极职业教育倡导树立"全人观"，努力让每一个学生成为最好最优的自我，做人格健全的现代人，做与时俱进的职业人，做卓越幸福的心理人❷。积极职业教育的"全人观"，呼唤职业学校在教育目标、内容、过程、方法、评价与管理等方面重视学生的心理发展需求和心理感受，重视对心理发展课题的积极引导，重视对学生人格和心灵的培养。积极心理教育范式的实践建构，着眼于学生的心理需求、心理感受、人生成长和人生出彩，立足于学生的可持续发展，将职校生培养成为国家和社会真正需要的人。因此，积极心理教育范式的实践建构，是职业学校心理教育从消极走向积极的校本创新行动实践的科学建构，是积极职业教育育人要求的贯彻落实。

（三）职校心理教育主动革新的理性选择

积极是现代职业教育发展的价值取向和基本理念，积极职业教育是现代职业教育创新的必然选择和主导形式。面临积极职业教育带来的新机遇、新挑战，为谁培养学生、培养什么样的学生、用怎样的校本行动来培养学生、如何建构真正适合学生发展的心理教育实践范式等问题，成为职业学校和职校教师需要认真思考和回答的问题，也是职业学校心理教育追求主动发展和创新校本实践行动的理性选择。积极心理教育模式的实践建构，坚持以积极为主线，坚持把发现优点、发掘潜能、发挥优势和最优化发展作为教育重点，在推进职业学校教育教学改革的同时，也有助于职业

学校的教学质量提升和优质内涵建设，进而为社会培养出高素质技术技能人才。

三、积极心理教育范式的实践价值

（一）学生人生幸福的基石

幸福是人生的永恒追求。被尊重、被认可，获得支持做能做的事情，得到指导成为能成为的人，是个体幸福感的源泉，也是个体走向幸福的根本途径。职业学校积极心理教育范式的实践，坚持以学生的心理需求为出发点，以学生的优势、潜能等积极心理能量为着力点，以学生卓越发展为最终目的，旨在指导学生发现优点、发掘潜能、发挥优势，引导学生做更优更好的自己。这一指导学生发展的过程，实际上也就是指导学生发现幸福，不断走向幸福，最终实现人生幸福的过程，它更能够反映心理教育的本质，也更能符合学生成长的需求。所以，积极心理教育范式的实践，是成就职校生幸福人生的基石。

（二）教师卓越发展的需要

积极心理教育范式的实践，既是教师教书育人的要求，也是教师专业成长的必由之路。弄清楚"培养什么学生，怎样培养学生"是职业学校开展教育教学管理工作的前提，也是职校教师专业化成长中必然要解答的问题。职业学校积极心理教育范式的实践，坚持走进学生心理，读懂学生心声，发展学生心理潜能，助推学生心理发展，这就需要职校教师学习积极心理教育的理念，做积极心理教育实践的"有心人"和开拓者，帮助每一个职校生"筑梦、追梦、圆梦"，实现"经师""技师"和"人师"的和谐统一❶。可以说，指导职校生追求自我卓越发展的过程，实际上也就是教师实现专业化成长发展的过程。

（三）学校内涵发展的要求

学校的办学品质最终指向学生的内涵发展。关注学生心理需求，关注

---

❶ 崔景贵. 追寻积极：现代职业教育发展的理念、内涵与范式［J］. 江苏社会科学，2015（5）：242−247.

学生心理品质提升和潜能发挥，努力为每一位学生提供真正适合的教育，让每一位学生都有人生出彩机会的教育是职业学校育人为本、特色办学、内涵提升和质量提高的基本要求，也是职业学校的生命力所在。积极心理教育范式的实践，坚持校本研究、创新实践，从消极的问题矫治转向充分关注学生的优势、发掘学生的潜能、发展学生的积极心理品质，帮助每一位学生做最好最优的自己，实现由"被动防御型"向"引领发展型"的根本转变，是真正适合每一个职校生和谐发展、快乐成长的现代职业教育，也是扎实推进职业学校内涵发展、创新发展和特色发展的必由之路。

（四）新时代社会发展的呼唤

人工智能、工匠精神等新时代国家和社会对高素质技术技能人才的需求，呼唤职业学校不仅要培养"合格的手"，而且要培养"完整的人"，呼唤职业学校必须以立德树人、育人为本的理念来引领现代职教创新发展，以提高质量为核心来增强现代职教发展的吸引力，以行动导向为举措来推进现代职教改革创新。职业学校积极心理教育范式的实践，将工作重心放在挖掘培养学生固有的积极潜能与力量上，通过培育或扩大职校生的积极优势，培养具有积极职业素养和现代职业精神的高素质技术技能人才，努力让每一个职校生成为服务社会的有用人才，既是对积极职业教育的落实，也是新时代社会发展的根本要求。

第二节 职校积极心理教育范式的实践反思

职业学校积极心理教育范式的实践建构，需要对当前职业学校心理教育范式的实践进行反思，需要梳理当前职业学校心理教育范式的实践现状，分析当前职业学校心理教育范式实践中存在的问题，并在此基础上，与时俱进、开拓创新，充分挖掘新形势下职业学校积极心理教育范式建构的实践价值。

一、职校心理教育范式的实践现状

积极心理教育的出现虽然时间不长，但发展势头迅猛。在过去的几年中，积极心理教育范式的实践探索已经逐渐在职业学校全面铺开，并取得了一定的实践成果。对以往的积极心理教育范式的实践现状进行梳理，可以归纳为以下方面。

第一，专家引领校本实践。职业学校聘请资深心理专家担任客座教授，从班主任培训、课题研究、团体辅导开展等各方面对学校积极心理教育进行引领和指导。譬如，12 年来，我们课题组坚持以课题研究为载体，以专家引领、校本实践、协同教研、成果共享的方式，通过专家报告、学术交流、专题研讨、出版专著、课堂观摩、成果展示等形式，引领和指导30 多所职业学校（子课题学校）开展积极心理教育的校本实践研究，既更新了心理教育理念，更推动、深化了积极心理教育实践。

第二，加强课程建设和研发。为提升学生的积极心理品质，一些职业学校进行了积极课堂教学或课程研发的探索。譬如，一些职业学校基于积极心理学的思想或积极心理教育的视角，开设了《积极心理学》《幸福课》《心理资本提升》《团队合作》等心理教育选修课。一些职业学校还建构积极心理健康教育课程模式、开发校本课程、建设特色课程、编写《积极心理教育读本（手册)》等课程建设或研发的探索。

第三，心理培训日渐引起重视。职业学校要逐步加大对兼职心理教师、学生管理人员的心理培训，学习积极心理学、积极心理教育的理念。譬如，聘请资深心理专家引领学校积极心理教育实践；每年组织开展校外专家报告、校内心理教师汇报、心理沙龙、专题研讨、团体素质拓展等研修形式，对学生管理人员（含班主任）进行积极心理教育的专题培训或研讨。

第四，培养学生朋辈互助队伍。在学生队伍方面，多数职业学校都组建心理社团或班级心理委员队伍，并从积极心理教育的角度、从心理他助—互助—自助的角度，对心理社团或班级心理委员等朋辈心理辅导员进行培训，指导学生自助助人，做一名优秀的助人者，在他助互助的同时，也实现心理自助的目的。

第五，活动心育初显特色。一些职业学校结合学生的心理发展特点或心理需求，精心设计、开展不同主题的积极心理教育专题活动，如心理讲座、心理班会、团体辅导，主题主要包括自信心提升、和谐交往、团队合作、心理资本提升、集训选手压力调适等多个方面。为了"强素质""强个性"，一些职业学校还定期举办"校园游行节""个人演唱会""男生·女生节"活动，引导学生用喜欢的、擅长的、体现专业特色的适当方式，展示自己的创意和个性。

第六，坚持校本行动，理论和实践相结合。在专家的引领和指导下，一些职业学校也参与或主持了多项国家级、省级、市级层面的积极心理教育课题研究，从积极心理学、积极心理健康教育和心理资本开发的视角对职业学校心理健康教育的模式建构、课堂教学和课程研发等方面进行了诸多有益的探索和尝试，积累了鲜活的实践经验和丰富的课题成果。项目成果的转化和应用，在推进积极心理教育实践的同时，也进一步推动了学校积极心理教育课题的深入研究。在理论研究和实践探索的过程中，一些职业学校也逐渐形成了各自的积极心育亮点或特色。

综上所述，随着积极心理教育范式的实践探索，积极心理教育的理念正逐步渗透进职业学校的教育教学管理服务等多个方面；职业院校的各项心理工作也正在逐渐从消极走向积极；职业学校的教育教学管理工作者对积极心理教育的认识也越来越深入；一批有志的心理教师也逐渐从专门走向专业成为专家型心理教师，在学校心理教育工作中发挥着越来越重要的作用；一些职业学校也正逐步形成学校心育的校本特色或亮点，在推进学校心理教育的同时，对兄弟学校的积极心理教育也起到积极的示范和引领作用。

二、职校心理教育实践中存在的问题

积极心理教育的思想正在逐步渗透、影响职业学校教育教学管理服务等诸多方面。与此同时，积极心理教育范式实践中存在的一些问题不容忽视。

（一）消极化取向

尽管职业学校的心理教育实践开始逐步由消极的心理障碍与疾病的防治向心理潜能开发与心理发展方面演进，但事实上，一些职业学校的积极心理教育实践，依然有浓厚的消极心理教育色彩。因为职业学校心理教育主要还是补救性、防治性、矫正性的心理教育，工作重心依然是问题学生的排查、学生问题的矫治和消极预防、心理危机的预防和干预，关注点依然是问题学生或问题现象，忽视了对心理发展课题的积极引导，忽视了对大多数学生的心理发展需求，心理教育如同是消防的"灭火器"。心理教育的消极取向和医学化倾向，不利于学生的发展，也不符合积极职业教育的要求。

（二）功利化目标

尽管心理教育成为职业学校必不可少的工作之一，但积极心理教育在一些职业学校并未得到应有的重视和认可。具体而言，积极心理教育范式的实践推动，通常是基于教育行政部门的要求、迎接上级检查、展评汇报、评先创优、创建文明校园，或是出于宣传和自我表现等原因。一些学校管理人员更热衷于开展场面宏大的、花样新的、噱头多的活动，追求"存在感""关注度""影响力"。这样的心理教育，表面上看似很重视，实际上流于形式，走过场，充斥着功利化的色彩，并没有真正地将学生心理发展放在首位。

（三）德育化倾向

职业学校的心理教育通常由主抓德育的行政职能部门主管，各项心理工作的开展，心理教育工作的整体策划、内容的设计、过程的实施、结果的呈现、活动的评价等，通常都会有管理者的考虑、考量和权衡，通常都是基于德育的理念、工作模式、评价体系等，很少或者并没有把积极心理教育工作者考虑进来，更谈不上要将德育和心理教育二者进行有机融合，或者进行系统的顶层设计。这样就容易出现德育和心理教育割裂的"两张皮"的情况。职业学校的心理教育工作也容易带有思想政治教育的色彩，而不是平等对话，共同研讨，深度融合。

（四）孤立化倾向

尽管职业学校宣称"全员心育"，但职业学校的积极心理教育实践通常只是专职心理教师一个人的事情，或专兼职心理教师少数人的事情，存在孤军作战、单枪匹马的情况。譬如，心理教学没有专门的心理教研室，课程研讨和集体备课多流于形式，课程研发和教学能力提升通常要专职心理教师自行钻研摸索；学科间的心育渗透和融合也通常是少数人的事情；积极心理教育活动的策划、组织、实施、宣传等，通常也只是少数人的事情，并不能集中集体的智慧和团队的力量。可以说，职业学校的心理教育通常处于被孤立、被边缘化的地位，这既不利于专职心理教师的专业化发展，也不利于学校积极心理教育实践的推动和创新。

三、积极心理教育范式的实践建构原则

职业学校积极心理教育范式的实践建构，需要把握主体性原则、发展性原则、整合性原则和操作性原则。

（一）主体性原则

主体性原则，是指积极心理教育范式的建构，要以学生为主体，要充分尊重学生的主体地位，要以促进学生的自主成长和自主发展为目的。主体性原则，要求积极心理教育的内容安排、教育方式、组织形式等，都要以学生为出发点，都应贴近学生的心理需求，考虑学生的优势、特长，要能激活学生的兴趣，激发学生的参与，调动学生的主动性、积极性和创造性。同时，鼓励学生通过自我实践、自我探索、自我体验、自我反思等形式，发掘自身潜能，促进自主发展。

（二）发展性原则

发展性原则，是指积极心理教育范式的建构，必须以发展的观点来看待学生，要遵循学生身心发展的特点和规律，以发展学生潜能为目标，促进每位学生获得最大程度的发展。发展性原则，要求在积极心理教育的过程中，要结合学生的身心发展特点、现有心理发展水平，要考虑学生的需要、兴趣、特长、能力、个性等差异，根据学生各自不同的优势，因材施教，因势利导，提供适合的教育，使每个人都能得到最适宜的发展，成为最好的自己。

（三）整合性原则

整合性原则，是指积极心理教育范式的建构，要进行理念、目标、课程、内容、方法、过程、资源和视野等方面的整合，以最大限度地发挥心

理教育的整体功能，促进学生心理素质全面和谐发展。整合性原则，要求积极心理教育范式的实践，要通过教育系统各要素的相互联系、渗透、互补、重组、综合、协调等过程，整体优化心理教育过程，形成合理的心理教育结构体系，以最大限度地发挥积极心理教育的整体功能。

（四）操作性原则

操作性原则，是指积极心理教育范式的实践建构，要将比较抽象的理论转化为具体的、可行的、可操作的策略，以便于更有效地指导心理教育实践。操作性原则，要求积极心理教育范式的实践建构，除了能帮助人们认识积极心理教育现象外，更重要的是提供一种可操作的样式或程序，使理论变得更直观、更便于操作、更容易理解、把握和运用。积极心理教育实践范式是可以作为典范的模式或者样式，具有实践指引、行动创新等功能，为积极心理教育实践提供了借鉴、模仿和遵循的参照，必然具有可模仿性和可操作性。

第三节　职校积极心理教育范式的实践策略

建构富有特色、行之有效的积极心理教育范式，需要加强理论学习，需要加强顶层设计，加强队伍建设、课程建设和朋辈互助建设，需要开展行动研究，需要整合学校、家庭和社会资源，合力育人。

一、课程建设，推进积极心理教育的重要平台

积极心理教育范式的实践，建立以课堂教学为主导、第二课堂为补充、学科渗透为辅助和隐性课程为延伸的积极心理教育课程网络。

（一）课堂教学为主导

职业学校要把握课堂教学主阵地，开设具有职校特色的积极心理教育课程，重在指导学生发展优秀的心理品质。积极心理教育的课程内容，可以围绕职校生的提升自信、培养乐观、树立希望、增强韧性等心理品质入手；教学形式不只是知识的灌输和传授，而是创设机会让学生参与和体验，从而提高心理素质、塑造心理品质。在具体实施时，要整合教学资

源、共享团队智慧，要重视课前调研、加强集体备课，在读懂学生心理、把握学生心理发展需求的基础上，因材施教，不断提升积极心理教育课程成效。在此基础上，不断开发真正适合职校生的、有助于职校生成长成人成才的、符合积极职业教育"全人观❶"的积极心理课程，不断推进积极心理课堂教学改革，提高心理课堂教学质量。

（二）第二课堂为补充

职业学校要总结学生各阶段的典型性、高关注话题，以及不同学生群体的问题困惑，进而根据学生的问题、特点及心理需求有针对性地开展专题教育，指导学生积极解读自身的问题，学会积极归因并积极应对；还可以从学生的兴趣、特长、优势出发，开展个人演唱会、画展等活动，为学生的个性发展提供平台和机会。相比课堂教学，第二课堂的内容更丰富、形式更灵活多样、主题更聚焦、体验更深刻、受众面更广，因而深受学生喜爱且成效显著，是课堂教学的重要补充。

（三）学科渗透为辅助

在学校教育中，学科教学是最主要的形式。职业学校要指导各学科开展心理教育的有机渗透和结合，探寻学科教学中积极心理教育的因素，找到学科和积极心理教育的结合点，在学科教学中渗透积极心理教育。譬如，学习心理品质的学习（兴趣、需要、动机、态度、意志等）、良好心理品质的培养、性格的优化和塑造。在心理教师引领下，其他学科的专业教师进行协同合作，全学科渗透积极心理教育，使积极心理教育落到实处。

（四）隐性课程为延伸

积极心理教育无处不在、无时不在。除了心理课程和心理活动训练，学校的班级管理（班风建设、班级文化、常规管理、班团活动、班级特色等）、校园环境（校园文化、人文景观、路名、文化墙等）、实训场所等都是宝贵的心理教育校本资源，都蕴含着深厚的积极心理内涵，都可以进行

---

❶ 崔景贵. 为积极而教：现代职业教育改革创新的意蕴与范式［J］. 职教通讯，2016（34）：1－7，25.

积极心理教育的渗透，都可以增强职校生的积极心理体验，发展职校生的积极力量、积极品质，培养积极的心态、个性与人格。

二、队伍建设，落实积极心理教育的重要保障

一支强有力的心理教师队伍，是职业学校推进积极心理教育创新行动的重要保障。积极心理教育范式的实践，需要专兼职心理教师的专业引领，也需要学生管理人员的大力配合，同时也需要全体教师的共同参与。

（一）打造专家型心育教师团队

职业学校的专职心理教师，通常是学校心理教育实践的第一人，对学生的心理发展特点及需求、对学校心理教育现状及走向均有较好的把握。相比专职心理教师，兼职心理教师大多是思想政治教师、辅导员或其他学科教师通过培训转岗或者兼职，专业化程度比较低，参与性并不高，积极性并不强。要推动积极心理教育范式的有效实践，需要专职心理教师坚持学习导向、专业导向、发展导向，坚持理论学习和校本实践相结合，坚持总结反思、积极实践和创新行动相结合，做专业、敬业和乐业的积极心理教育实践者、研究者和先行者，进而从专门的心理教师走向专业的心理教师，成长为专家型心理教师。专职心理教师还应承担心理教师团队建设的责任。譬如，可以通过系统培训、专题研讨和实操训练等形式，逐步提升心理教师团队的专业水平，逐步形成一支以少量精干专职教师为骨干，专兼结合、专业互补、相对稳定的积极心理教育工作队伍。

（二）培育"有心"的心育共同体

职业学校的管理人员、辅导员、班主任等，通常是学校心理教育工作的推动者、实施者或参与者。因此，积极心理教育范式的实践，应该把学生管理人员吸收进来，构建"心育共同体"。职业学校可以通过专家引领、心理培训、心理沙龙、专题研讨等方式，指导他们研究学生的心理发展特点及发展需求，使其走近学生的心理世界，读懂学生的心理，成为学生的"知心人""贴心人"和"暖心人"。职业学校通过统筹规划、顶层设计、实操演练等方式，指导"心育"共同体人员探寻德育和心理教育的融合途径，以选择合适的方式渗透积极心理教育，做到因人而异、因材施教，做

学生管理的"有心人"和"用心人"。

（三）全员心育全心育人

积极心理教育范式的实践建构，不仅仅是专职心理教师一个人的事情，也不只是"心育"教师团队或"心育"共同体少数人的事情，而是需要专兼职心理教师、学生管理人员以及全体教职工的全员参与，即全员心育，需要全员教师转变问题教育观念，从消极的认知视角转向积极行动策略，与时俱进创新职业教育实践，着力创造适合每一位学生的积极职业教育范式❶。全员参与心理教育最基本的意义，是希望学校的行政决策能考虑到学生的心理需求，教师的教学方法能符合学生心理发展的规律；让全员参与成为学生心理健康的共同维护者，专职专门的心理教师成为学生心理素养的提升者和开拓者。

三、朋辈互助，推动积极心理教育的重要抓手

积极心理教育范式的实践，需要学生朋辈心理辅导员的帮助。积极心理教育是一个心理他助—心理互助—心理自助的过程，心理教师的他助是手段，学生之间的心理互助为中介，学生有效的心理自助才是最终目的。

（一）教师的他助为手段

朋辈心理辅导员队伍，主要是由班级心理委员组成，其中，还应该包括班干部、团干部、宿舍学生干部等主要学生团体成员，以便在学校—系部—班级各层面进行心理服务。职业学校可以通过讲座、团体辅导、心理沙龙、心理剧、心理拓展训练、心理微电影等形式，定期对心理委员进行培训，带领学生朋辈心理辅导员走近心理，了解心理，体验心理，学习积极心理教育理念，提高心理感悟能力；开展心理拓展训练，挖掘潜能，增强自信，在助人自助的过程中，体验到成就感、快乐感和幸福感。

（二）学生间的互助为中介

除了心理自助，学校心理教师要指导朋辈心理辅导员学会帮助别人。

---

❶ 崔景贵. 为积极而教：现代职业教育改革创新的意蕴与范式［J］. 职教通讯，2016（34）：1-7，25.

心理教师组织朋辈心理辅导员通过问卷法、访谈法等方式，搜集、整理不同时期不同系部学生的心理困惑，并进行分类、汇总。通过心理讲座、心理沙龙、读书会、专题研讨、头脑风暴等方式，强化互助意识，增强互助能力，如指导朋辈心理辅导员读懂职校生的心声，发现问题背后的学生心理需求，探寻适当的助人方法；通过团体心理辅导、情景模拟、AB 剧等实操演练，提升学生的共情能力、活动策划与实施能力，做一名有效的心理助人者。

（三）学生的自助为目的

职校生要增进心理健康，提高心理素质，自我教育是根本途径。职业学校倡导心理健康自助，引导职校生加强自我心理修养，充分认识自我心理修养的重要作用，自觉激发、保护和增强自我心理修养的动机和愿望；学习制定自我心理修养的近期、中期与远期目标；正确掌握有关自我心理修养的一些具体技术，如学会理性认知，巧妙运用心理防御机制，进行积极自我暗示，直接或间接进行心理训练等；积极参加社会实践活动，在社会生活和实际行动中培养良好的心理素质。

四、行动研究，深化积极心理教育的重要依托

（一）坚持校本创新行动研究，教研结合

积极心理教育范式的实践建构，是职业学校心理教育本土化的一种尝试，是职业学校教育教学改革创新的一种范式。积极心理教育范式的实践推进，需要在积极理念的指导下坚持校本行动，需要从积极心理学、积极心理教育的视角，以"研究者"的心态去研究教育实践中的问题，如读懂学生心理因材施教因势利导、找准班级心理教育的着力点；积极心理教育的学科渗透；找到积极心理教育与教育教学管理的结合点和突破点等。职业学校要坚持校本行动实践，要坚持校本创新研究，坚持以教带研、以研促教、以研强师，让校本行动研究成为促进学生发展、教师发展、学校发展的有力助推器。

（二）加强校本行动成果转化应用，以研兴校

积极心理教育范式的实践成果，既体现了积极心理教育的育人理念，

又积累了丰富的教育教学管理经验和实践智慧，同时，也是职业学校内涵提升和特色办学的具体体现。因此，积极心理教育范式的实践建构，一方面，需要职业学校及时整合积极心理教育资源，梳理研究成果，让尽可能多的师生享受到教育科研在促进学校发展、教师发展和学生发展方面的成果和价值；另一方面，需要职业学校提炼校本心育的特色和亮点，在特色中培育品牌，用特色涵养品牌，做有特色、有内涵的职业学校。同时，职业学校还要加强研究成果在兄弟院校的推广和应用，以发挥积极心理教育的示范引领作用。

五、合力育人，实施积极心理教育的必由之路

积极心理教育范式的实践，需要整合、优化学校、家庭和社会三者的资源，实现资源共享、功能互补，合力育人。职业学校要加强科学规划、顶层设计和系统推进，着力建构以学校心育为主体、家庭教育为基础、社会教育为依托的一体化"心理育人"新格局❶。

（一）学校心理教育为主体

学校心理教育是一项多内容、多途径、多方法、多层次的系统工程，因此，要把心理教育贯通于学校工作的各个方面、各个环节、各个阶段，坚持全员心理育人、全程心理育人和全方位的心理育人，构建立体式的积极心理教育体系。职业学校心理教育要由德育分管领导牵头，进行系统的顶层设计，制订实施细则和行动计划，并给予配套的指导培训，切实将积极心理教育的行动要求纳入到学校教育教学管理工作中。职业学校要指导系部研究学生的心理发展特点，开发心理教育活动方案；指导老师探讨学科渗透的途径方法；还可以在学校各层面通过活动观摩、特色创建、评优评先等方式以评促教、以创促研，促进和推动积极心理教育的校本实践。

（二）家庭心理教育为基础

优化心理品质，发展心理潜能，追寻健康、快乐幸福和自我实现，是学校教育和家庭教育对学生的共同期望，也是家校合力育人的着力点。职

---

❶　崔景贵. 做家校协同的积极心理健康教育［J］. 江苏教育，2018（64）：1.

业学校应充分利用家长学校、家长会、家访、父母成长营等平台，充分发挥网络、电话等媒介，通过座谈会、家长 QQ 群、家长微信群、家校联络卡等，指导家长把握当代职校生身心发展规律，深入研究学生心理发展的新特征和新问题，读懂学生的心理需求；向家长普及积极心理教育理念、方法，引导创设积极的家庭心理环境、积极的沟通互动、适当的家庭教育方式；指导家长发展学生的潜能优势，合力培育学生的积极心理品质，共促学生的和谐发展。

（三）社会心理教育为依托

职业学校要与时俱进，积极挖掘并充分利用专业实习实践基地、社会实践活动基地等优质社会资源在心理教育中的积极作用。职业学校可以通过邀请社会成功人士、就业创业明星进校园等途径，增进学生对就业创业的认识和体验。职业学校要充分利用实训基地、工学交替、企业实习、现代学徒制等实践平台资源，指导学生走近行业、了解专业职业、体验职业，加强学生实践能力和职业技能培养，有效发挥实践教学的育人功能。职业学校要重视社会实践，通过社会考察、劳动实践等机会，引导学生熟悉社会、体验社会，在社会实践中优化心理品质、磨砺心理品格。

本章小结

本章主要解读职校积极心理教育范式的实践意蕴，分析职业学校积极心理教育范式的实践背景和实践价值。在梳理职业学校积极心理教育范式实践现状的基础上，指出当前职业学校积极心理教育范式的实践中存在着消极化取向、功利化目标、德育化倾向、孤立化倾向等问题，积极心理教育范式的实践建构需要把握主体性原则、发展性原则和整合性原则。职业学校积极心理教育范式的实践策略：以课堂教学为主导、以第二课堂为补充、以学科渗透为辅助、以隐性课程为延伸进行课程建设；从打造专家型心育教师团队、培育心育共同体、全员心育全心育人三方面落实心理队伍建设；以教师的他助为手段、以学生间的互助为中介、以学生的自助为目的开展朋辈互助；从增强校本行动研究和加强成果转化应用两方面入手，坚持校本行动研究；以学校心理教育为主体、以家庭心理教育为基础、以社会心理教育为依托进行合力育人。

（常州刘国钧高等职业技术学校　马学果）

职校积极教学范式的实践建构

积极教学来源于英国学者 R. W. Revans 提出的 Activing Learning 一词，目前对积极教学的定义没有一个统一的说法。国外学者对积极教学有三种说法，一种是 M. 希尔曼从教师教学的角度定义积极教学：学习者是学习的主体，他们是用头脑探究观念、解决问题，并应用于所学；在学习过程中学生全身心参与，智力、情感、社交、身体等全方位的投入；教师是教学过程中的引导者、支持者。第二种是 Bonwell 认为的积极教学是一种教学模式，将学习的责任集中在学习者身上，学生要做的不仅仅是听，他们必须阅读、写作、讨论或参与解决问题。它涉及知识、技能和态度这三个学习领域，并且这种分类可以被认为是"学习过程的目标"。特别是学生必须从事诸如分析、综合和评价等高阶思维任务。第三种是 Keyser, Marcia W 从学生参与的方法进行定义：使学生积极参与的所有方法的总称。

我们倾向于 Bonwell 提出的观点，即积极教学是一种教学模式：将学习的责任集中在学习者身上，激发职校生生命的热情和学习的愿望，按照职业教育的理念设置任务、活动和情境，并且任务或活动贯穿整堂课，着力追求积极的学习目标与体验，培养积极的学习能力与品质，培育积极自主的个性与人格。

第一节 职校积极教学范式的实践意蕴

一、积极课堂教学的意义追寻

(一) 供需平衡：积极教学的基本思维

教学中的供需平衡是指消除课堂中供需之间不适应、不平衡的现象，使供应与需求相互适应、相对一致，消除供需差异，实现供需均衡。课堂生态系统包括教师与学生两大活力要素，教师的教与学生的学构成的组织结构要素，教师、学生与环境相互作用的恢复力要素，具体包括7个要素：学生、目标、内容、方法、环境、反馈和教师。❶ 要保持生态系统的平衡，就必须充分发挥课堂生命系统中所有生态因子的功能，使课堂的活力机制、组织结构、恢复力分别发挥激发、协调、调控的功能。❷

在整个课堂生态系统中，各要素相互作用、相互制约，如教师设定的教学目标与学生自主确立的学习目标、学生喜欢的学习内容与教师的教学内容、学生的学习方法与教师的教学方法、教师的教学环境设置与学生对学习环境的要求、教师的教学评价与学生渴望的学习评价，等等。如何弥合这些要素使之趋向一致，关键在于正确处理好教学供给与学习需求之间的矛盾，一方面学生有一定的学习需求，有自己对学习的"定义"，教师要提供相应的教学供给，做到学生有所需，教师有所应；另一方面教师受客观条件、自身能力水平受限，教学供给难以完全契合学生的学习需求，供需之间存在落差。

在课堂生态系统中，一般教师是"生产者"，学生是"消费者"和"分解者"，没有"生产"，"消费"和"分解"就无从谈起，"生产"决定"消费"；没有"消费"和"分解"，"生产"也将失去意义，"消费"是"生产"的意义存在。在课堂生态系统中，应避免教师"生产"什么，学

---

❶ 李秉德，李定仁. 教学论 [M]. 北京：人民教育出版社，2007：12 – 13.
❷ 孙芙蓉. 健康课堂生态系统研究刍论 [J]. 教育研究，2012（12）：77 – 83.

生就"消费"什么，使"消费"围绕"生产"转，更应避免教师只顾"生产"而不管学生是否"消费"，导致"生产"与"消费"不匹配。改变"生产"决定"消费"的课堂现状，代之以"消费"引导"生产"，需要实现一系列的课堂转变，如将学生的学习目标转化为教师的教学目标，将学生的学习方法转变为教师的教学方法，将学生想要学习的内容转变为教师的教学内容，将学生对学习环境的要求转变为教师的教学环境，总之，就是将学生的学习需求转变为教师的教学供给，实现课堂教学中的供需平衡。

达成教学中的供需平衡需要根据学生的学习需求来优化教学供给。积极教学自然包括"教师积极的教"和"学生积极的学"，所谓"学生积极的学"应是学生以适合自己的方式积极主动的学习，在不断满足学习需求的情况下又能持续不断地产生新的学习需求；所谓"教师积极的教"应是教师根据学生的学习需求提供与之相适应的教学生产与服务，并通过有效的教学活动进一步激发学生的学习需求。

（二）把握需求：奠定积极教学的基点

在经历义务教育阶段之后，由于众所周知的原因，中职生大多学习成就感缺失，学习兴趣受到抑制，学习动机相对弱化，累积了一定的消极学习心理。与此同时，中职教师由于很少享受到教学的成功体验，专业发展普遍缓慢，教学意义逐渐消退，职业倦怠与日俱增，消极教学心理日渐积累。学生的消极学习心理与教师的消极教学心理为实施积极课堂教学增添了障碍。

然而，中职生的学习欲望之火并未熄灭，在进入新的学校之后，随着环境的改变，他们心中升腾起新的学习欲望，他们希望与"过去的自我"告别，能有一个全新的开始。他们会把先前的一些消极心理和消极行为隐藏，代之以积极的展示与表现。他们希望能改变原先的学习状态，渴望有不同于先前的新型课堂样式。他们渴望重拾学习的兴趣和尊严，渴望得到教师的尊重和赏识，这些为实施积极教学奠定了基础；同样，教师要摆脱职业倦怠，避免职业生涯的碌碌无为，必须从课堂中找回成功的感觉。新学生意味着新契机，教师只有更新教学理念、改变教学方法、摸清学生需求、实行按需施教，才能改变教学现状、赢得学生认同。

实施积极教学关键在于全面把握"学情"。这种"学情"当然包括这一年龄阶段学生的普遍心理特征、行为特征、学习特征，还应包括学生已有的认知基础和学习能力，学生的原有生活经验和情感状态等，更为重要的是每个学生个性化的学习需求，比如，学生喜欢什么类型的教师，喜欢什么样的学习方式，喜欢什么样的教学方式，喜欢哪些学科，喜欢学习哪些内容，有哪些兴趣爱好等。这种了解可以是访谈、调查，也可以是观察、分析，从而建立起学生学习需求的"全息"图谱，为教师实施积极教学、优化课堂生态奠定基础。

如果我们将学生的学习需求看成是最大的"学情"，把摸清学生的学习需求视为实施积极教学的前提和基础，我们切不可忽视影响学生学习需求的因素，这同样是重要的"学情"。能否界定为"学情"，要满足两个条件：首先，它对教学效果的影响是经过科学论证的，其次存在科学有效的教学手段可以弥补它对教学产生的影响。❶ 只要被证实对教学产生影响的因素都是"学情"，这些因素可能是显性的，也可能是隐性的，这种影响当然包括积极的影响和消极的影响，平时我们可能更为关注显性的因素和积极的影响，而忽视了隐性的因素和消极的影响。积极教学一定既针对显性因素又针对隐性因素，既针对可能产生的积极影响又针对可能产生的消极影响，采用科学有效的教学手段加以弥补或改进，是"两手抓"且"两手都要硬"。

（三）满足需求：实施积极教学的支点

学生的学习需求就是教师的教学目标。在全面、准确了解学生的学习需求之后，教师要做的就是如何满足学生的学习需求，如何根据学生的学习需求改善教学的供给。在通常的教学中，教学的供给难以满足学生的学习需求，主要体现在教学资源的单一难以满足学生多样化、个性化的学习需求，教学目标的单一难以满足学生差异化、点状式的学习目标，教学形式的单一难以满足学生异步性、自主性的学习方式，教学评价的单一更是

---

❶ 谢晨，胡惠闵. 学情分析中"学情"的理解 [J]. 全球教育展望，2015 (2)：20 – 27.

挫伤了众多学生的学习积极性。

教师的积极教学有赖于学生的积极学习，没有学生的积极学习，教师就无法实施积极的教学。要实施积极的教学必须满足学生的学习需求，让学生能以自己喜欢的方式学习自己喜欢的内容，把学习的自主权还给学生。当前很多的教学改革都指向满足学生多样化的学习需求，如果从课堂生态系统 7 要素来分析，大体如下：①改变教学的环境，形成多样化的教学目标。通过增加教学资源的供给，以多样化的教学资源取代原先单一的资源，形成课程资源"超市"，供学生自主选择，如当前在一些地区推行的"选课走班"教学改革、"选修课"教学改革等；②改变教法和学法，形成多样化的学习路径。尊重每个学生的学习方式，让学生以自己喜欢的方式学习，教师的教学紧紧围绕学生的学习展开，如有的地方推行的"以学定教、限时讲授"教学改革、各地广泛兴起的以教学模式为内容的改革等；③改变评价方式，形成"非标评价"新格局。评价不再是统一的、标准化的，而是在"底线"之上的多元、多维评价，通过学生自我展示学习成果来取代原先的"三方评价"（即教师评价、小组互评、自我评价），如有的学校推行的"合作学习、踊跃展示"教学改革；④调整学习内容，形成个性化课程。学生有选择学习内容的权利，根据学生选择的学习内容，教师开发形成相应的"师本课程"，当前各地各校广泛开展的课程改革其核心要义就是打造"适合学生的课程"。

确立教学的需求导向，围绕学生的学习需求改善教学供给，这是当前教学"供给侧"改革的基本思维。学生的学习需求是变化的、发展的，教学的"供给侧"改革也是变化的、发展的，积极职业教育课堂教学就是通过对课堂教学的整体设计和个性化实施，使教学过程变成学生需求的实现过程，使每个中职生不断从学习中获得成功的体验，生成积极的情感，累积更多的积极心理资本。

（四）引领需求：提升积极教学的品质

真正好的教学在于唤醒与激发，在于思维的持续打开和情感灵魂的丰盈。积极教学不能局限于满足学生的现实需求，不能局限于满足学生的显性需求，更重要的是唤醒并激发学生更大的学习欲望，产生更有品质的学习需求，从而将学生的思维引向深处。激发学生学习需求的前提条件是满足学生已有的学习需求，如果学生已有的学习需求无法得到满足，不能累积足够的积极学习心理，则新的学习需求是难以激发的。

学生的学习需求需要通过经常性的成功体验来激发，为了让每个学生能经常体验到学习成功，教师应善于引领学生的学习需求，让每个学生重建学习的意义、重拾学习的美好。中职生原先学习需求较弱，教师一定要保护好学生相对脆弱的学习需求动机，避免再让他们经历学习的挫折。当前中职校普遍存在这样一种现象，中职生往往在第一学期能保持较好的学习状态，随后学习状态呈下滑趋势，其重要原因在于教师没有能正确引导好学生的学习需求，没有采取有效措施使学生的学习需求逐渐释放，没有一种长效的需求"保鲜"机制，这就需要教师引导学生对学习需求进行阶段性的"分割"，即引导学生确立阶段性的学习目标，形成阶段性的"需求清单"。教师还要积极引导学生将学习需求向学习兴趣转化，建立兴趣与需求的链接，促成需求的"落地生根"。

引领学生的学习需求关键在于提升学生对学习本身的兴趣，高品质的教学始终以高品质的学习为基础的，高品质的学习必须始终让学生对学习保持兴趣，用兴趣引领学生的学习需求。有了兴趣学习才会快乐，才会体悟到学习的意义，积极教学就是设法让每个学生在兴趣中学习、有意义的学习，以每个学生最擅长的方式快乐的学习，使每个学生经常性地体验到学习的成功，从而持久地激发学生的学习需求，将积极的课堂教学不断引向深入。

二、积极教学范式的基本要义

（一）积极教学范式的基本内容

积极课堂教学有别于当前常见的项目教学，其基本流程包括教学协商、自主选择、项目简析、自行探究、启发引导、协作学习、效果评价等环节。

1. 教学协商

我们通常认为，教师是学生学习活动的组织者、引导者和合作者，课堂的教学组织是教师的"专利",教师可按自己喜欢的形式组织教学。如果基于生本视角,是否可以保证教师喜欢的形式学生也喜欢?是否可以断定教师喜欢的形式适合每个学生?为了保证每次教学都成为师生间"一段独特的生命旅程",教师应当就教学活动的组织形式与学生协商。

在积极课堂教学中,如何保证每个学生都能找到适合自己的项目,需要教师在课前与学生就项目的类型、呈现形式等进行协商,这种协商虽不一定面对面,但必须是对学情的全面而科学的把握。

教学协商是发扬教学民主、构建和谐课堂的必然要求,也是教学发展的应然走向。积极课堂下的教学协商与通常语境下的协商不同,它不再谋求通过共同商量以取得一致意见,而是在充分尊重学生多样化学习需求和个性化学习方式的基础上,用"差异"来取代"共识",用"多样"来取代"单一",用"民主"来取代"集中",这种视角偏移所引起的协商"变异"给中职课堂带来了全新的变化。

2. 自主选择

如何确保学生选择适合自己的项目,既尊重学生的学习自主权又不致使选择泛化。除了课前的项目协商,更为关键的是还要有相应的配套措施。

对开发出的多个不同难度梯度、不同类型的项目,每个学生都可以根据自己的认知水平、个性特点,自己确立相应的学习目标,也可以从自己的兴趣和能力角度,对自己的学习目标作适当的调整,从而对教师所提供的项目进行相对理性的自主选择。每一个学生在完成自己选择目标的同时,也随即迈开了自主学习的步伐。

为了进一步规范学生的选择,结合每个项目教学的最终考核,确定项目选择相对模糊的升降级制度,即一旦本次选择的项目没有能很好地完成,在下次项目选择时,教师给出降一级的项目选择建议。一般每堂课都提供三个(以上)不同类型、不同难度梯度的项目,教师给予一定的选择指导,即根据以前项目的选择和完成情况给出项目选择建议,供学生参考,学生可以参考教师提供的建议,也可根据自己的理解决定选择的项目,从而有效避免由于盲目选择而导致的项目执行效率的低下。

由于不同的项目知识负载虽然类似，但仍有一定的难度梯度，学习内容也有一定的差异，学生在选择项目时，不一定完全考虑项目的难度梯度，也可以由项目类型来选择。学生的学习空间是开放的，他们理应在属于自己的空间里享有自主选择内容的自由。

3. 项目简析

学生完成项目的自主选择后，由于每个学生选择的项目都可能不同，教师不可能延续以往的项目教学模式，如果仍单一的讲解项目或知识点，时间上不允许，方式上也不可行，教师只能就各个项目的核心知识负载进行简要的解析说明，核心的技能操作进行示范、演示，帮助学生理清思路，避免思维迷航，有效化解学生的探究阻力，避免无谓的探究。

通过项目简析可以保证学生知识的系统化、完整性，化解了项目教学带来的知识"碎片化"问题，将学科教学与项目教学有机结合在一起。

4. 自由探究

在核心知识、技能点的简要解析和操作示范后，让学生自由探究，在学生自由探究的过程中，提供多种教学资源供学生选择，为学生的自由探究"保驾护航"，如提供相关的微视频、提供适时的互动平台、给予及时的方法指导等。积极课堂教学不是让学生被动地获得知识，而是让他们自己去选择学习方法，以自己最适合的方式进行自由地学习。

为了避免自主学习中的"不能自主"或"指导自主"、合作学习中的"单边合作"或"表面合作"、探究学习中的"浅尝辄止"或"盲目扩张"，根据学生的选择结果生成相应的学习共同体，并建立多种样式的"帮助中心"，为学生的"自主合作探究"架设"防火墙"。教师根据与学生的"约定"，只负责核心知识负载的教学，并不涉及具体的项目，改变了原先单纯"教项目"的课堂样式，学生以自己喜欢的学习方式，按照自己惯有的学习节律，进行属于自己的项目学习。

5. 启发引导

在自由探究中，教师通过交互、巡视发现的共性问题，以集中引导点拨的方式进行解疑、答惑，旨在为学生指引正确的思考方向，启动学生自身的学习内驱力，发挥学生自己的主观能动性。在此过程中，教师显然不满足于共性问题的解决，在解决问题的同时，进行项目的巧妙拓展，抛出系列问题以延续项目情景，但教师抛出的问题必须经过精心的设计，能引发一定的"认知冲突"，但不能完全超出学生的理解能力和认知水平，通过给学生设置思维障碍，或者疏通探究途径，让学生获得更为广阔的探索空间。

教师通过不断的启发引导，让学生的探究得以持续的发展，激发学生积极探究的欲望，在探索中寻求规律，获得扎实的知识与技能。

6. 协作学习

在学生自由探究的基础上，通过不断的诱导探究，不断引起学生的"认知冲突"，在"认知冲突"中，教师适时"启动"学生的协作学习，以深化教学内容，巩固学习成果。合作学习的形式多种多样，有同桌合作学习、四人小组合作学习、找好朋友合作学习等多种形式。在课堂教学中，如果经常采用一种合作学习方法，学生会感到厌倦，合作学习的积极性也不会高涨，讨论的效果也不会尽如人意，合作学习也就无法达到预期的目的，通过运用不同的合作学习形式，学生学习的积极性得以充分调动，在学生进行讨论时教师及时走到他们中间，积极参加到热烈的讨论中，适当地引导学生思考、讨论，这样不仅可以使合作学习的效果更好，还可以让师生之间的感情更加融洽。

7. 效果评价

先前，对学生的评价一般集中在期中或期末的测试，而对于平时的考核则较为模糊，有的教师只是作一些简要的记载，有的教师只是根据印象打分，缺乏足够的"法理依据"，过程性评价并未充分体现。在积极课堂中，为了更好地激发学生的学习积极性，让每个项目在学生的心中都留下深深的印痕，采用了"项目合格证书"评价方式，以"项目合格证书"作为学生完成项目的依据。在"项目合格证书"的实施过程中，通过不断完善"项目合格证书"的功能，丰富"项目合格证书"的内涵，赋予"项目合格证书"更多的"元素"，持续地激发学生的学习积极性。

（二）积极教学范式的意义表达

积极课堂教学模式的构建清晰地诠释着"个性学习不必同步、自主发展不必同调"的课堂价值追求。让每个中职生个性的、扬长避短的发展，需要课堂教学模式的持续"升级"，也许我们的探索仍是积极课堂的"初级阶段"，只是初步探索出积极课堂的"雏形"，积极课堂应该更为丰实，内涵应该更为丰富，还需要持续的"微变革"，但这种积极课堂教学模式已经诠释和表达出教育的本源意义和我们的价值追求。

1. 不断扩大课堂的自由度

积极的课堂教学应该是自由的，不论教师的教还是学生的学都应该是自由的，这种自由不是抽象的，而是具体的，这种自由也不全是隐性的，至少应该有部分是显性的。判断课堂教学的品质首要的是看课堂的自由度，看学生是否受到压制，学习是否受到压抑，看学生的精神是否得到舒展，思维是否得以持续的打开。

课堂的自由度取决于学生学习的选择性，没有选择就无所谓自由，教学应是一种"有选择的自由"。在积极课堂上，教师提供一定数量的、不同种类的项目让学生选择，当然这些项目是在充分教学协商的基础上产生的，从而使这些项目能基本符合学生的需求。学生根据自己的个性、学力等自主选择相关项目，虽然教师也可作一定的选择指导，以免学生选择"泛化"，但教师对学生的选择必须保持基本的尊重，这种尊重既是对学生的一种信任，更是教学民主化和个性化的重要体现。在当前的条件下，我们不可能提供足够多的"项目"让学生自由选择，一方面，教师没有精力和能力开发出足够多的适合每个学生的项目，不可能实现让学生完全选择；另一方面，项目也难以实现完全"适口"，学生的学习需要是多样的、易变的，教师不可能做到"适时捕捉"、完全探知学生的"口味"，因此，积极课堂的选择是相对的。随着项目教学资源库的建设、项目数量的不断累积，学生的选择性会不断加大。当项目资源足够丰富，项目的类型和数量就能满足每个学生的学习需求，基于"项目超市"的积极课堂得以形成，这就为因材施教奠定了坚实的资源基础。

课堂的自由度取决于学生学习的自主性，没有自主就无所谓自由，这种自主体现在学生的学习过程中，积极课堂虽然也分为若干个环节，但各环节之间的界限并不分明，教师不具有"一刀切"的权力，不能强制性地将学生的学习由上一环节"驱赶"到下一环节，以保持课堂的"同步"，但教师可以通过必要的课堂调控，保证教学目标的有效达成，这种课堂调控只有在充分尊重学生自主学习的基础上，通过多种教学策略或载体来实现；这种自主也体现在学生的学习方式上，虽说"条条大路通罗马"，但先前的教学往往"通往罗马的路"只有一条，学生一般都在教师的"引""导"下，遵循教师的思维和指令学习。在积极课堂中，学生可以自己感兴趣的方式学习，这些学习方式并不一定"高效"，但却一定"有效"，教师"牵""引""导"的痕迹逐渐退却。

2. 不断增强课堂的表面张力

积极的课堂教学是有张力的，这种张力的产生必然是"引力"大于"斥力"，课堂只有始终保持并增强对学生的"引力"，减少学生可能产生的"斥力"，才能不断增强课堂的张力，正是这种不断增强的张力使课堂的"表面积"不断扩大，进而承载更丰富的意义表达。

生成性是课堂张力的一个重要尺度，缺乏生成性的课堂不可能具有课堂张力。课堂张力的形成需要相应的"土壤"，张力不是想象出来的，也不是创造出来的，而是生长出来的。积极课堂由于失去了很多"规矩"，砍断了众多"绳索"，学生的自由空间更大，自选动作更多，在课堂上也更为"放肆"，其"后果"必然会产生很多的"意外"，而"意外"的产生恰恰是课堂"引力"的源动力。"意外"让课堂充满不确定性，学生不知道课堂上会发生什么，教师也无法准确预估课堂会发生什么，教师为了让"无法预约的精彩"不再错过必定绞尽脑汁，课堂必将更为灵动，学生也决不会放过抢秀自我风采的"意外"，因此课堂"意外"就成为师生、生生思维碰撞、观点交锋的"导火索"，由"意外"而延伸出的教学片断也无形中扩大了课堂的"表面张力"。

开放性是课堂张力的另一重要尺度，课堂不应是封闭的，应该向四面八方打开，尤其是向学生的心灵打开，"将学生的心灵引向深入"。在当前的环境下，课堂教学的有些"门"凭教师个人的力量是打不开的，如"体制之门""目的之门"，但我们也可以打开一些门，如"资源之门""结构之门""预设之门""评价之门"。在通常的课堂教学中，我们总是通过各种量表来评价学生的学习和课堂的教学效果，而一旦教师受制于各种量表的束缚，课堂就难以真正走向开放。积极课堂没有了各种量表，"项目合格证书"成了基本的评价方式，学生的不同选择、完成的不同质量转换成"项目合格证书"上的不同表述，在"底线"之上，学生的学习就有了无限的开放空间；在通常的教学中，我们总是遵循课堂教学的基本流程，善于向学生撒开一张无形的"意义之网"，在教学目标的驱动下，师生的所有行为都高度功利地聚集，教师变得"近视"，学生也变得"短视"。真正好的教学在于持久地触发学生的思维，学生思维的广度和深度是课堂开放性的重要标志。积极课堂只有最低目标，其教学目标朝向始终是开放的、没有边界的，这一开放性就是始终呵护学生的思维，为着学生思维的持续打开。

3. 不断调优课堂的生态系统

积极的课堂教学应该是绿色的、生态的，这种绿色、生态的课堂是指课堂生态系统各要素和谐共生，课堂"食物"丰富、"食法"多样、"消化"及时、"营养"全面，课堂内"生产者"不再单一，"食物链"不再短缺，生态系统内众多"食物链"纵横交错，所有生态因子"各食所需"，形成一张巨大的"食物网"，各生态因子呈现"万类霜天竞自由"的喜人景象。

优化课堂生态系统，首先在于明晰"生产者"和"消费者"的对应关系。长期以来，课堂"生产者"和"消费者"的"数量"矛盾始终无法调和，"生产者"唯一、"消费者"众多，"消费者"只能被动地"共食""生产者"提供的食物，这必然导致生态系统的失衡，因为单一的"食物"无法满足学生多样的学习需求，更别提"食物"是否美味、可口。实现"消费者"由"共食"向"分食"转变，是优化课堂生态系统的基本思维，"分食"必须要有众多的食物，必须要尊重每个学生的"食法"，必须备足"调料"任学生挑选。积极课堂通过向学生提供丰富多样的项目（一开始可能提供的项目只有 3 个左右），学生在自由选择中形成不同的"食法"，从而形成若干条相对独立的"食物链"，在"取食"的过程中，通过相互交流"食法"、相互介绍"心得"，使众多"食物链"相互交织，形成复杂的"食物网"，而"食物网"的形成也意味着学生学习共同体的正式形成。

优化课堂生态系统，其次是理顺消费者和分解者的对应关系。长期以来，在课堂教学中存在"摄入容易消化难"的"常态"，教师负责把相关的知识与技能"灌输"给学生，学生有的囫囵吞枣咽下去，有的来不及细细咀嚼就下咽，教师关注的是学生是否摄入，而无暇关心学生是否消化吸收，导致"消费"了但没"分解"，影响了课堂生态系统的平衡。在积极课堂中，由于每个人"摄入"的项目都不同，"摄入量"也不同，教师不可能再强行"灌输"，只能因人而异地实施教学，且学生的学习不再受制于统一的"节律"，有了充分的"咀嚼"时间，保证了不会"吃饱了撑着"，使"摄入"的食物得以迅速分解。

第二节　职校积极教学范式的实践反思

一、注重学生课堂的隐性参与

（一）隐性参与是核心素养落地的重要力量

回归学习的本源，学习是指通过阅读、听讲、思考、研究、实践等途径获得知识或技能的过程，是一种使个体可以得到持续变化的行为方式[1]。这说明学习的途径是多样的，在这些途径中，思维起着决定性的作用，无论是阅读、听讲还是研究、实践，如果没有思维，学习就难以真正展开。这同样说明学生的学习参与是多样的，并不必然表现为时时刻刻的言语表达，也不必然表现为随时可见的行动参与，更多地表现为深入、有价值的思考。只有思维的深度参与，利用思维机制来建构各自的知识理解，才是决定学习成就的关键因子。

研究表明，在内部动机上，沉默的思维参与者、开放的思维参与者显著高于沉默的思维游离者、开放的思维游离者；在外部动机上，沉默的思

---

[1]　陈登福. 参与性教学研究［D］. 重庆：西南师范大学，2004.

维参与者显著高于开放的思维参与者、沉默的思维游离者和开放的思维游离者；在学习效果上，沉默的思维参与、开放的思维参与均有较高的目标达成，沉默的思维参与更加符合东方学习者的学习特征，开放的思维参与则更加符合西方学习者的学习特征❶，这种沉默的思维参与也即课堂的隐性参与。这说明决定学习品质的是思维的参与程度，而非外在的行为参与程度。由于思维与行为有着必然的联系，行为是思维的外在反映，因此我们应该超越表面的、浮躁的课堂讨论，超越简单的、单向度的课堂提问，超越"形式化、程序化"的小组合作，超越浅尝辄止的课堂探究，超越以"热闹、活跃课堂气氛为指向"的学习参与，正确引导学生进行思维的深度参与。

当前，推动学生发展核心素养在课堂中落地已经成为一个现实而紧迫的课题，隐性参与是核心素养落地的重要力量。一是因为隐性参与本身就是核心素养的重要元素，在隐性参与中所蕴含的理性思维、勤于反思等优良品质正是核心素养的基本表达。学生发展核心素养需要通过学科核心素养来表达，每门学科虽然有各自的学科特点，但都离不开情感体验和积极思维。情感体验与积极思维在大部分情况下都是隐性、默会的，即便显性的参与表达也应在隐性的深思熟虑之后。试问，如果在中学阶段，当教师提出一个问题之后，学生立即不假思索地齐刷刷举手，这种显性参与是否代表了高品质的学习！这只能说明教师提出的问题质量太低，不需要经过深入的思考即可回答，这种课堂参与的意义又何在！如长此以往，必将对学生的思维品质产生负面影响，而我们往往就陶醉于这种表面的显性参与；二是隐性参与是核心素养落地的基本中介，在大力倡导自主、合作、探究学习的当下，在推动知识结构化、学习情境化、流程活动化的过程中，离不开学生的隐性参与。比如在情境化学习中，学生的情境体验形式可以是多样的，但情境体验中的感受大多是默会的，情境体验后的思考更是发自内心深处的，如果没有这种隐性的课堂参与，情境学习也就变成了

---

❶ 陈鑫. 沉默的外在表现与思维的内在参与：大班课堂下中国学生学习特征的实证研究[D]. 上海：华东师范大学，2018.

情境展示，课堂就只剩下形式化的外壳，真正"剩下来的东西"就很少。

（二）隐性参与的策略与路径

真正好的教学在于持续的激发学生的思维，只有思维在场，心灵才能在场。课堂的隐性参与是一种无言语表达和明显行为表现的思维和情感投入，这种无言语表达和明显行为表现的思维和情感在外观上表现为"丰富的安静"❶，这种"丰富的安静"不仅应该成为人生最好的境界，也应成为课堂最为常见的形态。激发学生课堂隐性参与需要从认识和实践两个层面同时破题。

让隐性参与成为学生课堂的基本生命状态需要激活制约学生隐性参与的所有课堂因子。在所有课堂因子中最为关键的是教师，只有每个教师都能客观、全面的认识和理解隐性参与，才能避免教师课堂上的不作为和乱作为，学生的隐性参与才不致在教学实践中变形、走样。随着教学节奏的加快，有的教师为了所谓的教学高效，对教学时间进行了"精致管理"，出现了一系列"怪"现象，学习体验的浮光掠影，课堂讨论的蜻蜓点水，学生的思维被随意中断，学习情境缺失或频频切换，教师灌输代替学习探索，教师思路代替学生思维，教师提问代表学生参与。很多教师依然追求表面的热闹，把热烈的讨论、精彩的活动看成是课堂的高潮……导致学生课堂思考时间普遍不足，深度思考无法有效展开。其实课堂效率并非狭隘的指单位时间内学生掌握知识技能的多少，课堂效率更多的应该指向于学生基于学习体验的思维深度和广度；课堂高潮也并不是"声音"和"活动"的高潮，如果说课堂有高潮，那也应该是思维的高潮。隐性参与需要合适的"土壤"，这一合适的"土壤"存于教师的认知。

在实践层面，推动学生课堂隐性参与的基本路径无非是提供适合的教学内容、营造适切的课堂环境、选用适当的教学方式。在教学内容的选择上，教师提供的内容要具有思维的价值，能够引起学生情感、思维的共鸣或争鸣，进而引发或触发学生的思维，这就需要教师提供的内容有一定的难度梯度，有适合学生兴趣、爱好的题材，内容的呈现方式应做到新颖、

---

❶　周国平. 丰富的安静 [J]. 共产党员（河北），2016（17）：47.

多样等；在课堂环境的营造上，一是要有良好的体验和思考的氛围，一个人的思维最易在安静的状态下激发，因此应保持学习时空的相对安静，尽可能减少或者杜绝无关因素的干扰，让学生的心灵保持安静。二是留下足够的思考空间，也就是课堂中的"留白"，使物理空间的相对封闭与心灵空间的无限开放相得益彰。高效课堂的推行使课堂中的"留白"成为"稀缺资源"，教师渴望问题提出后能得到学生条件反射式的即时响应，一旦学生响应不及时或响应错误，教师往往会迫不及待地"指向下一个"，其实"留白"才是最好的思维环境；在教学方式选用上，常言道"教的法子要根据学的法子"，每个学生都有与自己思维品质相适应的学习方式，教师应尊重并顺应学生的学习方式，既要避免"满堂灌"，也要避免"满堂问"，既要避免一味地"引、诱、导"，也要避免过度的师生、生生互动。教师的作用也许体现在问题开始时思维的"点火"，问题解决过程中思维的"加柴"，问题解决后思维的"薪火相传"。

二、强化教学成效的切片诊断

（一）用数据和现象说话

医学切片主要是通过对病变部位的精准采样，进而对病情做出精准分析和科学诊断，是临床诊疗的主要依据。教学切片的一大功能就是对课堂教学进行"体检"或者"专项检查"，通过"体检"或"专项检查"，一方面及时查找和发现教学中存在的问题，便于有针对性的改进；另一方面寻找教学亮点、总结提炼经验，便于他人学习借鉴。基于教学切片的课堂诊断通过教学场景的再现，用一连串的数据和现象说话，避免了原先质性、模糊、主观的经验性评价，促成了教学诊断的专业化。

教学切片一般由若干个教学场景组合而成，是一系列相关活动或场景的集合，并非单独的某一个教学环节或教学活动。以师生问答式互动教学切片为例❶，教学切片包括课堂中所有的师生问答互动，把这些教学片段集中起来，进行教学统计、分析，得到如下结论：课堂上教师共提出 18 个

---

❶ 崔志钰. 课程观察：练好教学诊断"点穴功"［J］. 高职教育研究，2018（3）：11-14.

问题，其中复习导入阶段提了 3 个问题，新课授入阶段提了 13 个问题，在课堂总结阶段提了 2 个问题。在这些提问中，有 2 个问题是学生集体回答，其余 16 个问题均为教师点名学生回答，未出现学生主动回答和主动提问，也未有学生主动补充回答，并且教师指名回答的学生都是学优生（经询问和调查），其中有 2 位同学各回答了两次。学生回答问题的时长，最短的时间是 5 秒，最长的时间是 32 秒，平均用时为 18 秒。在学生回答问题时，据切片抽样发现学生眼光转向教师或学生的有 15 人，有 23 人在低头做题，5 人目光游离，2 人闭目养神。依据这些数据和现象可以得出如下结论：①学生回答时间短，基本都是即兴回答，说明教师的问题没有引发学生的深度思维，教师应对问题进行系统设计，提高问题的有效性；②问答互动方式单一，基本都是教师问学生答，应活化师生互动机制，通过增加生生互动和教师追问的提问方式，以深化对问题的理解，培育自由交流的课堂文化；③师生问答时并没有引起所有学生的关注和思考，学生的课堂专注度偏低，应提高问题的针对性和区分度，提出更多带有生成性的问题，避免简单的"是非式"提问，并且对学生的回答要有"静待花开"的耐心。

将特定的教学场景转化为教学切片，通过对教学切片的"数字化"处理，使问题的呈现清晰具体、问题的诊断有凭有据，更为关键的是通过对"数字"的深入挖掘，可以发现更多隐藏在"数字"背后的"秘密"，这些"秘密"是教学理念的折射、教学思想的潜影，这就使教研活动摆脱以经验为基本参照的质性评析，迈向以"数字"为基本参照的量化解析，实现了教学研究的精彩"蝶变"。

（二）用事实和变化说话

医学切片最重要的功能是为诊断与治疗提供基本数据，如果医学切片不能为诊疗服务，其切片的价值就荡然无存。教学切片的功能不只限于为教学诊断提供事实依据，更为关键的是通过对教学切片的"数字化"分析，开出适合的"处方"、进行相应的"手术"，促成教师教学思想、行动的改变，从而不断优化课堂生态，使课堂教学的各项"指标"趋于合理，促成核心素养的落地生根，这种实实在在的"疗效"才是教学切片真正的价值所在。

教学切片并不是一次性"产品",不限于一次"诊疗",更为关键的是提供了一个参照系,正因为这一参照系的存在,才有了系列化的跟踪式教研,保证了教学"症状"的持续改善,使"疗效"看得见。以师生问答互动为例,第一次教学切片显示了 18 个问题的一些量化"指标",并且得出了相应的诊断结论,开出了与这些结论相对应的"药方"。在第二次教学研讨时,教学切片依然"锁定"师生问答互动,发现课堂上教师共提出 14 个问题,其中复习导入阶段提了 2 个问题,新课授入阶段提了 11 个问题,在课堂总结阶段提了 1 个问题。在这些提问中,有 12 个问题是教师点名学生回答,其中有 3 个是对学生回答后的进一步追问,在学生讨论环节学生提出 2 个问题,未出现主动回答。学生回答问题的时长,最短的时间是 5 秒,最长的时间是 80 秒,平均用时为 30 秒(注:在教师提问后,每次留下 10 ~ 15 秒的思考时间)。在学生回答问题时,据切片抽样发现学生眼光转向教师或学生的有 28 人,有 12 人在低头做题,5 人目光游离。通过对比两次教学切片的"指标"❶ 变化,可以发现关于师生问答互动这一观察点,虽然仍有若干"指标"未达标,但一些"指标"出现了明显的改善,证明教学切片的"诊疗"效果是明显的。

教学切片一般不是宏观上的课堂片段呈现,更多的是一种基于特定视域、特定主题、特定对象、特定环节、特定兴趣点的课堂片段。在教学研究过程中,通过一次又一次特定点位的教学切片制备,通过一次又一次基于特定点位的教学切片"诊疗",促成了特定点位教学的"螺旋式改变"。于不经意间形成了某一(些)特定点位的教学切片系列,这些教学切片系列推动着教学变革不断"向青草更青处漫溯",促成了教学生态的持续优化。

---

❶ 张涛. 教学切片分析:一种新的课堂诊断范式〔J〕. 教育发展研究,2016,36(24):55 - 60.

第三节 职校积极教学范式的实践策略

一、积极教学范式的基本策略

（一）课程内容结构化

1. 课程内容的结构化转型

核心素养通过融入课程内容、伴随课程内容的实施表达出来，如何组织课程内容对核心素养的表达有重要影响。通常课程内容的组织都基于学科知识逻辑，注重知识的完整性和系统性，最典型的就是以章、节的形式，各章、节之间前后关联，形成相对严密的学科知识体系。这种学科知识的内容组织与"三维目标"的表达有较好的匹配度，因知识与技能相对单纯，教学实施也从知识到知识，是一种知识的进阶，教学也越来越走向知识的精致化。在这种内容组织中，无论内容呈现如何现代化、生活化，也无论课堂教学多么高效，学生只是孤立的接受、掌握、应用知识，难以促成知识向能力的转化，更无助于学生必备品格的形成，是造成"高分低能"现象的重要原因。核心素养下的课程内容组织就是围绕核心素养基本点选择和组织课程内容，形成课程内容的结构化组装。所谓结构化，是指将知识加以归纳和整理，使之条理化、纲领化，做到纲举目张。在结构化的课程内容组织时，同一能力或核心素养在学科不同的内容中不断出现、逐渐深化，形成一种螺旋型上升的编排架构。

2. 课程结构的支架式设计

通过核心素养的项目"封装"，使核心素养的课程载体进一步细化为项目载体，这种项目载体是特定情境下的真实项目，具有一定的开放性。随着信息时代的到来，基于真实数字化生活情境的课程学习渐成潮流，使得单一学科的单一项目逐渐演变为跨学科的综合项目，当前 STEM 的兴起也呼应了这一趋势，这就使项目学习更具复杂性、生成性、挑战性。为了帮助学生顺利完成项目学习、完成意义建构、形成核心素养，需要在课程结构化的基础上，为项目载体（或案例载体、问题载体等）设计相应的助学支架，使助学支架成为结构化课程的有机组成部分。助学支架可分为技术型支架和教学型支架两种类型，技术型支架主要是指针对课程内容中涉及的关键知识与技术进行索引、说明、注释❶，帮助学生突破技术壁垒、形成关键能力；教学性支架主要是为教师的课程教学提供相关的意见和建议，既包括教学实施中的教学步骤、习题解答、使用建议等，也包括数字化教学必备的平台搭建、资源开发、媒体运用等。

（二）教学内容情境化

1. 设计情境：让学习在情境中发生

核心素养不是设计出来的，而是生活"逼"出来的，不同的人有不同的生活场景，会面临不同的生活际遇，这些不同的生活场景和生活际遇会"逼"出每个人的核心素养。虽然人们对教育与生活的关系有不同的认识，但无论是"斯宾塞命题"——教育是未来生活的准备，还是"杜威命题"——教育即生活，都阐明了教育与生活的紧密关联及教育对生活的巨大影响。对于学生来说，学习就是一种生活，学习的本质是个体在参与真实情境与实践的过程中与他人及环境的相互作用，唯有将学习镶嵌于相应的情境中，学习才会被赋予真正的意义。这就需要对学习情境进行系统设计，这种系统设计基于两个基本的认知：其一，学习是需要情境的，学习更容易在特定的情境中发生，要尽可能地避免从知识到知识、从技能到技能的单向线性传递，而是将学习内容尽可能置于真实的、特定的情境中，这就需要对学习内容进行情境化的二次开发，使情境成为学习内容的重要依托；其二，情境是需要系统设计的，这种系统设计的情境不是独立的、散乱的，也不是天马行空、随意创设的，而是系列的、生活的、丰富多样的，是一种学习"情境域"。

2. 情境进阶：让素养在体验中生长

让学习在情境中发生并不等于有了情境学习就一定会发生，也不等于同一情境就适合每一个学生。情境学习理论认为，学习发生在日常情境之

---

❶ 彭寿清，张增田. 从学科知识到核心素养——教科书编写理念的时代转换［J］. 教育研究，2016（12）：106－111.

中，但更多地指向于社会情境，这种社会情境则更多地指向于社会实践与社会世界中的"实践共同体"，有利于学习发生的情境应是一种真实的社会情境、实践情境、文化情境。对于信息技术类课程而言，自然应该创设信息化的学习情境，这些信息化的情境有的是日常生活中情境，有的是针对特定问题的信息情境，有的是针对较为复杂问题的信息情境，有的则是置身于较为复杂的信息情境中，不同的信息情境对应学生不同的信息素养水平。课堂中的情境不应是平铺的、平行的，使学生始终局限于同一思维层面，而应是递进的、系列的，学生是在进阶的情境中不断深化对学习内容的理解和感悟、促成素养的不断提升；课堂中的情境不应是单一的、同类的，使学生受制于教师设定的情境，而应是多样的、丰富的，学生有选择适合自己学习情境的自由，在适合自己的学习情境中进行学习，满足不同学生的学习需求。

（三）学习过程活动化

1. 教学流程的活动化设计

当前的教学流程设计大多是基于教的设计，这种教的设计有一个鲜明的特点——流程化，教学按照设定的流程按部就班推进，教师是课堂节奏的把控者。为了更好地实现教学目标，不断提高课堂效率，教师不仅对课堂进行"宏观调控"，在微观上也"精准计算"，教学必须遵照既定的流程，每一流程都规定好相应的时间，探究、讨论、活动都受流程时长限制。不管探究有没有结果，时间到了就呈现结果；不管讨论有没有结论，时间到了就告诉结论；不管活动有没有结束，时间到了就自然结束，这就导致了当前课堂教学中的很多"怪现象"，探究的"浅尝辄止"、讨论的"蜻蜓点水"、活动的"形式主义"、合作的"虚情假意"。这些"怪现象"源于对"三维目标"的过度关注、对高效课堂的过分追求，教学的"精致"反而使教学陷入教学流程的"旋涡"。教学只有走出流程"旋涡"，才能真正还学习以自由，这就需要变教学的流程设计为教学的活动设计，使融入流程的知识与技能转变为渗透活动的核心素养，使活动成为教学的重要依附。

2. 学习活动的自主性建构

教师作为学习活动的设计者，担负着将教学过程转化为学习活动的使命，即教师应该谋划好一堂课应包含哪些活动，这些活动应融入哪些核心素养，但教师不应成为活动结论的再现者，而应成为引导学生主动探究、建构知识、自主获得活动结论的触发者，也就是教师只是提供给学生一个机会、一个平台，具体的活动过程需要学生自主建构。活动的自主建构就是将活动的主导权还给学生，学生成为活动的主人，主要表现在：①活动的形式由学生自己选择。每个学生都有自己擅长的活动方式，我们不能强迫学生采用某一特定的活动方式，而使活动"消极化"。例如，在很多合作学习中，我们经常可以看到小组中有个别学生"被合作"，成为"合法的边缘参观者"。我们应该尊重每个学生的活动方式，有的善于网络探究，有的习惯独立思考，有的喜欢辩论交流，有的则强于逻辑推理，等等，让每个人以自己擅长的方式参与活动是自主建构活动的基础；②活动的进程由学生自己把握。长期以来，教师是教学进程的把控者，教师总是根据自己的意愿决定活动的进程，学生只有参与进程却无法左右进程，即便进程还没结束，一旦教师设定的时间一到，进程也得被迫终止。进程由学生自己把握意味着活动的"深浅""长短"取决于学生参与活动的深度和广度，教师不可以随意中止活动进程，每次进程都是一种自然的终结。学生自主建构活动，并不等于教师在活动中被"边缘化"，教师作为"平等中的首席"仍起着重要作用，可以对活动起引领、点拨作用，避免学生活动迷航，避免使讨论变成无谓的争论，避免使活动变成盲动。

二、积极教学范式的推进历程

（一）先行试点

某职校在面上续推项目教学的同时，为了降低课程改革可能带来的负面影响，率先在《计算机应用基础》课程进行以"项目多样化"为基本特征的积极课堂教学范式教学改革试点。项目多样化需要多样化的项目资源，为了突破项目资源严重匮乏这一制约瓶颈，学校以教研组为单位，召集同学科的教师以教学单元（或学习领域）为单位，以项目范例为参考，每位教师独立开发教学项目，然后对开发的教学项目进行审核、调整，对相似项目进行合并，每个教学单元（或学习领域）保留2~4个差异项目，这样就积累了相当的项目资源，为项目多样化教学的有效展开奠定了基础。于是学校要求将每个教学单元（或学习领域）的2~4个差异项目都"投放"课堂，供学生自由选择，学生可根据自己的需要选择自己喜欢的项目，由于课堂中多个不同项目的存在，教师不得不改变"教项目"的教学惯习，不得不改变项目教学"六步走"的实施策略，不得不就各项目所共有的核心知识负载进行讲授，这种被动促成了这样一种局面，即教师教授的知识与技能相对学科化、体系化，学生学习的载体却是自主选择的不同项目，无形中实现了学科体系与项目学习在课堂上的"交汇对接"。

这种"交汇对接"其实是一种"折中"和"妥协"，但这种"折中"和"妥协"却顺应了教师的教学惯性，迎合了学生的学习需求，"被逼"与"无奈"催生出的"有选择的自由"却产生了意想不到的效果，中职课堂渐显生机与活力。

（二）持续调整

随着"项目多样化"的"试运行"，学生可以按"自己的意愿"进行自主合作探究学习，教师的"控制力"被削弱，学生获得了难得的"有选择的自由"，但由于项目的"粗糙"，尤其是以教学单元（或学习领域）为单位设计项目导致的项目执行周期太长，教师无法有效关照和协调学生的学习进程，也无法满足学生急功近利的"短视心理"，学生的学习热情随着教学的进行快速衰减，教学现实迫使对"项目多样化"作必要的调整。

只有缩短项目执行周期，让学生在短时间内不断收获项目成果，才能激发并保持学生的学习热情。于是在原有的组织架构下，组织同学科专业教师讨论研商，将每个教学单元（或学习领域）的教学目标和知识负载进行重新解构，"化整为零"，以一个连续的教学单元（一般2~4课时）为单位重新规划项目，给项目"瘦身"，实现项目的微型化。通过对项目的微型化改造，可以确保学生在一个连续的教学单元学习后便可收获项目成果。这种经过"改编"的"微型多样化项目"一经"投放"中职课堂，迅即荡出阵阵涟漪，学生长期学而不见效、学而见效慢的现状被打破。由于项目的缩小，项目知识负载的减少，项目的难度也大为降低，加上积极评价的普遍施行，"所学即所见""所见即所得"的新型学习样式得以形成，学生有机会频频收获学习的成功，从而使他们的积极心理资本不断累积，课堂不再沉闷、压抑，学生不再被动、消极，学习热情被充分激发，课堂真正实现了"活起来、动起来、笑起来"。

课程改革要想取得实质性的突破，必须给教师以"看得见的成效"。这种主动调整所产生的积极效应、所催生的"正能量"，极大地提振了教师参与课程改革的积极性，课程改革不再是"单边行动""外部行动"，而是一种自觉的行为，一种心灵的渴求。

（三）全新升级

随着"项目多样化"的推进，教师的教学理念不断"刷新"，他们越来越不满足于教学现状，而这种赋予学生的"有选择自由"也进一步"催熟"了学生的主体意识，他们也越来越不"安分守己"，这种师生间的"蠢蠢欲动"使课堂"微变革"成为一种常态，推动课堂生态不断优化。

这种"有选择的自由"使"项目多样化"作为一种"礼物"而被学生欣然接受，但经过一段时间的"欣赏"和"享受"后，学生对教师这一"强赠"的"礼物"开始挑剔，这种配送的"固定套餐"已不能再满足"食欲"，他们开始向教师"索取"自己喜欢的"礼物"，教师也意识到应该为学生量身定制相关的"礼物"。于是，"项目多样化"从实现形式上发生了悄然的改变，即项目由教师说了算变成项目由师生协商确定，学习从"我的学习老师做主"变成了"我的学习我做主"，项目也由原先的全校统一变成了每个教师、每个班级都不同，项目开始呈现多姿多彩的"面容"。教师在项目教学开始前，先就项目类型、项目内容、项目难度系数等征询学生意见，学生就项目提出自己的意见和建议，教师将这些意见和建议进行归类、汇总，合并"同类项"，最后形成若干（一般 3 个左右）项目，这些项目类型不同、有一定的难度梯度，这样在项目实施时就确保学生基本上能选到适合自己的项目，使每个学生都能顺利地完成项目，使每个学生都获得力所能及的发展，这就将项目教学演变成一种主题教学、一种协商教学、一种有选择的自由学习。

通过多样化微型项目的课堂"投放"来推动积极课堂教学范式的建构，促成教师教学方式的转变，保证了学生能自主地按照自己喜欢的学习方式学习，极大地解放了中职课堂的"教学生产力"。通过"基于教学切片的课堂观察"来检验和优化积极教学范式，中职课堂展现出令人欣喜的积极景象。

本章小结

积极课堂教学始终以供需平衡为基本思维，以学生的学习需求为基本导向，以了解学生学习需求为逻辑起点，以满足学生学习需求为主要着力点，以激发并引领学生学习需求为教学增长点，积极施教、精准施教，保证了教学的适切性。积极课堂教学范式的基本流程包括教学协商、自主选择、项目简析、自行探究、启发引导、协作学习、效果评价等环节，这种教学范式清晰地表达出自由、民主、开放、生态的教育意义。积极教学范式的基本策略主要是"三化"，即课程组织结构化、教学内容情境化、学习过程活动化。在实施积极教学范式的过程中，高度重视学生课堂的隐性参与，通过提供适合的教学内容、营造适切的课堂环境、选用适当的教学方式推动学生的隐性参与，并注重显隐性参与的有机融合。强化教学成效的切片诊断，坚持用数据和现象、事实和变化来验证和改进教学成效，确保积极教学范式的即时"刷新"与"得体合身"。

（江苏省海门中等专业学校　崔志钰）

第六章

职校积极生命教育范式的实践建构

知识经济和智能化时代的来临，人将从生产线上解放出来，不再需要做生产线上的"螺丝钉"，是以整体的人作为变量而不是一个常量参与到生产过程当中。这不仅要求从业者具备完备的知识技能，更要求其体力和智力充分自由发展，生命潜能得到最大限度的开发，生命价值得以最大程度的实现。因此，培养职业技能与主体精神高度融合的适应社会需求的人成为现代职业教育的价值追求。

生命是教育的原点。生命教育作为一种基于生命、遵循生命、关怀生命、成全生命的教育思潮，旨在教人认识生命、尊重生命、珍惜生命、追寻生命意义、创造生命价值。20 世纪 90 年代以来，生命教育在我国逐渐兴起，成为理论研究的热点和社会关注的焦点。2010 年颁布的《国家中长期教育改革和发展规划纲要（2010—2020 年)》首次在国家战略层面提出要重视生命教育，2016 年发布的《中国学生发展核心素养》将"珍爱生命"列为六大核心素养之一"健康生活"的主要内容，更加凸显了生命教育对于青少年生命成长的重要意义。

为此，基于职业教育的价值追求和职校生的生命成长需求，开展生命教育，引导职校生认识生命、尊重生命、珍惜生命、提高生命质量，实现人生的出彩，理应成为现代职业教育的重要内容。职业学校如何深刻把握生命教育的内涵，在实践中构建积极生命教育范式，充分彰显生命教育的时代价值，真正为职校生的人生幸福奠基，成为职业教育工作者面临的重要课题。

第一节　职校积极生命教育范式的实践意蕴

生命教育本质上并不是一个逻辑问题，而是一个实践问题。[1] 生命教育的本质就在于它通过生活实践解决生命问题，挖掘生命潜能，彰显主体精神，追寻生命意义，构建幸福生活。因此，生命教育更大程度上是一种指向实践的教育形式。从实践角度来看，生命教育的意义不仅在于引导职校生认识生命、珍爱生命或矫正生命存在的问题，更在于遵循职校生生命内在成长的需要，挖掘职校生生命固有的积极潜能、培养生命的积极品质，引导职校生追寻生命的意义和幸福，创造生命的价值。这是积极生命教育范式的核心旨趣。

一、职校生的生命特征与职校生命教育

生命教育是基于生命、遵循生命、通过生命、为了生命的事业。生命是生命教育的原点，深刻理解生命的本质，理性把握生命的特征，遵循生命成长的规律，是开展生命教育的首要前提。当代职校生年龄一般在 15 至 18 岁之间，是人生中身心发展最迅速、最旺盛、最关键时期，也是人的一生当中最敏感、最迷茫、最困惑的阶段。职校生生命的本体特征与身心特征决定了职校生生命教育的可能性与特殊性。

（一）本体特征

职校生生命的本体特征，是生命教育实施的哲学依据，也为生命教育目标的达成提供了本体论意义上的可能。

1. 人的生命是"自在生命"与"自为生命"的统一体

生命与非生命的本质区别在于生命能够新陈代谢，能够主动与外界环

---

[1] 高伟. 从生命理解到生命教育——一种走向生活的生命教育 [J]. 北京师范大学学报（社会科学版），2014（5）：35－42.

境进行物质和能量的交换，进而实现生命机体的自我生长和自我繁殖，这种生命称之为"自在生命"。但是，人的诞生改变了生命中固有的矛盾，改变了生命的存在方式。由于其他生命没有意识，它们不可能将自己与其生命活动区分开来。因此，它们与生命活动是同一的。而人作为一种有意识的动物，可以将自己的生命活动变成意识的对象，从而将自己与生命活动区分开来。人改变了其他生物完全依赖环境的状况，而且是根据自己的要求改变环境，使环境成为自己生命的组成部分，并用生命去支配环境。此种生命称之为"自为生命"。它是由人主动创造的生命，孕育着人的选择和追求，饱含着创造和自由的向往，使生命迸发出勃勃的生机和活力。人的"自在生命"和"自为生命"共同构成了人的生命。

2. 人的生命兼具自然、社会、精神属性

人是"自在"与"自为"双重生命的存在，人的生命兼具自然属性与超自然属性。人的生命首先是一个自然的物质存在，这一物质存在虽然与动物共有，但这是存在的物质基础。自然的、生理性的肉体生命是人存在的物质载体和本能性的存在方式，是最基本的生命尺度。但人又是人的特殊的自然存在物。因为他有思想，他的生命还体现在意义上，这就是马克思说的"人能够有意识支配自己的生命活动"，人的生命是一个精神性存在。这种精神既包含真理、正义，又包含着激情、直觉、意志、信念，是认知与情感、理性与非理性的统一。哲学家将精神生命视作"人之为人"的根本。但人的"精神"并不是自发地从人的肉体生命中产生出来的，它之所以对人的肉体生命具有某种超越，是因为它是在人的社会性生产和交往活动中，作为自然与文化、个体与族类的矛盾关系的交叉而出现的。精神生命的出现离不开社会活动和社会交往。换言之，人是社会的人，人的生命还是一个社会性存在。从静态上看，生命的本体存在自然、精神、社会三重属性，人的生命就是由这三重属性构成的具体而完整的生命存在。❶

---

❶　冯建军. 生命与教育［M］. 北京：教育科学出版社，2004：208－209.

（二）生理特征

职校生正处于青春期后期，是人体生理急剧变化的一个时期。这个时期生理发育最明显的特点是形体的剧变、身体机能的增强和性器官的成熟。具体表现为以下几个方面。

1. 身高体重显著变化

在人的一生中，青春期是身高、体重增长的第二个高峰期。据统计，在青春期，个体每年至少要长高 6~8 厘米，有的甚至可达到 10~11 厘米。职校生的身高和体重已和成人相差不多，但与成人相比，仍然有一定的差距，而且各部分的发育也并未停止，只是发育相对缓慢而已，呈现"半大人"的特点，具有很强的可塑性。

2. 生理机能逐步健全

在职校阶段，脑机能主要体现在兴奋和抑制过程的逐步平衡，特别是内抑制机能逐步发育成熟。从十三四岁到十六七岁后，脑机能的发育使兴奋和抑制能够协调一致。随着职校生社会实践活动越来越多，脑的内部结构和机能不断分化、迅速发展，这些变化使职校生的记忆力、理解力、思维能力得以实质性的提高。虽然这一阶段，脑和神经系统已基本成熟，但毕竟是从不成熟向成熟发展的过渡阶段。此外，心脏再次迅速增大，心肌壁变厚，心功能极大提高，这又为职校生增加活动量提供了可靠的物质基础。❶

3. 身体性征发育迅速

职校生月经和遗精的出现，标志着男生和女生已达到性成熟，具有了生育的能力。进入青春期，职校生的身体会发生显著的变化。男生则主要表现为：声音低沉，喉结突出，长出胡须，骨骼变硬，肩部变宽，身材较为高大等。女生主要表现为：整个身体皮下脂肪增厚，声音尖细，皮肤光泽，体态丰满，乳房隆起，臀部变圆等。对于职校生来说，正确认识自己的身体变化，保持自己的第二性征，接纳认同自己的性身份，是性心理健康和成熟的表现。

---

❶ 陆士桢，王玥. 青少年社会工作 ［M］. 北京：社会科学文献出版社，2017：42-43.

（三）心理特征

当代职校生是"00后"一代，正值青年初期，是一个由少年儿童向成人过渡的时期，是人生发展变化的重大转折期，也是对他们进行生命教育的最佳时期、关键时期。随着生理的巨大变化，其心理发展特别是在认知、情感与意志方面呈现错综复杂的特征。主要表现在以下三个方面。

1. 认知的多元性与片面性

由于大脑机能的持续增强，生活空间的持续扩大，社会实践活动的持续增多，职校生认知能力得到了长足的发展。职校生的感知觉、记忆力、思维能力不断增强，逻辑抽象思维能力逐步占据主导地位，思维的独立性、批判性、创造性都有明显的提升。与普通高中生相比，他们有清晰的职业认知，由于培养目标与培养模式的职业化，职校生具有强烈的职业成就动机，崇尚实践动手，学习动机实用化，具有鲜明的职业指向性；他们有丰富的社会认知，他们渴望按照社会的现实要求和评价标准塑造自己的行为，学习成年人的语言行为和老练成熟，渴望在待人接物方面有丰富的社会生活经验；他们有更多的人生认知，由于就业的压力，他们很务实、注重兑现，特别关心自己的切身利益，更早地关注人生和世界，思考"我是谁""我要到哪里去""我如何实现自己的价值"等一系列人生问题，他们常常会为此感到苦恼、迷茫、沮丧与不安。虽然职校生求知欲强，渴望学习新事物，会有独到见解，但缺乏必要的社会生活经验和实践锻炼，不能用辩证的思维看待周遭事物，呈现一定的片面性。比如，思想活跃，易于接受新事物，但是非标准不够清晰；专业成就动机强，渴望快速成才成名，但学习目标不够明确，动机层次偏低；看问题容易片面性和绝对化，逆反心理强，很少知道反思，出了问题冷静下来，又感到痛苦和后悔。从众心理强，容易随大流，易受网络大V、网络主播、人气偶像等言行影响。由于认知的片面化，极容易产生轻掷生命、漠视生命等心理。

2. 情感的丰富性与消极性

进入青年期的职校生，内心世界变得更加丰富多彩，有着多方面的情感需求。他们自信阳光，喜欢展现自己的能力，喜欢表达自己的想法，特别渴望交往，希望被别人理解、支持、认可，但又不像儿童时期那样向成人敞开心扉，容易产生一种难以名状的孤独感。他们热衷于寻求理解自己的人，寻找有共同语言的知心朋友，讲究哥们义气，愿意为朋友"两肋插刀"；他们敢说敢为，富有热情与正义感，遇事敏感、急躁，易动感情而难于自控自律，常常因为一些无足轻重的小事不顺心而感情冲动；他们开始对异性产生爱慕，但极其敏感，"青春期骚动"和"性心理困扰"比较普遍。但也有部分职校生表现出比较突出的自卑心理。他们不敢或者不愿意相信自己，也不相信任何人，不愿意主动与人交往。不少职校生的心态比较消沉、悲观，随意给自己贴上"失败者""低能儿""边缘人"的标签，"我不能""我不会""我不行"成为他们的口头禅，还有职校生抱着混世度日的态度，"自暴自弃，破罐子破摔"。❶ 职校生情感的多样性、复杂性、消极性需要职业教育工作者从生命成长、生命关怀的视角，理性认知、积极应对。

3. 意志的自主性与脆弱性

职校生正处于心理上的断乳期。如果说生理上的断乳是个体被动地离开父母，那么心理上的断乳则是职校生主动地离开父母。随着身体的迅速发育，职校生自主意识明显增强。他们独立思考和处理事务能力快速发展，在心理和行为上表现出强烈的自主性。意志的坚强性与行动的自觉性有了较大的发展，对新鲜事物都有跃跃欲试的想法，只要有适宜的环境条件，他们就会积极投身其中，充分地展示自我能力。但职校生也存在意志不够坚韧，情绪控制能力较差，抗挫折能力较弱的问题。他们想努力学习，但又怕吃苦，不愿吃苦，甚至吃不了一点儿苦；他们想继续深造，但抵制不了现代物质生活特别是网络、手机的诱惑，希望尽快找到一个"收入高、待遇好、轻松些"的工作；他们向往美好未来，期盼幸福生活，有自己的理想追求，然而往往不能正确估计理想实现的过程中会遇到各种各样的困难，缺乏艰苦奋斗精神，容易遭受到打击。一旦遇到挫折，有的人便会悲观失望，严重的会陷入绝望的境地而不能自拔。有研究表明，当个体面临外在的压力甚至挫折时，极容易陷入对生命价值的怀疑和否定，从

---

❶ 崔景贵. 职校生心理教育论纲 [M]. 北京：科学出版社，2013：18－24.

而出现不同程度的心理问题。❶

二、积极生命教育范式的时代内涵

新时代更加注重以人为本，更加关注幸福生活，更加追求人的全面发展。新时代职业教育在现代化的新征程中，必将更加注重提高技术技能型人才培养质量，把促进人的全面发展、适应社会需要作为根本标准，必将致力于培养具有积极生命素养、职业技能与主体精神高度融合的适应社会需要的大写人。

积极心理学自 20 世纪末兴起以来一直致力于研究人类的积极力量和优秀品质，其成果和理念已经广泛应用于许多领域，在世界范围内产生了积极的影响。目前，积极心理学发展的一个重要趋势就是积极生命教育，即积极心理学在生命教育领域的延伸与应用。这一发展趋势为职校生生命教育提供了新的视角和新的思路。积极心理学主张，心理学的研究要以人实际的、潜在的、具有建设性的力量、美德和善端为出发点，用积极的心态对人的心理现象做出新的解读，寻找其规律，从而激发人自身内在的积极力量和优秀品质，并利用这些积极力量和优秀品质来帮助普通人或具有一定天赋的人最大限度地挖掘自身的潜力并获得幸福的生活。❷ 积极心理学关于人的积极力量和品质的研究，为现代职业教育注入了新鲜的血液和积极的因素。

基于此，积极生命教育就是依据职校生生命发展的特征和需求，遵循其生命发展的规律和原则，通过积极的教育方式，唤醒生命意识，开发生命潜能，增进积极体验，培育积极品质，提升生命质量，使职校生成为充满生命活力、具有健全人格和追求幸福生活的人。

理解积极生命教育范式的时代内涵需要把握"四个转向"。

（一）从问题消除转向优势发挥

职校生自杀、校园暴力、不良生活习惯等突出生命问题不容忽视，消

---

❶ 杨骏. 加强中职生生命教育的思考［J］. 河南教育（高校版），2007（8）：109－110.

❷ 任俊，叶浩生. 积极：当代心理学研究的价值核心［J］. 陕西师范大学学报，2004（4）：106－111.

除或矫正生命问题在一定程度上有利于职校生生命的健康成长，这也是生命教育的主要功能之一。但如果生命教育将主要目标定位于生命问题的矫正，则可能严重忽视职校生身上固有的积极潜能或优势。积极心理学研究指出，每一个个体身上都蕴藏着潜在的优势和美德的种子。积极生命教育就是通过创造积极的条件，从寻找问题的过程转变为发掘优势的过程，使青少年认识自身的生命潜能和优势，通过发现、发挥自身优势，增加生命的积极情绪和体验，进而形成乐观、希望、宽容、爱等积极生命品质。

（二）从被动补救转向积极发展

问题视角的生命教育总是在生命出现问题时，如发生自杀、意外伤害、抑郁、空虚等，而采取补救的措施或实行直接的干预，关注的焦点仍然是问题。事实上，生命成长发展的过程总是伴随着各种问题，从理论上讲不可能完全消除，只能积极应对。当代职校生正处于一个"狂风恶浪""疾风怒涛"的人生过渡期，同时又是真正实现"心理性断乳"的人格再造期。这一时期的职校生既有与同龄人相似的"青春期的骚动""性心理的困扰"等生命成长中不可回避的问题，也有自身特有的生命困惑与诉求。积极生命教育直面生命的真相，正视生命的问题，从积极的视角理性看待生命成长中的种种遭遇，从问题中挖掘积极的因素，从发展的角度强调通过生命积极力量和品质的发展，增强预防和抵抗生命挫折的能力，促进生命的健康成长。

（三）从生命保全转向生命幸福

频频发生的轻掷生命、漠视生命、生命意外杀害事件，使生命教育首当其冲地承担起保护职校生生命安全的重任，将焦点自然而然转向教育学生如何保全生命，避免生命的意外杀害等。这种倾向使生命教育仅仅停留在保全生命的初级层面，没有满足生命情感、归属、爱、尊重、自我实现等事关人生幸福的高层次需要，没有真正体现生命教育的价值追求。幸福是人生不证自明的主题，是生命的永恒追求。在注重保全生命的基础上，积极生命教育更强调让职校生在生活中拥有幸福感，掌握获得幸福的方法，在认识生命意义、实现生命价值的过程中追寻幸福的真谛，活出生命的精彩。

（四）从批判反思转向融入共赢

生命教育的兴起既有生命极端伤害事件的影响，也有对现实教育"无人化"的批判与反思。在推动教育回归生命方面，生命教育被寄予厚望，同时也使生命教育站在了现实教育的对立面。问题视角的生命教育被很多职业教育工作者误解为要弱化知识技能学习或加重职校生学习的负担。因而，生命教育在实施过程中阻力重重或者流于形式。积极生命教育并不反对知识技能的学习，相反在专业教育过程中，通过融入生命教育，能更好地激发职校生的积极情绪，增加积极体验，形成积极品质，更有利于调动学习的内在动机，提升学习效率，在很大程度上能促进知识技能学习与生命价值追求的双赢，更好地适应现代社会对劳动者高素质的要求。

三、积极生命教育范式的实践特征

积极生命教育基于职校生生命特征，关注其生命发展的现实需求，主张在其日常生活中融入积极的理念和方法，通过积极的方式，唤醒生命意识，开发生命潜能，增进积极体验，培养积极品质，提升生命质量。这一范式关涉现实生活、关注生命质量，注重通过实际行动、实际体验，增强自身积极力量，彰显主体精神，具有鲜明的实践品格。

（一）生活性

生活性是积极生命教育实践的基本属性。生命的动态表现就是生活。生命发展的唯一方式就是生活，生活不止、生命不息。生命不能没有生活，离开了生活的生命是空洞的。陶行知先生曾指出，"有生命的东西，在一个环境里生生不已的就是生活。"❶生命不是被建构出来，而是在生活中"显现"出来的。教育与生活密切相关，教育是特殊的生活，生活是广义的教育生活。生命教育不仅是在生命的逻辑层面展开的，而且必须回到真实的生活世界上来，必须面向生活事实。积极生命教育源于职校生的生活实际和需求，通过职校生的日常生活得以体现。离开生活世界，积极生命教育只能一种理论建构，就像无根的浮萍，始终没有办法落地。生命在

---

❶ 陶行知. 陶行知全集第 2 卷［M］. 成都：四川出版集团，2005：528.

生活中，生活是完整的。既有物质生活，又有社会生活、精神生活，积极生命教育不仅关涉学生的物质生活实践，更关照社会生活、精神社会实践，其魅力在于通过实践指向完满幸福生活的建构。

（二）体验性

体验性是积极生命教育实践的基本路径。每个人都只能自己"活"，不能由别人代"活"，生命的意义、价值只能由自己发现、体悟。体验作为生命的直接存在形式，内在于生命并组成了永不停息的生命之河，生命的过程也就成为一个自我体验的过程。"只有体验的东西，才能内在于人的生命之中，融化为生命的一部分。从这个意义上说，体验是进入生命的唯一通道。"❶ 生命教育不仅是传授生命知识与生存技能的教育，更是一种直接触及与提升人的心灵、洗涤人的灵魂的教育，更需要通过学生多样化的实践性体验，使学生在实践中领悟生命的真谛，在领悟中提升自己生命的品质。积极生命教育主张通过实践强化职校生积极生命体验，让学生的认知、情感、意志、态度等都参与到生命教育中来，切实增强生命的自觉性。

（三）行动性

行动性是积极生命教育推广实践的重要支撑。实践是人生命存在的根本特征，人的生命正是在不断实践中得到生成和发展的。"没有实践就没有人的生命存在，更谈不上人的生成和发展。"❷ 人的生命实践性决定了生命教育必须在行动中来完成。生命教育不只是掌握关于生命的知识，还在于提高生存的技能，发挥生命的优势，追寻生命的意义，这些目标的达成必须落实到实践中，诉诸行动中。积极生命教育作为一种新的范式，无论是在课程设置、课堂教学，还是课外实践、环境创设等方面，更强调教师和学生在行动中学习积极的理念，掌握积极的方法，提升积极的体验，增进积极品质的养成。同时，强调教师要加强积极生命教育的行动研究，在教育实践活动实践积极教育、反思积极教育、研究积极教育、丰富积极教

---

❶ 冯建军. 生命与教育［M］. 北京：教育科学出版社，2004：186.

❷ 刘济良. 生命教育论［M］. 北京：中国社会科学出版社，2004：244.

育，创新积极教育。

第二节　职校积极生命教育范式的实践反思

20 世纪 90 年代以来，生命教育在我国兴起，有学者开始介绍境外生命教育的经验，有学校开始实施"热爱生命"的教育。21 世纪以来，一些省份、地区开启生命教育的实践探索。辽宁、上海、湖南、黑龙江、云南、陕西、江苏等地先后推出生命教育专项"工作方案"或"指导纲要"，积极推进本地区生命教育实践，取得了一定的成效。2010 年，《国家中长期教育改革与发展规划纲要（2010—2020 年)》将"生命教育"明确为教育战略主题，推动了生命教育实践从自发向必须转变。但生命教育远没有真正落地，尤其是职校生生命教育比较滞后，存在一些问题。

一、职校生命教育实践存在的问题

相比中小学生、大学生生命教育，有关职校生生命教育的关注与研究比较少，职业学校生命教育在实践中存在诸多困境，表现出比较明显的消极倾向。

（一）目标上：过于强调生命问题的矫正，忽视了职校生生命发展的积极性

有学者指出，"迄今为止所有以'生命教育'为标识的生命教育理论和生命教育实践都是某种'问题意识'的产物，即自然生命问题和精神生命问题的产物。"❶ 生命教育本身具有矫治功能，清醒地认识到职校生存在的生命问题并加以矫正，在一定程度上有利于促进青少年生命的健康发展。但职校生命教育几乎把全部的注意力聚焦于职校生生命存在的问题，如自杀、暴力、抑郁、人身意外伤害等，由此陷入了一个深层次的误区，即把没有问题等于生命健康发展，把问题解决当作生命教育目标的实现。

---

❶ 高伟. 从生命理解到生命教育——一种走向生活的生命教育［J］. 北京师范大学学报（社会科学版），2014（5）：35－42.

事实上，解决生命问题只能造就正常的普通人，而不是使人更优秀、更幸福。况且生命问题的流变性和多样性趋于加强，生命教育无法全面预测、解决生命可能面临的所有困境。❶ 受这种问题化取向的影响，教师的眼里只有学生的生命问题，没有完整的生命；只知道发现并矫正学生的生命问题，忘却了学生生命潜能的发掘和生命积极力量的培养，致使生命教育在消极误区的道路上渐行渐远。

（二）内容上：过度移植中小学生教育内容，忽视了职校生生命发展的特殊性

国内生命教育仍处在起步阶段，无论在理论研究还是实践层面，生命教育都不够成熟。在这种情况下，有些职校简单移植套用中学生或大学生生命教育的内容进行职校生的生命教育。虽然不同教育对象的生命教育在内容上有一定的相似性，但职校生明确的职业定向性使其具有特定的心理和生命特征。与普通高中学生相比，职校生更多思考"我是谁"和"我将走向何方"等人生课题，在考虑未来发展及人生抉择时更具现实性；在对社会、他人与自我之间的关系上，他们常易出现困惑、苦闷和焦虑，对家长、老师的管教表现出较普遍的逆反心理和行为；在情绪情感方面，不少职校生由于学业上的失败存在比较突出的自卑心理，容易给自己贴上"失败者""淘汰者""低能儿""边缘人"的标签。职校生这些特有的心理和生命诉求，需要生命教育给予深切的回应与关照，而同质化的教育内容遮蔽了职校生独有的生命诉求。

（三）过程上：过分凸显生命知识技能传授，忽视了生命教育的体验性

在生命教育教学活动的设计与实施中，一些教师难以跳出传统教学方式的"怪圈"，要么以传授知识为主，要么以说教为主；一些教师在生存技能教育中，过于注重技能的训练，忽视了生命安全教育意义的引导与生存技能情景的设置；还有一些教师很难准确把握生命教育活动的意图、重点、难点，要么设计众多活动，被各个活动环节牵着走，要么对所设计的活动缺乏深层思考。由于缺乏对学生生命体验的重视，将生命教育应帮助

---

❶ 孙卫华，许庆豫. 生命教育研究进展述评［J］. 中国教育学刊，2017（3）：72-78.

学生获得的生命感悟，多以结论的方式，由教师直接"给出"，变成学生要"记住"的知识点，生命教育难以走进学生的心灵深处。

（四）方式上：过多注重生命教育的标签效应，忽视了生命教育的实效性

生命教育因其对教育"无人化"的批判和倡导"教育要回归生命"受到教育工作者的高度认可。但在实际操作中，一些学校简单地认为，只要在现行教育中注入有关生命的元素，便是实施生命教育了，于是将德育、心理健康教育、安全教育、青春期教育、校园文化活动等统统贴上生命教育的标签，生命教育被泛化于无形；一些学校举着生命教育的旗帜，加入了生命教育实验校、实验项目的行列，热衷于生命教育方式方法的花样翻新，将生命教育当作学校评比竞赛、获取社会资源、标榜素质教育的工具，喧嚣热闹的外表难掩其实质内容的空洞、肤浅，生命教育往往流于形式。在一定程度上，上述生命教育的实践方式可能是以不严肃的方式从事着一个严肃的事业，生命教育的实效性大打折扣。

二、职校生命教育实践问题存在的原因分析

深入探究职校生命教育实践消极倾向的原因，是更好地推进积极生命教育范式的重要前提。造成职校生命教育实践的困境是多方面的，既有时代社会的因素，也有学校自身的问题，是多种因素相互交织的结果。

（一）功利化教育观念的制约

人有社会性的一面，因此当生命教育回归到"人"本身，就无法回避要正视"社会"对"人"的影响。现代社会，人们更多地聚焦于如何更快更好地追求功利意义上的成功，导致工具理性膨胀。职业教育自产生之日起一直扮演的是训练受教育者提高某种职业技能的角色，在培养目标上把学生工具化，旨在使学生能获得一技之长，教给他们"何以为生"的手段，却忘却了告诉他们"为何而生"的追寻；在课程设置上，重专业，轻人文，重实用，轻理论，人文教育、精神教育、心理教育常常成了摆设，学生无缘接受关于生命的教育；在教学实践中，重视学生职业技能的训练，重视各种职业资格证书，英语、计算机等级证书的获取，忽视学生生

职业教育现代化研究丛书
ZYJYXDHYJCS

命情感的激发、生命态度的培养和生命幸福的体验。在应试教育体制下成长起来的"00后"职校生，刚刚摆脱了"分数至上"的枷锁，又陷入了"技术至上"的泥潭，学生在知识技能增长的同时却伴随着情感的麻木和责任感的丧失，不仅对生活、生命缺少激情，而且一旦遇到挫折，就对生命的价值与意义产生怀疑，导致伤害生命的行为发生。

（二）教育价值取向的偏差

现实的职业教育好像是用作消防的"灭火器"，主要针对职校生的个性弱点或发展问题，而不是发掘和激励职校生的潜能、优点和特长。职校老师心中的学生、家长眼里的儿女，似乎永远都不够努力上进、不够勤奋刻苦、不够坚定坚持，没有目标、没有方向、没有志向。许多职校老师关心的是班级里的问题学生或问题现象，而不是有特色的班级文化、有兴趣特长或特殊才能的学生；关注的是帮助学生补好考试成绩最差的一科，而不是最擅长的科目。几乎所有职业教育工作者都在集中力量、想方设法解决问题，而不是去发现优点、发掘潜能、发挥优势。人人都有这样的想法，那就是：只要能改正职校学生的缺点，他们就会变得更优秀、更可爱；只要能改正学校的缺点，这所职业学校就会更优质、更受欢迎。❶ 这种问题解决的价值取向把工作重心放在全力解决问题弥补缺陷上，造成了生命教育的消极取向。

（三）生命教育的理论研究比较匮乏

虽然国内关于生命教育的研究数量很多，成果不少，但到目前为止，关于生命教育的定义、内涵与目的尚缺乏一致认识，生命教育的研究基本处于起步阶段。基于职校生身心特点、职业学校现状对生命教育进行研究的更少。另一方面，理论研究和应用研究相脱节。相对来说，我国台湾地区关于生命教育的研究大多为应用研究，从各级各类学校如何规划课程、如何组织教学、如何进行班级管理，到特殊情境下如遭受灾难或危机之后如何实施生命教育，无所不涉。与此相对应，我国大陆关于生命教育的研究大多为理论研究，实证研究代表性不够强，对于学校如何实践这些构

---

❶ 崔景贵. 积极职业教育范式导论［M］. 北京：知识产权出版社，2015：6－7.

想，没有进行深入研究。

（四）缺乏有效课程形态的支撑

专门的生命教育课程和教材有利于学生系统掌握生命教育的知识，构建专业的知识体系。实践证明，在社会的发展、科技的日新月异和物质生活丰富的同时，缺乏对学生进行生命教育的系统知识，学生的精神世界并不充实。生命教育课程一直被忽视，没有提到日程上来，学校片面追求知识技能学习和就业率，导致学校生命教育课程一直处在被忽视的地位。学校生命教育课程没有同其他常规学科一样提到课程地位，一定程度上阻碍了职校生命教育的进一步发展。

（五）教师生命素养与技能的缺失

职校生命教育师资力量较为匮乏。很多学校没有专门从事生命教育的老师，绝大多数情况下是由心理健康教育教师、思政课教师或其他学科教师兼任，不能为学生提供专门的教育资源。教师的生命教育热情不高，对生命教育的认知较低，没有掌握生命教育的专门知识和能力，不能对学生进行有效的引导。大部分职校对生命教育教师不够重视，不能够为教师提供进行生命教育学习、培训的机会，教师自身的生命教育知识储备不足。

（六）生命教育合力不够

校园文化是学校实施思想教育、促进人才成长的重要载体和有效途径。而当前中职学校校园文化活动较少涉及生命教育的内容，主要围绕思想政治教育和专业技能教育等内容开展。职校生缺乏通过实践活动和文化熏陶获得生命教育与生命感悟的机会。而家庭缺乏生命教育的意识，即使进行相关的教育，往往比较零碎，与学校的生命教育不配套、不同步。社会却极少有专门针对青少年的生命教育。这样职校生生命教育在社会中很容易形成空白点。因此，充分整合学校、家庭、社会生命教育资源，调动各方的积极性和主动性，构建生命教育多维网络系统，成为进一步推进职校生命教育亟待解决的问题。

第三节　职校积极生命教育范式的实践策略

积极生命教育既是对以往职校生生命教育消极倾向的批判反思，也是对现实生命教育的一种模式创新与范式变革。职校生积极生命教育更注重通过多样化的方式、全方位的过程、全员化的投入，来改善职校生的生命状态，激发职校生的生命活力，提升职校生的生命质量，促进职校生生命的蓬勃发展。在具体实施中，需要遵循"认同积极、体验积极、塑造积极、共创积极"的实践路径加以系统推进。

一、认同积极：树立为积极而教的理念

积极生命教育的实施需要教育工作者走进积极、了解积极、认同积极、相信积极的教育力量，将发现与挖掘生命潜能作为教育起点，将生命幸福与生命价值的实现作为价值追求，树立为积极而教的理念。

（一）用积极的态度期待生命

人的未完成性和未限定性，决定了人具有很大的可塑性，而且人生来就有一种善端和向前生长的力量。❶ 对职校生而言，他们中的少部分人虽然在分数至上尺子的衡量下可能是暂时的失败者，但这并不代表他们永远是失败者，各方面都是失败者。每一个职校生都有向好的方面发展的愿望，也都有自己的优势和潜能。美国教育心理学家霍华德·加德纳提出的多元智力理论认为，人有多种智力，不同的人有不同的智力组合，不同智力的组合使每一个的智力都有独特的表现形式。❷ 对职校生而言，不存在所谓的"差生"，每一个职校生都有自己的智力组合和表现形式，需要的是正向的期待与鼓励。皮格马利翁效应也告诉我们，对一个人传递积极的期望，就会使他进步得更快，发展得更好。因此，积极生命教育提倡要用欣赏的眼光，积极的心态关注每一个职校生，即使面对他们暂时的不足或

---

❶ ［美］约翰·杜威. 民主主义与教育［M］. 王承绪，译. 北京：人民教育出版社，2001：50.

❷ 施凤江，郑俊乾. 多元智力理论的教育价值［J］. 中国职业技术教育，2004（32）：43－45.

缺点，也应该用发展的眼光，给予他们正向的期待，相信每一个职校生都可以多元化个性化发展。

（二）用积极的视角关怀生命

认识生命、发展生命、提升生命是人生中必修且无法重来的"学分"。如果能早一点认识，早一点探究，早一点行动，那么就可能早一点明白生命的真相，从而珍惜当下的生活，使生命变得更加有意义、有价值。如何建立和谐的人际关系，如何看待恋爱与性，将来的道路如何选择，面对亲人的离去该怎么办，如何正确看待死亡，人为什么活着，如何才能活出生命的精彩等，这些问题都可能是职校生生活中绕不过的现实问题，而且也是生命教育的重点内容。积极生命教育更强调从积极的视角对这些问题加以探究，挖掘问题背后的积极因素和积极力量，帮助学生建立积极的人生观和价值观。

（三）用积极的生命引领生命

德国哲学家雅斯贝尔斯认为，教育本身意味着，一棵树摇动另一棵树，一朵云推动另一朵云，一个灵魂唤醒另一个灵魂。❶对生命教育而言更是如此。职校生积极生命教育是用生命去呵护生命，用生命去感动生命，用生命去唤醒生命，用生命去润泽生命的事业。职校生积极生命教育更强调教师自身积极生命的提升，积极情绪的扩展，积极品质的养成。只有教师拥有了积极的心态，乐观的品质，发现美好事物的眼睛，掌握了积极生命教育的原理和方法，才有可能用积极的眼光看待学生，发现学生的积极生命品质，给予学生积极的评价，使学生向着积极的方面发展。

（四）用积极的体验撼动生命

生命蕴含的智慧、意义、价值不会自然显现，也不可能由别人代劳发现，它只能通过个体生命的体验而获得。生命教育不是一般意义上知识教育、技能教育，掌握关于生命的知识、认识生命的意义固然重要，但是对待生命不能仅仅停留在认知的层面。正如我国台湾生命教育专家孙效智先

---

❶ 李政涛. 没有灵魂的教育［DB/OL］. http：／／. www. teduv. com/ ydsj/ ydsj001. htm, 2005 – 07 – 15.

生所讲，"由外而内的答案如果不能与由内而外的生命经验相呼应，那么，答案即使是适切的，甚至是深刻的，恐怕也终将与我们擦身而过，无法与我们的生命真正相遇"❶。因此，职校生积极生命教育更注重从心动到行动再到生命的撼动，更强调教学做合一，也更重视生命的积极体验和身体力行。

二、体验积极：增强生命自主发展的内驱力

积极情绪体验是增强生命自主发展的强大动力。积极心理学的研究表明，积极情绪能促使个体充分发挥自己的积极主动性，使自己的认知更全面、准确，特别是能产生一些创造性或创新性的思想和行为，而且这些思想和行为也更容易迁移到自己生活的其他方面。❷ 积极情绪可以扩展并建构人的智力、社会和身体资源，积极情绪的累积可以成为人们抵抗挫折与不幸的心理资本。

（一）个体化的积极情绪体验

学生积极情绪体验培养要从学生个人出发，引导学生积极归因，提高学生情绪调节能力，有效地将消极情绪转化为积极力量。实用的情绪调节方法，如认知调节法，指改变对事件的认知视角、认知方式，以产生对事件的积极认知，从而调节情绪的方法；注意转移法，指把注意从引发消极情绪的事件转移到其他令人愉快的事件上去，从而调节情绪的方法；合理宣泄法，以恰当激发和维持学生内在动机，增强其自我效能感，从而引导学生保持积极情绪状态。另一方面，教师要从学生的兴趣和需要出发，联系学生生活实际，给出具有一定挑战性但学生通过努力又能解决的学习任务，让学生在任务解决中逐渐接近目标，每一步都体验到成功；要对学生以鼓励性评价为主，侧重奖励学生的努力和进步；还要引导学生通过观察他人、特别是相同特征较多的他人的替代经验，强化自身内在动机、提升自我效能感。此外，帮助学生形成正确解决问题的策略，使学生获得学习

---

❶ 孙效智，等. 打开生命的 16 封信 [M]. 北京：中国青年出版社，2011：5.

❷ 孟维杰，马甜语. 积极心理学思潮兴起：心理学研究视域转换与当代价值 [J]. 哲学动态，2010（11）：103－108.

成绩的进步，这在学生积极情绪的培养中具有特殊作用。

（二）团体化的积极情绪体验

课堂教学是职校生生命积极体验的主要来源。叶澜教授在 1997 年明确提出："课堂教学应被看作是师生人生中一段生命经历，是他们生命的有意义的构成部分。对于学生而言，课堂教学是其学校生活的最基本构成，它的质量，直接影响学生当下及以后的多方面发展和成长"。教师应把学生的发展从知识层面提升到生命层次，体会生命在课堂中流淌的意义，在课堂教学过程中要讲究教学艺术，善于创设情境，运用各种教学手段，使学生个体的生命体验融入课堂，在课堂教学中创设一种民主的、开放的师生关系，学生在课堂教学中的心态是开放的，自由的，不受压抑。学生的学习过程成为一种享受生命的过程，只有这样的课堂才能焕发出生命的活力，让更多的学生有更多的正向体验。此外，还可以通过专门主题体验活动增强职校生的积极情绪体验。比如乐观情绪体验活动，通过抑制不良信念，以良好乐观信念取代，想象美好未来，从困境中寻找光明面等训练技术方法，强化积极体验；感恩情绪体验活动，通过写感恩信，拜访感恩对象，分享感恩体会等增进积极体验。

三、塑造积极：培养生命蓬勃发展的品格优势

积极生命教育认为，生命的积极力量与消极力量是两个相互依存、又互相独立的变量。虽然消极力量的消除在一定程度上有利于促进积极力量的产生，但积极力量的产生更多地依赖生命积极因素的累积，而且随着生命积极力量的增强，个体抵抗和预防消极的能力也会增强。因此，生命教育应将生命积极力量的塑造作为重点，通过创造积极的条件，在充分发掘职校生的生命潜能和优势的基础上，增进积极品质、积极关系、积极意义，进而形成积极健康的人格。

（一）培养积极品质

人性的积极品质是人类赖以生存和发展的核心要素，更有助于人类深刻理解自己。长期以来，受功利主义教育思想的影响，职业学校注重学生知识和技能的习得，而忽视了积极生命品质的培养和发现。积极心理学家

用科学的方法归纳出各种不同文化都推崇的 6 种美德：智慧与知识、仁爱、正义、勇气、节制和精神卓越，并提出了拥有上述美德需要具备的创造性、勇敢、感恩等 24 种积极生命品质。❶ 这些积极生命品质的建构可以通过专门化的积极教育活动进行强化，也可以在专业教育或课外活动中有意识地进行训练培养。通过培养学生的积极品质，让学生在每天生活中运用这些品质，有助于学生积极人格的养成。

（二）培养积极关系

人的生命与周围的事物发生着千丝万缕的联系，是与周遭生命、所处环境的共在。这种共在性包含了人与自然、人与自我、人与他人、人与社会的多重关系。从这意义上说，人的生命本质上是一种关系性的存在。积极心理学告诉我们，一个人际关系良好的人更能积极地认识自我、接纳自我，也更愿意与他人分享自己的快乐与幸福，倾向于为他人与社会奉献自己的爱心，承担起应有的责任。反观当下的职校生，或多或少存在着生命关系紧张的状态。因此，通过各种活动引导职校生构建积极的亲子关系、师生关系、同伴关系、物我关系，是积极生命教育的重要内容。

（三）培养积极意义

人的存在总是牵涉到意义，人的一切生命活动都以价值、意义和目标作为归宿。著名哲学家高清海认为，人之为"人"的本质，应该说就是一种意义性存在、价值性实体。人的生存和生活如果失去意义的引导，成为"无意义的存在"，那就与动物生存没有两样，这是人们不堪忍受的。❷ 积极心理学为我们指出了一条可以实现高远目的和生命意义的方法和路径。具体来说，包括三个方面：一是加强"为何而活，应如何生活，如何活出应活出的生命"的教育引导；二是在每一天生活中引导学生运用自己的突出优势（积极的生命品质），并将优势用于增加知识、力量和美德，使自己的人生更加丰盈蓬勃；三是引导学生在日常生活中对所做的事情赋予积极的意义。

---

❶ ［美］马丁·塞利格曼. 真实的幸福［M］. 洪兰，译. 沈阳：万卷出版公司，2010：50－52.

❷ 高清海. 人就是"人"［M］. 沈阳：辽宁人民出版社，2001：213.

四、共创积极：构建生命教育的多维支持系统

积极生命教育是一项系统工程、生命工程、幸福工程，必须重视学校、家庭和社会多方面的合力，构建多维支持系统，方能达到理想的教育效果。

（一）多学科渗透

职校生积极生命教育强调从现实出发，以积极的视角来推进生命教育。由于心理健康植根于人的生命性，是生命成长本身所具有的内涵。[1]因而，心理健康教育与生命教育关系最为密切，两者在内容、目标、方法及追求方面有诸多的共同性。在职业学校，依托心理健康教育来渗透积极生命教育具有很强的可行性和可操作性。除了心理健康教育以外，德育课、文化基础课、甚至专业课也能找到与积极生命教育有关的内容。但是，在其他课程中渗透积极生命教育不能牵强附会，生搬硬套，不是每一节课上都渗透积极生命教育，也不是每一章节、每一个知识点都必须进行积极生命教育，而是需要教师树立积极的生命教育理念，寻找教育内容与生命教育的最佳结合点，并注重言传身教的引领，让积极生命教育在课堂中自然而然地进行，做到学科渗透润物细无声。

（二）模块化课程建设

积极心理学取向的生命教育需要专门化的课程来实施与支撑。根据积极生命教育的核心内容，可开设积极情绪、积极品质、积极关系、积极意义等专题模块课程。这些课程需要职业教育工作根据学校的实际情况和学生身心发展的特点，将积极心理学的方法进行改造和改组，变成校本化的生命专题课程。如，可通过每晚临睡前写下当天的"三件好事"、感恩、宽恕等练习，培养学生的积极情绪体验；通过"寻找和运用自身突出优势"练习，培养学生的积极品质；通过"沉浸体验"练习，引导学生发挥优势专注做事情，体验成功后的满足感；通过"积极主动回应练习"，培

---

[1] 郝永贞，陈丽娜. 中等职业学校生命化心理健康教育反思及其模式建构［J］. 职业技术教育，2014（8）：86－89.

养学生积极的人际交往能力；通过"对不好的事进行反驳"，培养学生乐观的解释风格，形成乐观的人格，等等。这些模块课程都可以借鉴和运用积极心理学经过反复验证的各种量表，通过前后测验让学生感受积极的生命力量。

（三）教师生命素养提升

职校生积极生命教育实施最关键的因素是教师。教师是教育教学的灵魂人物，只有教师具备积极生命教育的理念，不断提升自身的积极生命素养，以生命引领生命，以生命感动生命，积极生命教育才能达到预期的目标与实效。积极生命教育不是灌输而是引导，不是传授而是启发，不仅是认知与了解，而且是与生命开展对话的体验与领悟。积极生命教育需要教师拥有积极乐观的心态，对生活充满信心和希望，善于发现消极事件中的积极因素，并具备关于生死方面的专业知识，熟悉积极生命教育的理念与教育教学方法，更高的层次还需具备生命教育专题研究的能力，洞悉生命的意义，真正做到人师、经师、言教、身教。为了提升教师的积极生命素养，职业学校可邀请生命教育方面的专家开展积极生命教育实务培训，也可选派教师参加生命教育研究机构举办的各类教育教学培训班，鼓励教师进修第二专长，充实积极生命教育的师资队伍。

（四）多元评价体系构建

积极生命教育不仅仅是一种知性教育，更是一种关怀教育、发现教育、激励教育。在实施过程中，应根据评价的类型、功能、方式以及职校生生命学习的特点实行综合性的评价。在评价主体上，不仅要注重教师的评价，还要关注学生的自我评价，以及家长、同伴的评价，而且教师的评价应更多地体现在职校生的生命学习过程中，应对每次教育活动给予及时的、恰当的评价，以达到潜移默化的效果。尤其要注意的是，教师对职校生生命学习情况评价时，宜多用鼓励性、赏识性等具有正向作用的语言，激发职校生的积极情绪与行动，少用或禁用"不行""不对""不努力""没救了""傻""笨""让人失望"等消极否定性语言，以免使职校生感到自己无能、无助、无望，越来越感觉难以胜任各种任务。在评价的方式上，不仅要重视有关生命知识、技能的获得，更要关注职校生命情感、意志的发展，宜采用笔试、口头报告、实际操作、心得报告、上课参与情况、作业多种形式评价职校生的学习情况。此外，在评价过程中，要重视职校生积极生命品性的发展，还要注意到职校生的个性化因素，不能用一把"尺子"对所有职校生进行标准化的考量。

（五）信息技术平台搭建

网络是生命教育网络互助的载体，只有充分利用网络在知识传播方面的快速、便携的作用，才能使校园网成为生命教育中的重要武器。首先，学校应该建设生命教育的门户网站，或者在校园网上增加生命教育的栏目，通过网络生命教育知识园地等栏目，向职校生学生科普和输送生命的理念和生命教育的内容。通过设立心理健康师生互动及心理问题咨询解答等栏目，及时发现职校生心理障碍，通过校园心理辅导系统解决心理问题。通过设立话题互动与讨论栏目，为师生提供在线交流与讨论的平台，实现学生自助与互助。另外，学校还可以依托校园网络，对通过网络进行生命教育的教师进行辅导与培训。开发优秀的生命教育软件，可以充分激发学生的主观能动性和参与感，可以很好地提升生命教育的效果。比如，现在职校生都比较喜欢玩网络游戏，可以通过网络游戏的方式，引导职校生重视生命的体验。

（六）生命化校园打造

大力加强学校文化建设，打造健康和谐的生命化校园，是中职学生健康幸福成长的关键。学校在环境规划上要充分考虑到生命教育，如规划建设生命教育园地，建设体现人文精神的雕塑、画像和景观。在楼道、墙壁等处布置生命教育主题内容，将有生命教育价值的名言警句"点缀"在学校宣传栏、班级宣传橱窗等宣传阵地，让生命教育理念体现在学校的每一个角落，时时处处渗透生命教育，使学生在不知不觉中受到感染和教育。学校应通过开展丰富多彩、积极向上的学术、体育和娱乐活动，如举办读书节、科技节、文化节、生命价值辩论赛、珍惜生命演讲赛等寓教于乐的校园活动，为职校生提供展示青春生命活力的舞台和人际交往的平台，让他们在健康、向上、自由的环境中成长和发展，激发对生命的热爱。将积极生命教育理念应用于学校管理中，善始善终善待生命教育过程，做到精细精致，注重富有职教特色、学校特色与专业特色，真正提高生命教育水平与育人工作质量。

（七）家庭、学校、社会"三位一体"机制建设

学校是积极生命教育实施的主体，具有主导作用，教育取向、理念、目标、内容、方式主要靠学校来确定。家庭是与青少年生命连接最为紧密的地方，争取家长对积极生命教育的支持至关重要。学校可以向家长宣传积极生命教育的理念和方法，让家长和青少年共同感受积极生命教育带来的变化。积极生命教育是一个开放的系统，除了家庭、学校的努力之外，也需要社会的大力支持。可以通过舆论、媒体宣传积极生命教育的思想、理念，还可以把生命教育纳入社区工作中，建立社区辅导员制度和社区教育基地，与医院、妇幼保健站等相关部门建立青春期健康教育基地等，为职校生积极生命教育提供良好的社会环境。只有学校、家庭、社会多方面紧密配合，做到优势互补，责任共担，才能夯实积极生命教育的根基。

生命教育是一项永远值得追求的、值得探索的事业。职校生积极生命教育作为对生命教育形态的一种探索与建构，其范式还需要经受理论的考量与实践的检验，需要进行不断的修正与完善。一种一劳永逸或者绝对完美的范式是不可能的，也是不存在的，但唯其从生命的积极层面进行不懈探索，为职校生的生命成长注入积极的因素，充分唤醒职校生内在的积极力量，不断启迪职校生的生命自觉，进而为职校生多样化成才个性化成长提供强大的精神动力，才能真正彰显生命教育的魅力所在、意义所在、价值所在。

本章小结

生命是职业教育的原点。新时代，积极职业教育更加注重培养具有积极生命素养、职业技能与主体精神高度融合的适应社会需要的大写人。积极职业教育的发展要求生命教育更加关注职校生的生命特点、成长规律、内在需求，构建积极生命教育范式，从问题消除转向优势发挥，从被动补救转向积极发展，从生命保全转向生命幸福，从批判反思转向融入共赢，

更好地指导生命教育实践开展。针对职校生命教育在实施过程中存在的诸多消极倾向，需要深刻剖析背后存在的原因，遵循"认同积极、体验积极、塑造积极、共创积极"的实践理路，从树立为积极而教的理念、增强生命自主发展的内驱力、培养生命蓬勃发展的品格优势、构建生命教育的多维支持系统等方面，全方位多角度系统化建构积极生命教育范式，推动职校生生命教育真正落地生根。

（江苏理工学院　郝永贞）

职校职业精神培育范式的实践建构

立德树人、铸魂育人是现代职业教育的核心使命和发展理念。2019 年 1 月颁布的《国家职业教育改革实施方案》指出，职业教育要落实好立德树人根本任务，健全德技并修、工学结合的育人机制，完善评价机制，规范人才培养全过程。2019 年 3 月 27 日，国务院总理李克强在考察海南职教时谈到，希望大家注重培养专业精神、职业精神、工匠精神，这是成为人才很重要的素质。可见，职业精神培育是现代职业教育的应有之义。随着《新一代人工智能发展规划》的出台，新的发展理念逐步付诸实施，职业精神的重要地位也日益凸显，职业发展的积极理念和品质成为超越职业技术技能的首要存在。已经到来的人工智能时代更加需要心理健康成熟、精神品质高尚、德技兼修统一、全面和谐发展的职业人才。培育职校生的职业精神素养已成为职业教育改革创新亟待解决的重大问题。

第一节　新时代职业精神教育的实践意蕴

一、职业精神的心理内涵

职业精神体现了职业教育的价值主体。"职业精神是与人的职业活动紧密联系，具有自身职业特征的精神理念，以职业理想、职业价值观为基础，以从事特定职业时的职业基本素质为表现形式"。❶ 职业精神是在特定职业环境中形成的一种意识形态，促进个体积极向上，是一种持续性的内发动力。它融合表征人与技术的关系，赋予行业发展动力，为技术技能的施行过程打下生命的烙印。现代职业教育，更应该是一种基于技术技能培养基础上的德性熏陶，一种对于人与职业关系的精神启迪，一种关乎职业发展境界的积极感悟。

作为一种积极的价值取向，职业精神经常被人们与工匠精神、专业精神等相混淆。三者都强调敬业、负责、专注、严谨的积极品质，追求精益求精、一丝不苟的从业境界，致力于体现人的内在涵养和精神世界。不同之处在于，职业本身具有广泛性和丰富性，由此形成的职业精神必须包括不同领域中的各种从业人员必备的积极品质，概念的外延被极大拓宽，是一个上位概念；工匠精神和专业精神是在特定的职业领域中形成，强调行业领域内的从业者必须具备的专业性素养，工匠精神与专业精神是职业精神的个性化体现，是对职业精神的深化与升华，是外延较小而内涵较为丰富的下位概念。职业精神表达的是从业者的心理共性，工匠精神和专业精神表达的是行业特性。

职业精神是一种职业心理现象。职业精神体现了人的职业心理活动的表现形式，是一种积极的职业认知和思维模式，是一种理性乐观的职业心态，一种激动昂扬的职业情感，一种专注投入的职业行为。它帮助个体肯定自身价值，建立自信，促使个体对职业活动积极感悟，体会职业意义，形成职业责任，引导职业理念，树立职业理想，担负职业使命，是职业良性发展的心理动力。

职业精神是一种职业心理品格。职业精神是对个体必须具备的核心心理素质的诠释与概括，它体现了从业者对职业的机敏、探索和洞察的智慧，勇敢、坚守和诚实的态度，慷慨、善良的仁爱之心，谨慎、谦虚的节制之感以及感恩、希望的处世哲学，这些因素建构了个体职业生涯发展的

---

❶ 严肃，陈先红. 职业精神 [M]. 合肥：合肥工业大学出版社，2013：1.

积极力量，让个体的职业生活充实而有意义，能够提升个体在职业发展中的幸福体验，是一种积极健康的心理能量。

职业精神是一种职业心理资本。职业精神体现了个体职业发展的积极心理准备状态和职业心理的动态化趋势。心理资本包括个体对成就行为的判断、未来发展的预期以及坚韧不拔的毅力和积极乐观的心态，这不仅是个体职业发展的基础性因素，更是对职业精神的心理表达。这些积极的心理因素是推动个体职业生涯发展的巨大能量，促使个体对自己的职业发展充满自信，在职业情境中形成良好的职业习惯和积极的职业行为。

二、职业精神的心理特征

从心理学角度剖析职业精神的基本要素，主要包括以下几方面：一是爱岗敬业。"爱岗"是一种积极职业情感的表达，"敬业"是对积极职业态度的阐释，对职业的情感投射和敬畏之心，这是职业心理发展的先决条件，促进个体形成忠于职守、严谨细致的职业作风。二是诚实守信。诚实守信是从业之要，立业之本，对事以诚信，事无不成，对人以诚信，和睦与共，职业精神正是对人与物、人与人之间的关系表达。三是精益求精。要求现代人必须具备"精"和"新"的职业理念，"精"体现在精雕细琢，追求极致，"新"体现在巧思善辨，勇于创新，这是职业发展的动力所在，更是职业精神的内在要求。四是责任担当。每一种职业都需要从业者具有责任心和使命感，对职业负责，对岗位负责，对产品负责，要勇于担当，更要善于担当。

从心理层面解读职业精神，必须了解职业精神的心理结构，即个体在践行职业精神的过程中所涉及的心理成分及作用机制。首先，职业精神是对现实职业情景的理念认知。现代人的职业精神素养的确立，是基于对现实职业的实践与感悟，由职业依从发展至职业认同和职业信仰的过程。这种理念转变，是个体通过各种信息获取路径，对职业本身和从事职业主体的人的主动认知与精神建构，良好的职业认知，会帮助个体形成积极有效的职业行为。其次，职业精神是一种对待职业情感与态度的积极表达。具有良好职业素养的个体，对所从事的职业会产生喜爱、热情和满足，并内化为一种荣誉感、责任感和使命感，这种积极情感能够催生和强化个体的职业行为。再次，职业精神是一种坚守和执着的意志品质。意志是人们自觉克服内在或外在困难与阻力，自觉践行职业精神的心理过程，它能够调节和制约个体的职业行为，具备良好意志品质的个体，面对职业困境能够坚持不懈、百折不挠，表现为一丝不苟、持之以恒、追求完美等。最后，职业精神是对良好职业行为的内涵表达。认知、情感和意志过程是对职业精神的内化，职业行为则是"外化于行"，是职业精神的落脚点，表现为精湛的技艺和开拓进取的精神。职业精神的各个心理成分相互联系，职业认知为"指南针"，职业情感为"催化剂"，职业意志为"调节器"，职业行动是衡量个体是否具有职业精神的"试金石"，共同促进个体职业素养和实践水平的提升。

作为一种职业价值理念，职业精神的内涵在不断发展和完善。当今时代背景下，职业精神越发重视人的生命价值和心理成长，越发关注人与职业的伦理关系。现代职业精神具有三个基本特征：一是发展性，于个体自身而言，每个人职业精神的形成都是一种内部认知机制的自我完善过程，从与职业的机械互动到职业积极发展的理念认识，最终内化为职业道德，体现的是个体感知方式、思维路径、情感水平的动态发展过程。二是职业性，职业精神是在职业领域中形成的，它依附于职业活动而存在，并在职业实践的基础上发展丰富，❶ 是职业人本身独具的职业属性。三是整合性，职业精神涵盖了各个职业领域中从业者必须具备的职业素养，体现了从业者的共性心理特征，是对各专业精神的整合；职业精神是理念与行动的整合，一方面体现了敬业、诚实、勤勉的职业态度，另一方面践行了精益求精、坚韧不拔的职业信念。

三、新时代职业精神的心理意蕴

职业精神是一种与时俱进的职业发展理念，是人的职业发展的精神境

---

❶ 崔景贵，姚莹. 工匠精神与现代职业教育：一种积极心理学的视角［J］. 江苏教育，2016（36）：22－28.

界，培养"00 后"职校生的职业精神具有重要而深远的时代意义。首先，职业精神培育是推动社会发展的内生动力，是经济社会发展的客观需要。"中国制造 2025"和"工业 4.0"等产业结构的一系列变革，对技术技能人才的培养标准和规范提出了更高要求，迫切需要适应职业岗位需求、具有职业精神的发展性专门人才，促进技术技能的持续更新和升级改造。其次，职业精神培育是现代职业教育内涵发展的题中之意。现代职业教育理念的积极转变，意味着不仅需要技术技能的持续更新，更需要人才培养质量的提升，致力于培养技能与德行并重的人才。最后，职业精神培育是促进人的全面发展的内在要求。积极人格的培养、德性的塑造、情绪的表达、幸福感和自豪感的获得，都是促进人的全面发展的重要举措，职业精神培育正是基于这种理念而进行的心理重塑。

"炮制虽繁必不敢省人工，品位虽贵必不敢减物力"，是对职业精神的理念阐释。技术技能的改造升级对人的发展提出了更高要求，特别是人工智能时代的来临，人才培养的方向和内容发生变化，如何顺势而为，因势利导，成为职业教育面临的重大挑战。人工智能时代更加需要心理健康成熟、精神品质高尚、德技兼修统一、全面和谐发展的职业人才。积极是人工智能时代职业教育需要的核心品质和人格特质。美国教育界的研究显示：影响一个人未来成功的 7 大因素主要是坚毅、激情、自制力、乐观态度、感恩精神、社交智力和好奇心，人工智能时代的现代职业教育必须更加注重培育学生的终身学习能力、幸福生活能力和核心职业素养。❶ 这也是职业教育内涵发展的重要方向。

职业精神是促进职业生涯发展的心理动力。人的职业发展，不仅需要技术技能的与时俱进，更需要职业心理的成熟和完善。职业精神反映了人的精神追求和人生境界，在职业实践中作用于人的职业行为。这种正确的价值取向会激励和促进个体对职业进行积极认知，帮助个体明确自己的职业发展方向，提升自己的职业认同感，并以积极的情绪情感和良好的意志品质作用于职业活动，产生高效的职业行为，推动职业生涯自主和谐

---

❶ 崔景贵. 人工智能时代与积极职业教育范式［J］. 机械职业教育，2019（3）：53–54.

发展。

职业精神是完善职业核心素养的心理需要。除却职业行为习惯的养成和职业知识技能的获取，职业核心素养的培育还需要良好心理品质的支撑，职业精神中的敬业、坚韧、乐观等积极心理特质，是帮助和促进个体尽快形成具有合格职业素养的准职业人的内在要求。职业精神是对职业核心素养的有力补充，为职业核心素养的内容体系注入心理元素，为职业核心素养的培育途径提供了新的切入点，为培育高素质技术技能人才奠定心理基础。

职业精神是提升职业幸福感的心理源泉。职业教育不仅需要关注学生职业技能的获得，更要注重学生的积极情感体验，这种体验能够促进良好职业行为的持续发生，是教育的人性化体现。职业精神促使个体关注职业情景中积极因素的重要作用，转变认知方式看待职业发展的积极意义，催化出对于职业的积极情感，获得更多的职业满足感和荣誉感，并主动投入职业活动；职业精神的持续作用，形成积极认知方式、良好职业行为与积极情感的环形机制，使个体在从事职业活动的过程中，不断获得幸福体验。

职业精神是技术技能发展的伦理标度，它促进职业素养由精神形态转化为实际状态，帮助个体形成习惯性的道德定势，推动职业教育"积极主义"态势的发展，为职业活动注入灵魂。作为现代职业教育的核心命题与内生动力，职业精神培育对于提升技术技能人才培养质量和构建职业文化培育机制具有重要作用，它在人与技术的关系上嵌入德性，为现代职业教育注入灵魂，是推动中国职业教育高质量发展的积极力量。

第二节　职业精神在职校教育场域的实践反思

尽管职业精神培育是现代职业教育的核心所在，然而当前职业院校中的职业精神培育现状仍不容乐观。关于职业精神的调查报告显示，80%的职校学生认为自己具备较强的职业精神，具有良好的职业态度和职业道德，职教教师也认为应大力培养学生的职业精神，然而，企业和用人单位却反映仅有 20% 的学生具备职业核心素养。**❶** 可见，职业院校对学生的职业精神培育比较漠视，职校生对于职业精神的认知存在偏差，往往以偏概全。这也解释了为什么职业院校向企业输出大量技术技能人才，企业却陷入"无可用之人""无人才可用"的困境。

一、职校生职业精神状态的缺陷

当前时代背景下，职业教育更需要关注职校生职业精神的培育。由于既往教育观念的影响，职校生的职业精神发展存在一些问题，他们缺乏理想的职业精神，对职业精神的理解错位，职业精神发育不全。因此，我们需要积极关注和客观分析当前职校生职业精神发展方面存在的诸多心理问题。

1. 职业价值认知偏差

一些职校生对于职业精神的认识存在偏离，忽视了职业本身对于人的发展的积极意义，职业价值观念亟待引导和转变。调查表明，职校生职业价值取向偏颇，高达 53% 的学生认为社会地位、工资和职位是职业生涯成功的首要标准；**❷** 仅有 6% 的学生认为职业类型应与自身实际特征相匹配，仅有 26% 的学生在选择职业时注重职业自我实现。**❸** 具体而言，部分职校生将职业作为一种获取资金和利益的手段，理想的职业往往具有高收入、低投入的特征，衡量一种职业是否具有发展空间是根据工资待遇决定的，而甚少关注职业本身对人的心理塑造和成长的积极作用。部分职校生将职业仅仅看作是一种行业类型，是一种技术技能的施展和应用场所，而并非被当作一种事业或职业发展方向，职业认知的内在价值被忽略，职业发展观念功利化、物质化、实用化。

2. 职业理想目标模糊

一些职校生缺乏明确而具体的职业发展规划，对自己未来职业活动的

---

❶ 乔洪波. 职业学校学生职业精神现状调查 [J]. 当代教研论丛，2015（12）：132＋134.

❷ 朱业标. 中职学生职业认同感的调查与教育对策探讨 [J]. 卫生职业教育，2017，35（11）：26－27.

❸ 杨娟. 高职院校学生职业价值观特点的调查研究 [J]. 高教学刊，2018（12）：188－190.

目标和方向模糊，职业定位不准，择业目标与现实之间存在巨大差距。有调查研究发现，有80%的职校生没有职业规划或是缺乏职业规划意识，仅有11%的学生具有明确而具体的长期规划；职业理想方面，51%的学生以回报父母和家庭为职业发展目标，只有6.44%的学生具有奉献社会和国家的意识。❶部分职校生不清楚要找什么样的工作，也不了解什么样的工作适合自己，更不考虑职业的长远发展，导致他们在校学习动力不足，厌学情绪强烈，面对职业选择更是迷茫无助，缺乏职业竞争意识。

3. 职业情感态度消极

积极的职业情感是进入职业领域的内在动力，但一部分职校生的职业情感现状不容乐观，调查发现，仅有12%的职校生能够以饱满的热情投入工作，具有精益求精意识的职校生不超过10%，更有高达68%的学生缺乏爱岗敬业意识，85%的学生缺乏吃苦耐劳精神。❷可见，职业情感淡漠、职业态度消极已成为部分职校生的心理常态，他们缺乏爱业乐业和奉献精神，将职业视为一种机械的运作过程，而非情感的加工过程；爱岗敬业、脚踏实地、积极进取的职业态度鲜少体现，面对问题和困境不善钻研，对待职业培训不参与、不合作，对待职业任务更是消极懈怠、得过且过，难以对职业进行主动探索和深入了解。

4. 职业责任意识淡化

有一些职校生缺乏尽职尽责、诚实守信、勇于担当的责任意识，自我要求较低。相关调查和访谈结果表明，45%的学生缺乏了解或遵守职业规章制度的意识，不愿积极主动承担工作任务；对于工作失误，有30%的学生具有责任推诿心理，职业责任认知异化，视损失大小和失误程度来判断是否承担责任，对于影响较大的职业事件，出现责任转移或自我开脱行为。❸他们较少关注自己带给团队或职业的负面影响；在进行职业活动时，

---

❶ 李映. 高职院校学生职业认知现状及对策研究 [J]. 产业与科技论坛, 2018, 17 (14): 113 - 114.

❷ 王美荣. 职业精神培养与职业技能提升融合现状调查及思考——以江苏五年制高职会计专业为例 [J]. 江苏教育研究, 2018 (27): 72 - 75.

❸ 张清, 李婷婷, 马晶, 王阮芳. 高职学生职业素养现状研究 [J]. 文教资料, 2017 (14): 118 - 119 + 207.

存在差不多心理，缺乏自我激励和内部督促，甚至会弄虚作假，以应付交差为目的。职校生对职业规范的不尊崇和纪律观念的漠视，严重影响其职业生涯的良性发展。

5. 职业行为习惯弱化

职业行为是职业精神的外在表现。部分职校生的职业行为判断标准混淆错乱，职业攀比心理严重，43%的学生认为工作中的频繁跳槽属于正常现象；56%的学生缺乏耐心和毅力，对待工作任务"难以开展或半途而废"，59%的学生难以克服工作惰性，对于困难或没有兴趣的工作任务，拖延行为成为常态。❶ 在职业活动中，一部分职校生做事虎头蛇尾，缺乏自觉，投入度较低，不能充分调动有利因素服务于当前职业情景；面对职业困境与问题，往往容易退缩，不愿主动探索和解决，应对方式消极，难以坚持，容易放弃，韧性不足，毅力较差。严谨细致、坚韧不拔、追求极致的职业精神也难以体现。

二、职业精神教育缺失的原因分析

1. 职业教育价值取向失误

在一些职业院校，以提升学生的专业技术能力为职业教育主要目标，职业的内在价值被忽略，优质的职业岗位、高额的薪资待遇成为职校教师衡量学生发展成败的重要标准。在教学活动中，教师急于完成教学内容的传授，冠以职业教育却无教育性，陷入完全的工具性和实用性，片面追求满足社会、企业对技术技能人才的要求，忽略人的全面发展。❷ 职业精神教育流于形式，仅成为教育过程中的一句空话，一些学生知道要有正确的职业价值观念和追求，却不知何为积极的职业价值理想与追求，更不知如何树立和养成，职业院校教育功利化、畸形化发展，步入"空心""缺德"的价值误区。

---

❶ 张清，李婷婷，马晶，王阮芳. 高职学生职业素养现状研究 [J]. 文教资料，2017（14）：118 – 119 + 207.

❷ 郑玉清. 现代职业教育的理性选择：职业技能与职业精神的高度融合 [J]. 职教论坛，2015（5）：30 – 33.

2. 职业教育教学过程失衡

职业精神是在真实的职业场景中形成和发展，学生只有真实体验职业活动的发展过程，才能形成职业认知和情感，然而当前职业教育教学仍遵循传统模式，以课堂讲授为主，对于职业情景中的状况和问题，学生难以直接接触，只能通过简短的语言讲解来构想，现实场景与实践活动之间的脱离，极大地影响了学生对于职业精神的认知，产生认知错误或认知偏差。其次，在短期的教学实践过程中，教师往往以任务导向为主，重结果轻过程，要求学生尽快熟练掌握应用技能，获得实践成效，而不关注学生在实践过程中是否敬业专注、严谨认真、耐心细致，这种消极的教学模式，导致学生对职业缺乏探索性和挑战欲，以任务解决为目的，难以形成良好的职业素养。

3. 职业教育力量聚合失策

职校生的职业精神培育需要理论与实践双管齐下，急需通过具有职业实践经历和职业理论观念融合的双师型教师或是职业院校与企业的深度合作来完成。然而，教师缺乏企业实践经历，对企业文化及行业发展一线的生产技术不甚了解，只具备专业知识，专业教师跟不上企业发展步伐；校企合作难有实效，形式化的短期企业实践使学生未能充分了解企业的核心价值观念和业内规范，无法与企业的规章制度和职业理念达成一致。其次，人文教育与专业教育相分离，职业精神教育碎片化，学生在课堂中习得的职业理念和职业规范，在实践过程中未能深切体会，难以系统掌握和实践，教学科目之间缺乏统一性，职业精神教育未形成有效合力。

4. 职业精神教育传承失当

工匠精神的大力推崇，主要源于对"匠心""匠艺""匠技"的理念传承和不断扩展。然而职业教育领域，职业精神只是一种阶段性和片段化的呈现，首先，教师缺乏职业技术精神示范，注重专业技能传输，学生很难从教师教学中获得职业发展的积极理念；其次，物质文化、精神文化、制度文化等职业精神元素在职业教育过程中淡出，课程教学中极少涉及职业的发展历史和文化形成，完全满足于解决现有就业问题，而非关注职校学生积极品格的形成和发展，仅靠学生自己掌握理解、消化吸收效果甚微。

5. 职业教育人才培养失重

职业教育不仅需要培养"合格的手"，更需要培养"完整的人"。有些职业院校着力于培养技能娴熟的技术人、技能超群的"机器人"，甚至"空心人"，将人的发展视为一种形式化、机械化的流程。过分关注就业薪资忽视个性发展，过度关注专业技能忽视思想心灵，偏重实践训练忽视人文精神，这些"唯技术"的理念偏颇直接导致职业精神教育被悬于高位，成为人人口头呼吁却难有实效的虚拟之境，职业教育的德性意义和精神价值被忽略，这对于职业教育内涵发展亦或人的和谐发展都极为不利。这种狭隘功利的教育观念势必会阻碍职业教育人才培养质量的提升，甚至人才培养成为徒有其表的"空架子"。

反思职校生职业精神的缺失，理性查漏补短、扬优弃劣，积极引航导向、促进成长，是当前职业教育高质量发展的重要课题。职业院校人才培养出现的异化现象，直接折射出当下职业教育教学的顽瘴痼疾和问题症结——消极。对于职校生职业成长的"空心人"现象，我们必须警惕警觉和深刻反省，改变和解决职业精神教育缺位、失效等问题，转变职业教育的消极理念与负向行动，着力推动和全面实现现代职业教育发展的积极转向。

第三节　职校职业精神教育范式的实践策略

作为当今心理学发展的新取向，积极心理学为职业教育发展提供了新的视野和路径，它关注人的积极情绪体验，重视人的幸福感的培养、生活满意度的提高、积极的未来认知等；关注人的积极人格特质，强调人的乐观心态的培养，帮助个体意识到积极认知和合理归因的重要性；关注积极环境的形成，重视和谐的人际关系，重视良好的文化氛围，这种社会环境可以促使人发挥人性的积极因素，培养人的责任感和利他行为。借鉴积极心理学的教育主张，读懂"00后"职校生的精神世界，树立为积极而教的理念，全面落实立德树人、铸魂育人的根本任务，培养德性和技能并重的职业人，培养富有职业精神的现代人，是现代职业教育高质量发展的理念创新和希望之路。

一、突出职业理想与价值观教育

正确的职业价值引导是职校生职业精神培育的前提，积极职业教育是先进的教育理念与积极的职业发展之间的融合，职业教育应当使学生充分认识到职业对于个体和社会发展的积极意义。职业院校教师要自觉树立正确的社会主义核心价值观，摒弃工具性和功利化的价值取向，通过讲演、示范和引导等方式，注重培养学生的积极职业理念，转变思维方式积极看待职业的人性价值，培养他们对职业的积极认知、积极感受，引导"00后"职校生形成科学的职业价值观，不以地位高低判定职业类型，不以工作内容判定职业等级，更不将职业人划分为三六九等；在此基础上，树立正向的职业价值追求，进行职业理想教育，引导学生明确自己的发展方向并进行合理规划，形成职业价值教育的链式机制，促进职校生的职业价值观念转变。

二、培育积极乐观的职业心理状态

积极乐观的心态是职校生面对职业困境的调节机制，是一种正向的解释风格，是一种可以发展和培养的能力。健康健全的心理状态是职校生成长成才的基础，现代职业教育亟须转变职校生的消极思维模式，引导学生积极解释，合理归因；教学过程中，主要针对个体处理问题和面对困境时的思维方式和不良定势，对学生的认知路径和整体思维模式进行解构并重新建构，减轻学生的心理不适感和自卑心态，致力于塑造阳光乐观、充满希望的心理品质，尤其是面对职业困境的坚韧品质和自尊自信、理性平和、积极向上的社会心态。现代职业教育就是让每一位学生成长为最好最优的职业自我，让每一位学生逐步树立专业自信心和职业自豪感。

三、发掘职业心理潜能与优势

职业潜能的开发与职业优势的发挥，是现代职业教育的基本内容，是职业精神培育的重要组成部分。积极职业教育更加强调育人为本和质量提升，必将注重个体的特长发展与心理优势。发掘职业心理潜能要基于职业教育的先导性，即在学生的优势特长将发未发之际，职业教育需给予引导和助力。对于学生的职业认知、职业情感和职业意志予以充分重视，了解职业心理发展现状以及未来可能的发展方向，关注学生在职业发展方面的积极表现和迫切心理需求。职业教育要坚持积极导向，着力创建最优化的职业心理教育服务体系，通过设计教学方案、建立评价体系、创设实践途径等方式，为实现最近发展区创造条件，为发挥每一位学生的心理优势提供适合的通道和机会。

四、优化职业体验与情感教育

现代职业教育的重要目标是培养学生的职业兴趣、情感、能力等职业素养。职业兴趣是产生职业认同的先决条件，职业教育要关注学生的兴趣点，关注学生的积极个性特征，通过心理测评并结合多样化的教学方式，让每位学生在学习过程中找到感兴趣的职业发展领域，产生积极的职业体验；强调美德在职业发展中的重要地位，通过校园文化传播、教师职业精神引领示范、校内实训基地建设，培养智慧、勇敢、仁爱、正义、克己和超越的积极品质，让职校生充分理解感悟职业人生的价值和职业存在的意义。

五、注重职业人格与人力教育

健康健全的心理素养是引导和促进职校生成长成才、全面发展的基础，现代职业教育的价值就在于为社会培养有用之才，发展和解放人本身，更要系统培养学生个体层面和集体层面的积极人格。❶ 培育富有职业精神、追求卓越的职业人，现代职业教育需要更新学生职业人格培育理念，倡导以人为本，注重职校生的心智、心灵和心力培育，以言、行、情、态促进学生对真、善、美的正确理解，帮助学生形成团队合作意识，培养具有高度社会适应力的职业人格；理性认识职业发展对职校生的客观

---

❶ 崔景贵. 为积极而教：心理学视域下的积极职业教育范式［J］. 江苏教育，2017（56）：7－10.

要求，注重培养职业利他意识和职业责任感，强化职校生的职业使命感，全面提高职校生的职业能力素质，让每一个学生的职业生涯都能积极健康发展。

六、养成优良职业行为习惯

积极的职业行为是职业精神培育的现实目标。职业教育不仅要注重职业知识和技能的培养，更要为技术技能人才的发展积淀心理资本，为增强学生的务实精神和实干意识提供条件。❶ 职教教师要深刻把握职业教育行动导向的积极理念，注重职业精神内容维度与专业实践的配合，强化学生在真实职业情境中的职业精神实践，基于已有职业理念对技术技能的学习与应用过程进行重新建构、积极拓展，体现隐性素养与经验技术的"合作"，做到精神与行为统一，行为促进精神感悟，形成敬业、乐群、守则、自制的良好职业行为，培养知行合一、内外兼修、精神健康、人格健全的职业人。

现代职业教育发展正在面临一场深刻的范式转型与变革，职业精神培育是新时代职业教育高质量发展的"奋进之笔"，是职业院校着力提升人才培养质量的重要举措。职业院校教师要树立积极职业教育的新理念，用心读懂职校学生的心理状态和精神世界，读懂现代职业教育的精神意蕴和价值追求，用心做积极职业教育实践的开拓者和先行者❷，培育具有积极职业素养和现代职业精神的高素质技术技能人才。

本章小结

职业精神是新时代高素质技术技能人才必备的职业核心素养，是提高职业心理发展水平的重要表征和教育资源。从心理学视角看，职业精神是促进现代人职业生涯发展的心理动力，完善职业核心素养的心理需要，提

---

❶ 崔景贵，黄亮. 心理学视野中的职业教育技术技能人才培养 [J]. 中国职业技术教育，2015（24）：87 - 91.

❷ 崔景贵. 积极职业教育范式导论 [M]. 北京：知识产权出版社，2015：311.

升职业自我实现的心理源泉。当前职校生不同程度存在职业精神状态的诸多缺陷，如职业价值认知偏差、职业理想目标模糊、职业情感态度消极、职业责任意识淡化、职业行为习惯弱化等问题。职校生职业成长中的"空心人"现象，折射了现实职业教育人才培养的消极误区与症结，职业精神教育的缺位与低效问题亟待改进变革。促进职校生职业精神健康成长是现代职业教育改革创新的重要命题，培育爱岗敬业、诚实守信、精益求精、责任担当等现代职业精神是积极职业教育范式的使命追求。基于积极心理学视域，提出培育当代职校生职业精神的心理策略：职业院校教师要读懂职校生的精神世界，秉承为积极而教的教育理念，引导职校生树立积极的职业理想目标与价值取向，善于发掘职业心理潜能与优势，自主调适职业心理状态与需求，职业院校更要注重职业心理辅导与健康服务，优化职业心理体验与情感教育，注重职业行为习惯与人格教育。

（江苏理工学院　崔景贵　苏州市吴中区碧波中学　陈璇）

职校工匠精神教育范式的实践建构

什么是工匠精神？虽然目前尚无明确统一的阐释，但是普遍认为：工匠精神强调从业者对职业的态度和精神理念，尤其是对工作品质的追求；它是执着事业的热爱度，是追求极致的精气神，更是独具匠心的创造力。透视有关工匠精神的注脚，可以看出，它代表一种"积极"的态度：向上向善，追求极致，积极地学习、积极地工作、积极地生活；"积极"促进构成了工匠应具备的核心职业思维、职业态度和职业操守，并赋予他们不竭的力量与执意的坚守。

培育学生的工匠精神是时代、国家和人民赋予职业教育的光荣使命。工匠精神不是一天两天就能形成的，它就像一粒种子，应在学校里孕育、生根、发芽，然后在职业岗位上反复锤炼才能开花结果。因此，探索职业学校工匠精神教育范式，深耕适合工匠精神生根发芽的培育土壤非常重要，也非常迫切。

第一节　职校工匠精神教育范式的实践意蕴

"与全球领先的装备制造企业相比，中国企业不缺技术，而是缺少一种

'工匠精神'，如果不唤起'工匠精神'，中国就谈不上成为世界制造强国。"❶ 实现制造强国之梦，需要工匠精神。在积极职业教育的视野中，职业学校肩负培养大国工匠的使命，更肩负培育学生工匠精神的重担。

一、工匠精神的历史传承及当代特征

（一）工匠精神的历史传承

工匠精神，中国自古就推崇，历史上出现的著名工匠如鲁班、庖丁、李春、陆子岗等，其故事至今依然广为流传。灿烂的中华文明正是得益于能工巧匠（工匠）的支撑。《说文解字》收录"工"为"巧饰也，象人有规矩也""凡工之属皆从工"。徐错解释为："为巧必遵规距法度，然后为工，否则目巧也。""匠"为"木工也，从匚、从斤，斤所以作器也。"而"匚"指"受物之器，象形，凡匚之属皆从匚，读若方"。❷《辞源》中出现了"工匠"词汇，解释为有某种工艺专长的人，例证荀子荣辱："可以为工匠，可以为农贾。"❸ 以中国为代表的东方文化中的工匠精神意味"尚巧达善"的工作追求，意味"知行合一"的时间理念；意味"德艺兼修"的职业信仰❹。

在西方，从词源角度分析工匠（Artisan），则源自劳动，并随着人们对劳动观念认知的升级而不断发展。西方工匠精神最早萌芽于古希腊 – 罗马时期，当时的工匠精神旨在发挥技术技能的最大能量，追求作品的完美与极致。而到中世纪，宗教让工匠精神蒙上了更多的神学色彩，成为当时工匠群体净化灵魂和精神的修行载体，而手工业行会制度及技术繁荣有效地推动了西方工匠精神的发展。"'随着手工业行业标准、工艺流程等内容的确定'，工匠群体逐渐养成了以质取胜、至善尽美的制造精神。"❺

---

❶ 重莲. 中联重科：唤起"工匠精神"强健中国制造业 [J]. 中国品牌，2015（4）：66–69.

❷ ［汉］许慎，撰.［宋］徐铉，校定. 说文解字 [M]. 北京：中华书局，2013.7（2017.12重印）：268.

❸ 何九盈，王宁，董琨. 辞源（第三版）[M]. 北京：商务印书馆，2015：1281.

❹ 庄西真. 多维视角下的工匠精神内涵剖析与解读 [J]. 中国高教研究，2017（5）：92–97.

❺ 庄西真. 多维视角下的工匠精神内涵剖析与解读 [J]. 中国高教研究，2017（5）：92–97.

审视东西方的工匠精神，两者的核心价值理念呈现出相同或相似的风貌。一是两者追求的工作境界相同，都是至善尽美、精益求精；二是两者倡导的工匠品质相似，其内核可以概括为严谨、专注、坚持、一丝不苟、敬业奉献等❶。而梳理两者的发展轨迹，其发展在形成后都曾在质疑与忽视中失落，但又超越传统在现代获得复兴。

（二）工匠精神内涵的当代特征

目前学界对于工匠精神内涵的界定，主要从工匠精神的构成要素、精神特质、职业素养、职业信仰的角度来进行内涵界定。姜汉荣从匠心、匠术、匠德三个角度提出关键要素，认为"工匠精神"是工匠对自己的产品精雕细琢、精益求精的精神理念，专业、专注、极致等都是其关键词。❷即对职业的高度认同，技术、技能运用技巧，对职业的专注。王丽媛提出"工匠精神是从业人员对待职业的一种态度和精神理念，其内涵包括精益求精、注重细节、严谨、一丝不苟、耐心、专注、坚持、专业"。❸通过分析可以看到，工匠精神具有以下关键要素：精益求精、追求极致、专业专注、敢于创新；学者李宏伟、别应龙从精神特质角度提出工匠精神是"尊师重道的师德精神、一丝不苟的制造精神、自我否定的创新精神、精益求精的创造精神、知行合一的实践精神"的精神特质以及在经验、知识、器物和审美四个方面的和谐统一。❹工匠精神不仅是器物精神，更具有审美和人文关怀；孟源北、陈小娟从职业素养角度提出，工匠精神是"工匠对自己的产品精雕细琢、精益求精、追求完美和极致的价值取向和行为表现，它体现的是一种职业态度和精神理念，核心是对品质的追求"。❺工匠

---

❶ 李宏伟，别应龙. 工匠精神的历史传承与当代培育 ［J］. 自然辩证法研究，2015（8）：54－59.

❷ 姜汉荣. 势之所趋：工匠精神的时代意义与内涵解构 ［J］. 中国职业技术教育，2016（21）：9－12.

❸ 王丽媛. 高职教育中培养学生工匠精神的必要性与可行性研究 ［J］. 职教论坛，2014（22）：66－69.

❹ 李宏伟，别应龙. 工匠精神的历史传承与当代培育 ［J］. 自然辩证法研究，2015（8）：54－59.

❺ 孟源北，陈小娟. 工匠精神的内涵与协同培育机制构建 ［J］. 职教论坛，2016（27）：16－20.

精神是职业素养的核心，贯穿于人的职业态度、职业情感和职业实践中。王寿斌从职业信仰角度提出工匠精神"就是用专注的职业态度和精湛的职业能力，追求极致的精神，树立起对职业敬畏、对工作执着、对产品负责的态度，极度注重细节，不断追求完美和极致"❶。从信仰的视角，可以看出工匠精神就是一种职业信仰，是对职业的敬畏和尊崇，是最高层次的价值定位。

庄西真对工匠精神的内涵进行了全方位、多视角的剖析与解读。他认为：从地域上看，东西方工匠精神内涵虽有不同之处，但也有相通之处；从时空上看，传统与现代交织下的工匠精神内涵有所不同；从领域上看，不能将工匠精神局限于制造业领域，而应该从更加多元的视角理解工匠精神内涵；从层次上看，道德层面的工匠精神固然需要，但制度层面的工匠精神更有现实价值；从育人上看，工匠精神的培育离不开学校与企业两大主体的协作配合。❷ 而匡瑛、井文指出，将工匠精神理解为慢工出细活、机械的重复、工匠的精神等目前是对工匠精神内涵存在的三种误读。他们以新时代为背景，理性地赋予工匠精神现代性阐释，兼顾历史性和时代性两个维度提出现代工匠精神应该包含专注坚守的职业精神、精益求精的品质精神、勇于创新的卓越精神和协同合作的团队精神。❸

在此基础上，我们可以从三个层次理解工匠精神，第一个层次是认知层面，即构成要素，精益求精、追求极致、专业专注、敢于创新。第二个层次是价值情感层面，工匠精神不仅是器物文化，职业操守，更是一种人文关怀，是人的价值实现；第三个层次是信仰层面，工匠精神是人的职业信仰，使人养成高尚的道德人格。我们认为，工匠精神强调从业者对职业的态度和精神理念，尤其是对工作品质的追求，是一种精神理念，包括专注、勤奋、坚韧、钻研、创新；是执着事业的热爱度，追求极致的精气神，独具匠心的创造力。

---

❶ 王寿斌. 职业教育要注重培养"工匠精神"[N]. 中国教育报, 2016-03-11 (2).
❷ 庄西真. 多维视角下的工匠精神内涵剖析与解读 [J]. 中国高教研究, 2017 (5)：92-97.
❸ 匡瑛, 井文. 工匠精神的现代性阐释及其培育路径中国职业技术教育, 2019 (17)：5-9.

（三）积极职业教育与工匠精神

积极职业教育是将积极心理学等理论与技术应用在现代职业教育领域的创新行动与实践成果❶。积极职业教育充分体现了职业教育的工匠精神。它自觉紧贴时代发展需求，力求通过职业教育让"每一个人都能获得人生出彩的机会"。其教育范式以学生为中心，以创新实践为行动策略，范式建构的过程需要工匠精神的助力。而只有融入工匠精神的职业教育才是真正的积极职业教育。

积极心理学视野中的工匠精神，其内涵包括兴趣乐趣、创新创造、坚韧专研、担当责任等要素。融合性、职业性和发展性是工匠精神鲜明的心理特征。从心理意蕴层面看，工匠精神是一种职业精神的追求，是一种创新创造的品质，是一种积极乐观的心态，是一种现代人格特征，是一种卓越人生的状态。职业学校工匠精神培育可视作职业学校教师传授专业知识和专业技能时的心理教育，旨在为职业学校培育高素质的技术技能人才奠定坚实的心理基础❷。

积极职业教育是职业教育培育工匠精神的有效路径。工匠精神的前提之一是对自我能力的认可、对自我选择工作的热爱。而就目前教育现状而言，选择职业教育多数是落榜者的被迫选择，这些学生学习能力相对较低，学习意志相对薄弱，多数学生的学习心态较为消极，很少体会到成功带来的喜悦和对自己能力的认可。其中大多数学生没有清晰的职业规划和职业方向，这样的状态很难培养出爱岗敬业、精益求精、追求卓越的工匠精神。而积极职业教育为缩小两者差距提供了一条有效的路径。它在充分调动职业学校师生主观能动性的基础上，"为积极而教，育卓越之人，与幸福同行"。通过积极职业教育，教师拓宽了教育教学的眼界与思路，学生收获了积极向上、勇于开拓的人生态度，职业学校工匠精神的培育将为其成长为"大国工匠"夯实基础。

---

❶ 崔景贵. 走向适合的积极职业教育 [J]. 江苏教育，2017（76）：1.

❷ 崔景贵，姚莹. 工匠精神与现代职业教育：一种积极心理学的视角 [J]. 江苏教育，2016（36）：22－28.

二、职校工匠精神培育的文化意蕴

在职业技术教育中，职业技能的培训和文化素养的培育是推动学生全面发展的双轮。然而，双轮驱动的职业教育在现实中呈现技能硬、文化软的瘸腿现象。随着国家层面提出工匠精神，让工匠精神扎根在职业教育的时间沃土之中，昭示着我国职教新时代的开始，工匠精神成为当代职业学校文化建设创新发展的旨归。

（一）职业学校文化创新发展的必然性

1. 职业教育本身体现工匠精神的要求

教育作为人类成长特有的过程，总是在传递知识、提升能力的同时塑造人们的价值观，尤其是向下一代传达基于历史经验证明值得恪守的价值原则。"只要谈到的是完整意义的教育，就不可避免地要肯定教育必然是根植于特定价值观的，它不可能不同时传达知识与价值观这两种内容。"❶同样道理，职业教育不只是技术、技能的教育，也应包含精神、文化的培育，其中作为职业素养核心的是执着的、专业的工匠精神。职业教育传播教育者的思想情感、社会信念以及职业教育所特有的职业素养。作为职业学校，必然要积极促进学校文化的创新发展，着力塑造工匠精神，这是职业教育逻辑发展的必然结果。因而职业学校文化的建构应立足于职业教育蕴含的工匠精神，以此为旨归促进学校文化创新发展。

2. 文化代际传承蕴含工匠精神的基因

马克思指出："人们创造自己的历史，但是他们并不是随心所欲地创造，而是在直接碰到的、既定的、从过去承接下来的条件下创造。"❷人们能从耳熟能详的庖丁解牛、卖油翁等历史叙事中体会到传统文化中工匠精神的专注与娴熟。同样，我们也在浩如烟海的历史器物中看到古代工匠的巧手妙思。这些先贤们的历史印痕要求职业教育重拾工匠精神，延续传统精髓，并在时代前进的步伐中积极注入传统工匠精神的新内涵。

---

❶ 杨柳新. 大学的价值观教育与文化认同 [J]. 北京大学教育评论，2008（4）：107 – 124.
❷ 马克思恩格斯文集（第二卷）[M]. 北京：人民出版社，2009：470 – 471.

3. 现实社会的发展呼唤工匠精神的洗礼

当今国人国外购物潮，在触碰到国人自尊心的同时激发了职业教育的自我反思："职业教育到底是如何培养学生的？""职业学校的存在给社会带来了什么？"这些对职业教育的追问，在反证职业教育之于社会的重要性的同时产生了一个鲜明的文化指向——工匠精神的塑造。在高端技术不断被超越的中国，日常消费品的质量却未见明显改变。这凸显技术发展背后的精神缺失。

正因为如此，在 2016 年全国两会会议上，李克强总理在《政府工作报告》中指出："鼓励企业开展个性化定制、柔性化生产，培育精益求精的工匠精神，增品种、提品质、创品牌。"党和政府希望通过注入工匠精神，使千百万的能工巧匠更加专注与专业，更加富于创新精神。这就要求学校在培养学生知识技能的过程中去关注他们的职业价值观形成。职业学校必须把以工匠精神为核心的职业精神培育渗透于教育过程，提升职业教育质量，促进学生全面可持续发展，进一步适应企业要求。对企业而言不仅需要专注于技术、技能的企业员工，更重要的是看重员工的道德情操，这些道德情操具体有对企业的忠诚、对工作的挚爱与对创新信念的坚守。由此可以看到，工匠精神的提出反映时代要求，促进个人发展，适应现代企业的需求，是国家、企业、个人共同发展的精神纽带。

（二）职业学校文化创新发展的基本要求

基于职业学校面临的现状，在具体要求中落实工匠精神，实现职业学校文化创新提升具有重要意义。

1. 促进三维合力，实现职业学校文化创新发展的主体认同

职业学校文化创新发展的最终目的把工匠精神内化为学生的"匠心"意识并外化于"匠行"之中，这一过程就其实质来说，是教育催化的过程。因而，工匠精神在职业学校确立的程度与广度依赖于领导、教师与学生的主体文化认同。

学校领导是学校文化的灵魂和倡导者。学校文化的顶层设计、落实发展等都离不开学校领导的匠心独到。因此，学校领导在工作中折射出的投入、负责、敬业等精神本身就是对工匠精神的最好认同与诠释。

教师对工匠精神的榜样引领。教师认同工匠精神，必然会遵照工匠精神的要求来表现自己，特别是对教育事业的专注、专业，对教学完美无瑕的孜孜追求。教师认同工匠精神，必然包含自身的理解与感悟，这在教育教学的过程中必然会有一个新的呈现形式，这种无形的力量在知识传递的同时必然影响到学生的认知。

学生对工匠精神的认同。只有认同，学生才能在行为的外化中坚守这一价值理念，并始终不渝地将其作为信仰进行追求；如果学生缺乏对工匠精神的认知、认同，即使以灌输的形式对其进行"德行合格"的测评也难以让学生心悦诚服地接受。

文化认同的深化得益于学生由被动到主动、由自为状态向自觉状态进行转变。学生在参加社团和技能训练中表现出来的拳拳服膺、孜孜以求的心态是早期的被动选择到主动参与，是学生主动性真正意义上的展现，这成为学生在实践中展现工匠精神的必经阶段。

学生文化认同的进一步展开是以主人翁精神获得职业自由，以达到幸福的提升。在这一过程中，由于文化的滋养与浸润，学生在技能提升的同时，在精神素质结构中也发生质的变化。在工匠精神价值引领之下，享有的是主人翁的积极姿态，不再是以机器转动来展现自身存在的技术工人，而是具有一定幸福感、责任感的职业"匠人"。

工匠精神不仅是专注、专业的态度，也同样体现创新精神的发挥。技能竞赛中的完美技能展示充分说明学生文化认同的完成就在于创新精神的迸发，进而形成符合自身特点的个性，并把这种蕴含工匠精神的个性投射于其以后的职业生涯中。这种个性张扬是文化创新的最终完成阶段。

综上所述，学生与教师对工匠精神的主体认同与引领是实现职业学校文化创新发展的前提。因为各种价值观教育行为只有作为某种文化认同的方式，才能对个体和社会的生活产生真正具有文化意义的影响。

2. 凸显人文情怀，找到职业学校文化创新发展的真正归宿

现代职业教育发展的文化缺失导致"有技术没内涵、有设备没底蕴""会操作、不会工作"的现象比比皆是。职业教育的发展迫切需要呼唤文化的创新发展，而且要在文化发展与认同过程中积极注入人文情怀。

职业学校的人文情怀培育主要是人文素养的提升，一是在课程设置上，要为文化通识课程留有选择的余地，不能为强化专业课程挤压文化素质课程空间。不能只把学生培养成只懂技术的、冷冰冰的流水线工人，而应是成为有人文素养的"匠才"。这些文化素质课程的存在既满足了当代学生的审美与艺术能力的提升，同时也为工匠精神等职业精神的发展提供了良好的物质载体。与此同时，要在专业课程中，传播相应的科学理念、人文精神与职业精神，打通专业技能与人文情怀的隔阂，实现科学与人文的融通。二是丰富职业学校校园文化活动的载体。人文情怀培养在职业学校中有许多重要的实践场域，其能力的提升不仅需要专业课程的转变以及人文素质课程的设置，而且需要通过缤纷多样的校园文化活动，增强吸引力，在潜移默化的熏陶中实现人文情怀的滋养。

3. 倡导器物精神，发挥职业学校文化创新发展的媒介功能

器物精神是工匠精神的媒介，这种精神体现的是对产品和所从事事业的精益求精及极致追求，"它不单指对器物的精心打造，还指对所拥有物件表现出来的持久喜爱、精心保养和细心呵护"。随着经济理性的扩张以及技术异化本质的显露，人们更多关注的是生产流水线上产品的数量，忽视了应有的质量；人们习惯于按照规划的示意图构造产品，而缺乏对产品精益求精的精神，进一步说，人们对于器物的把玩、关注、欣赏变得可有可无。作为现代路上的追赶者，人们把这些手艺乃至手艺背后的人生观、价值观、职业观，都当作前现代的东西而扬弃了。因而，职业学校在教育的过程中就有改变学生原有的产品观及相应的价值观的责任，这一责任的培育也为职业学校实现文化的转向开辟了空间。

在工匠精神的培育中，无论是师生的文化认同，还是作为价值培育的人文情怀，具体落实仍然依靠器物精神的塑造。进一步说，如果抛弃了对器物精神的关注，不管师生主体文化认同的信念多么可贵与执着，也不管人文情怀培养的形式多么丰富多彩，只能造成文化发展偏离预定方向。这一要求来自职业教育的特殊性，只有在器物中方能体现制作者的"巧手"和"匠心"。

（三）职业学校文化创新发展的实施路径

推动职业学校文化的创新发展，其目的就是要学校文化在职业培养要素的各个方面进行质变式重构，这就决定了职业学校文化创新发展的实施路径是多维的，具体表现在培养目标、培养机制、培养形式等方面的重塑都应有所突破。

1. 文化目标创新——三核并举

培养目标指向把受教育者培养成"什么样的人"的问题。职业学校培养目标的转向是基于职业教育中出现企业和社会需求与职业教育供给的"实然"与"应然"的矛盾。社会与企业更多的是需求德才兼备的劳动者，注重劳动者的技术水平和道德素养的匹配。而当前职业学校大多重视学生技能培养，形成一套"技术熟练、技法精进、技能精湛"阶梯式递进培训机制，最终以技能大赛奖牌数彰显自身教育成果。这就导致职业学校注重技术的培养，忽视了学生以工匠精神为核心的职业精神的培育，使职业学校学生无法真正满足社会需要。

职业教育的现实催生出工匠精神引领下职业学校培养目标的转向，既要继承技能培训的成功经验，又要重视职业道德和职业精神的培育。作为职业教育，实际上是培养职业人的教育，职业之间各有特色，但不同的职业也有共性，这些共性构成工匠精神的基本内容，其中最主要包含三个方面：责任心、专注力和创新精神。责任心是一种敢于主动负责的态度，是任何一种职业必备的基本素养。具有责任心的员工，会认识到自己的工作在组织中的重要性，把实现组织的目标当成自己的目标。专注力是在积极目标的引导下，一个人全神贯注于某一事物或某一活动的心理状态，是一种对工艺、技术的陶醉、痴迷和精益求精。专注力的培养有助于提高人们的自信心和好奇心。对于职业学校的学生来说，自信心有助于他们摆脱过往的阴霾，而好奇心则对未来职业认同有帮助。创新精神是为了实现某种理想或者满足某种社会需求而进行的创造、改革、革新的意志、信心、勇气和智慧。创新是专注力和责任心共同浇灌出的实践硕果，是个人成长和社会发展的不竭动力。

2. 文化机制创新——双轮驱动

如前所述,当前职业教育"重技术、轻精神"的培养形式在工匠精神的召唤下亟待发生质变。这不单是培养形式各要素的简单相加,而是在职业教育系统中融入工匠精神的内核。因此,可以说职业学校学生培养形式的重构集中表征为职业教育创新发展的根本意图——文化建设机制的创新。早期的职业学校文化建设只是着力于技能素养的培养上,在培养的过程中缺少文化的浸润,使得技艺的教育成为人的外在的因素,无法内化为学生个体内在的品质。这并不是说,职业学校没有文化课程和文化活动,而是说职业学校的文化培养要么与技能培训相脱节,高高在上,陷入孤芳自赏的境地;要么由于受教育者的不重视和教育者的不被重视,使得文化陷入自说自话的境地。因此,工匠精神的提出要求职业教育在精神上发力,其实质就是"技术操作+情怀培养"的双轮驱动。如果说工匠精神的"工匠"一词意味着技术要求,那么"精神"定然是文化的呼唤。作为职业学校的学生,他们的技术能力可以保证其有一个好的职业,而职业情怀则保证其有一个好的职业前景。实训操作获得的技术和情怀培养获得的素养能够使得职业学校的学生全面协调可持续地发展。

3. 文化形式创新——同中求异

工匠精神的提出在强调"文化建设创新发展",要求职业教育更多关注文化,注重精神培育的同时,也意味着职业学校文化自身建设也要发生"创新发展"。事实上在过去的职业教育中并不是没有文化的培育,而是缺乏有职业教育特点的文化建设。如果说"双轮驱动"是针对职业教育中文化偏"软"的问题,那么"同中求异"需要解决职业教育中文化自身过"散"的现状。我们可以想象,在时代呼唤工匠精神的今天,各个层次、各种类型的职业学校都会因此有所呼应。这就要求在文化创新的过程中,思考如何在学校内部文化建设中纳入工匠精神的培育,如何让工匠精神为学生感知、理解与内化?我们认为应该集中于"精神"上发力,更好地落实工匠精神对职业教育的引领。

工匠精神引领的职业学校文化创新首先解决的是针对性。职业学校在文化建设的过程中,忽视学校的特殊性,同质化的复制比比皆是。针对这种情况，在文化建设的过程中强调职业学校的文化应该有别于非职业学校的文化；不同职业学校的文化也要符合学校自身传统；即使是同一学校的不同专业，他们的文化也必须各有特色。以实现职业学校文化培育对职业培养有效对接。另外，职校文化建设要强调引领性。职业教育的文化必须根植于职业教育的沃土，但文化本身又有指导和引领的功能。这就要求职业学校的文化建设与职业教育的现实状况之间保持必要的张力，这尤其是职业学校文化转向的关键。文化要素的多元以及呈现方式的多样，使得工匠精神的塑造能够通过多角度的文化建设来落实，进而实现职业教育的整体提升。总之，职业学校落实工匠精神的培养制度，必须要处理好实然与应然、刚性与柔性、疏离与结合之间的关系。

工匠精神作为职业学校文化创新发展的旨归，鲜明地彰显出现时代职业教育的价值追求。同时，塑造具有现代意义的工匠精神也是学术前沿的开放课题，对其探索将会是一个漫长的过程。这就需要我们立足于时代视野，在历史与现实的交汇点上，在学校、社会、企业的共同追求上，不断进行创新性思考与实践，这不仅是历史赋予我们的责任，也是教育理论与实践对我们的要求。

三、工匠精神培育的内涵及其在职业教育中的具化

（一）职业学校工匠精神培育的意义

一是对新时期德育工作要求的积极思考。《国家中长期教育改革和发展规划纲要（2010—2020年）》指出，"职业教育要着力培养学生的职业道德、职业技能和就业创业能力"。教育部《中等职业学校德育大纲（2014年修订）》也对职业精神教育做出了明确指示。《教育部关于深化职业教育教学改革全面提高人才培养质量的若干意见》指出，"培养学生职业兴趣和职业精神"，"把提高学生职业技能和培养职业精神高度融合"。相关政策文件为培育学生职业精神研究指明了方向，基层学校应当积极思考并贯彻落实。

二是对"中国制造2025"人才培养要求的解读呼应。李克强总理在谈及实施"中国制造2025"时强调，工业制造是国民经济的重要支柱，推动

制造业由大变强,关键在于培育更多的"大国工匠"。培育大国工匠,人才是关键、精神是统领。工匠精神的培育应从校园起步,职业学校责无旁贷。

三是对学校校本德育工作体系的构建完善。如无锡机电高职校近年逐步探索形成"四我·五位·7S"校本德育体系,力图通过习惯养成教育将德育渗透于日常教育教学生活之中。为进一步提升人才培养质量,学校需要在上述基础上继续构建完善校本德育工作体系,进一步落实以"敬业"和"诚信"为重点的职业道德教育。

四是对学校校园文化的传承创新。无锡机电高职校校训"诚信勤韧","诚信勤韧"的本质也是工匠精神。为进一步凝聚学校核心价值观,学校需要对现有文化体系进行梳理反思和重塑,聚焦工匠精神,培育激发"机电文化"的生命力、感召力和竞争力。

(二)职业学校工匠精神培育的含义

研究职业学校工匠精神培育的实践范式就是研究工匠精神内涵特质,探索如何在职业教育中融入工匠精神教育;探究职业学校学生工匠精神培育的操作框架与实践路径,促进学生职业素养的提升。通过研究探索工匠精神在职业学校德育中的地位及其教育呈现形式;构建以培育学生工匠精神为内核的五年制职业学校德育理念框架及其实践模式,并在学校实践层面进行落实和实践反思。

具体来说分为三个层面:首先是理论建构。研究工匠精神的文化内涵与价值取向;研究工匠精神在职业学校德育工作中的意义;反思学校现有德育体系;研究生活德育理论对培育学生工匠精神的指导作用;研究职业学校学生工匠精神培育的实践要素。其次是模式创建。研究以培育学生工匠精神为内核的职业学校德育模式;修订以培育学生工匠精神为旨趣的学校人才培养方案;工匠精神进课程,探索将工匠融入课程教学的有效途径;工匠精神进文化,培育弘扬工匠精神的校园文化;探索融合工匠精神的实践教育活动体系。最后是实践反思和成果推介。开展以培育学生工匠精神为内核的育人实践,并对该实践研究进行有效性分析;提炼学校德育品牌建设成果,形成值得推广的经验范例。

第二节 职校工匠精神教育范式的实践反思

重塑工匠精神已成为新时代的呼唤，但在积极职业教育的视野中审视目前职业学校工匠精神的培育，其教育效度总体不高。职业学校工匠精神培育的难点主要在于工匠精神具有默会知识性[1]。默会知识性决定了职业学校工匠精神的培育需要借助积极职业教育理论，发挥人的主观能动性；必须依托具体情境，在实践中深化。

一、现实分析：职业学校工匠精神培育的实践困境

默会知识论是英国哲学家迈克尔·波兰尼在格式塔心理学研究的基础上提出，也称"缄默知识""隐形知识"[2]。考察工匠精神生成、内涵与呈现，其部分特征与默会知识内在性、情景性、文化性、个体性、层次性[3]等关键因素契合。从默会知识论出发审视现阶段中职生的工匠精神培育，主要存在以下三大困境。

（一）培育忽视默会知识的个体性，未能发挥职业学校学生的主体作用

职业学校工匠精神培育，培育主体是正处于身心快速发展的青春期职业学校学生。基于专业技能和职业素养多维提升的工匠精神，将为职业学校学生的人生擦亮底色，增强他们走上人生出彩路的能力和底气，并为他们的家庭发展带来正向契机。而从默会知识论角度看，作为默会知识的工匠精神的生成具有鲜明个人性，是身心合一的整体理解。而审视目前培育难以取得较好成效的重要原因就在于很多培育并没有真正发挥职业学校学生的主体作用。

一是部分培育完全无视职业学校学生的主体作用。有些学校流于形

---

[1] 李婕瑜，潘海生，闫智勇. 工匠精神生成机理及其在职业教育中培养策略［J］. 中国职业技术教育，2018（24）：85 – 90.

[2] 贺斌. 默会知识研究：概述与启示［J］. 全球教育展望，2013（5）：35 – 48.

[3] 石中英. 缄默知识与教学改革［J］. 北京师范大学学报（人文社会科学版），2001（3）：101 – 108.

式,如仅仅在学校设置工匠宣传栏,但并不引导学生观摩学习。有些学校认识到培育的重要性,但往往只着力于外部推动力的营造而忽视职业学校学生内生力的提升。没有职业学校学生主体作用的发挥,他对工匠精神培育就只能停留于感知状态,培育就难以取得真正实效。二是部分培育对于职业学校学生主体作用重视与发挥还不够。有些学校培育仅仅停留于给学生讲讲工匠的故事,看看工匠的视频,培育与职业学校学生专业学习、学生生活割裂。大国工匠的感人事迹,能够触动职业学校学生的内心,但一时的触动仅仅是培育的契机,若没有相应的拓深,这样的触动也就一闪而过,无法真正发挥应有的作用。培育未能充分发挥职业学校学生主体作用与职业教育历史地位较低,职业学校学生自信心缺失也有很深关联。

(二) 培育轻视默会知识的情景性,培育方式比较单一

工匠精神作为一种默会知识与显性知识的集合体,它的获得必须依赖现代工作情境中的实践。审视目前的职业学校学生工匠精神培育,培育方式单一是突出的现实问题。

一是目前培育形式单调。工匠事迹宣讲和宣传海报布展是最常见的形式。而对于青春期的职业学校学生来说,前者教师干巴巴的理性说教易引发其青春期逆反,也没有吸引力;而后者若只是"默不作声"的"工匠照片 + 事迹文字",很难引起职业学校学生的青睐。现有培育往往只借助第二课堂中部分活动展开,错过了职业学校学生进行工匠精神培育的关键点——课程学习。

二是培育很少提供"亲知"的机会。"亲知"是默会知识论中的一个概念,指的是劳动者亲自通过实践而认识。考量目前的培育,更多是关于工匠精神间接经验的宣讲,很少为学生提供获取工匠精神直接经验的"亲知"机会。

三是培育力量多囿于校园。工匠精神培育兼跨职业学校学生生命成长的学习、生活及工作多个场域,校园培育提供的情境是不完整而没有生命力的。培育要取得实效,行业企业的助力必不可少。而不了解工匠精神的父母或没有工匠精神的父母,也很难培养出具有工匠精神的孩子。目前培育中,行业企业参与度不高,而职业学校学生家庭的参与就更是寥寥。

（三）培育漠视默会知识的内在性，评价趋于虚化偏废

工匠精神具有的默会知识性，使它的表现形式虚实结合，既有明确的技能技术掌握指标，也有相对虚化的素养、价值观层面的内容。这给它培育成效的检测与反馈带来了难度。职业学校学生工匠精神培育的评价无法完全像学科知识教学那样进行纯数量的量化。而培育过程较长，职校学习往往只能呈现阶段性成果。所以培育评估难以用合适的样态呈现，这导致实际中培育评价的缺失或偏废。现有培育评价或仅仅关注可衡量的技能成绩方面，认为技能大赛获奖或学习成绩分数高就等同于有工匠精神，培育功利性较强，忽视职业学校学生培育中心灵的成长和精神的丰盈。或完全等同于德育，没有看到工匠精神扎根实践、依托工作情境存在的特性，使培育丧失它应有的专业特点与成长土壤；或远离学生生活现实，评价指标过大过空，不能与现有评价有机结合；或仅仅从教师、企业等外部对职业学校学生培育成果进行不完全的评估，完全忽视培育主体职业学校学生及其家庭对于培育的真实感受与体验。

二、实践导向：默会知识论视角下的工匠精神培育

根据积极职业教育理论与默会知识论，职业学校学生工匠精神培育要取得较好的成效就必须坚持实践导向。

（一）指向全面发展，激活职业学校学生的主体意识

职业学校学生大部分有朝气但自信心不强，愿意学习但自律性有待提高，学习习惯和方法也有待改善。他们是未来中国从"制造大国"走向"智造强国"的最广大、最基层技术人员的主体。积极职业教育理论与默会知识论视角下职业学校学生工匠精神培育必须充分发挥其主体意识。培育要遵循职业学校学生身心发展的特点，遵循职业教育的规律，立足职业学校学生技能水平与职业素养提升，更关注职业学校学生心灵的成长进步。培育目标在于成就职业学校学生作为"德技双馨"全人的发展，使职业学校学生作为人的个性化与其制造产品的精致化达到高度的统一和谐。对职业学校学生而言，学界关于工匠精神的艰深探讨难以直接作用于成长。学校要充分发挥教育主导的作用，立足工匠精神的要点，结合专业情

况对工匠精神进行适宜职业学校学生培育内容的梳理与校本表达。同时学校要积极构筑师生之间良好的关系助推学生工匠精神培育在情意层面的提升。

（二）基于实践导向，联动搭建多维培育支架

从默会知识论出发，工匠精神扎根实践与情境，因而它的培育也必须基于职业学校学生学习生活的全面实践，并充分依托学生学习、生活与工作的情境展开。

立足默会知识的"文化性"，以联动为策略，整合培育资源。要在关照职业学校学生全面发展的视野下，重新审视目前工匠精神培育的方式方法，要以职业学校学生为中心展开培育，凝聚多方培育力量协同发力，整合多维培育资源，引导职业学校学生成为自身工匠精神培育的主力军。一是挖掘整合文化资源，夯实培育的文化基础。二是挖掘整合课程资源，关注培育的意义层面。三是挖掘整合人力资源，构建培育最大同心圆。

围绕默会知识的"情景性"，以实践为主线，丰富培育情境。根据默会知识论，大量知识蕴含在实践中并通过实践进行传递和修正；同时，实践构成了人们对显性知识学习和使用的前提和语境❶。学校要甄别过滤，选择有利于职业学校学生成长的多样化实践。这里的实践，包括校企深度融合后精心设计的课程教学活动，包括渗透企业文化的校园文化活动如学生社团活动，也包括大国工匠进校园等主题活动，以及劳动礼仪值周活动、各级各类技能大赛、创新大赛等。同时梳理职业学校学生发展阶段，对应职业学校学生身心特点构建循序渐进的工匠精神培育情景❷。如低年级侧重文化课和专业基础课学习，在"仿境"中引导学生感知工匠精神。中年级侧重专业课的锤炼，在与工作岗位对接的情境中，进一步了解自身所学专业及未来的职业前景，在体验中进一步拓深对工匠精神的理解。高年级则要强化顶岗实习。要引导学生在工作的实境中，体验、巩固工匠精神，追求从"精通"慢慢趋向"求新"，并明晰自身专业学习的定位及未

---

❶　徐金雷. 技术的默会知识及其实践培育［J］. 华东师范大学学报（教育科学版），2018，36（6）：19－28.

❷　张健. "三境合一"育人的课改创新［J］. 职教通讯，2018（24）：4.

来职业生涯的规划。

把握默会知识的"层次性",以效能为追求,紧抓培育机遇。默会知识具有一定的层次性,在一定的条件下,强弱默会知识能够进行转化,甚至默会知识也能向显性知识进行转化。现代学徒制和互联网技术为当前职业学校学生工匠精神培育提供了时代机遇。以互联网技术为例,无处不在且迅捷发展的互联网为今天职业学校学生工匠精神培育提供了便利和条件。互联网上有很多工匠精神活泼生动的优质资源,遴选后推荐给职业学校学生,有助于学生以喜闻乐见的形式加强对于工匠精神的感知与认识。而线上线下便捷的沟通能够助推职校学生培育的效能提升。借助网络,校、企、家、生的联系将更为紧密和畅通,有助于培育形成整体联动的态势。利用互联网作为培育成果展示平台,能够促进培育进一步发展。

(三)优化评价方式,点面结合提升培育品质

根据积极职业教育理论、默会知识论和职业学校学生的特点,优化现有培育评价,通过构建立体多元显性化、凸显心灵成长的评价方式,提高培育的效能。可视化评价覆盖培育全程,消弭默会知识的负面影响。改革以往与普通中学类似的以学习成绩为主的三好学生评选形式,改为富有校本特色的职校优秀学生选评。根据循序渐进的原则,将学生的每日评价嵌入学校日常管理,并通过设置看板等可视化工具让评价显化。此外,学校还可结合劳动教育、优秀学生表彰、大国工匠进校园等多种形式对学生进行先进典型宣传。教师、师傅与家长等培育共同体要积极引导职业学校学生展开对于工匠精神培育实践的多层面、多形式的反思。要引导职业学校学生将自身对于工匠精神的感知与体验通过小组交流、班级展示或学校宣讲等形式进行表达与分享,并以此作为培育评价的形式。学校作为培育共同体的重要组成,对培育工作要进行阶段性的反思,推进培育螺旋式上升。留白式评价助推培育内化,发挥默会知识的正向作用。默会知识的获得与表达都具有个体主观性,在职业学校学生工匠精神培育的评价中适当"留白"既必要也重要。这样的"留白"能够充分发挥培育中默会知识的正向作用,它可以是教师父母点到为止看似"无为"的忽略,也可以是营造氛围积极"作为"的故意"空缺"。

三、文献分析：现代学徒制与工匠精神培育的结合路径

波兰尼认为学徒制能够有效提升默会知识习得的有效性❶。而现代学徒制则被学者认为是帮助学生完成个体默会知识与显性知识的最佳模式❷。以中国知网刊发的现代学徒制和工匠精神有关论文为研究对象，采用共词分析法❸和科学知识图谱可视化信息处理技术❹对文献进行计量分析，探索职业学校现代学徒制与工匠精神培育的结合路径。

（一）研究方法与资料来源

研究采用文献计量法、关键词共词分析法，以及科学知识图谱可视化信息处理技术。研究主要以中国知网（www. cnki. net）收录的有关中国现代学徒制和工匠精神相结合的科研论文为对象。在中国知网文献高级检索页面，以"现代学徒制"并含"工匠精神"为论文篇名关键词，发表时间及更新时间不限（检索日期 2019 年 7 月 1 日），文献来源、支持基金等其余条件均不限，对平台期刊论文进行模糊检索。检索查到中国知网平台截止到 2019 年 7 月 1 日，篇名含"现代学徒制"和"工匠精神"的研究文献共计 107 篇，为提高文献内容的科研性，研究删除有关现代学徒制和工匠精神报纸摘要、新闻报道等非科研性文献 4 篇，最终得到有效文献103 篇。

（二）文献基本信息计量分析

1. 现代学徒制与工匠精神耦合性研究刚起步

经检索，中国知网平台刊发的第一篇题名同时含"现代学徒制"与"工匠精神"词汇的研究论文为《基于现代学徒制的当代"工匠精神"培

---

❶ 石中英. 缄默知识与教学改革 [J]. 北京师范大学学报（人文社会科学版），2001（3）：101 – 108.

❷ 王伟，黄玉赟. 缄默知识理论对高职加强工匠精神培育的思考 [J]. 南宁职业技术学院学报，2017（22）：54 – 56.

❸ 郭文斌，方俊明. 关键词共词分析法：高等教育研究的新方法 [J]. 高教探索，2015（9）：15 – 21，26.

❹ 郭文斌，方俊明，陈秋珠. 基于关键词共词分析的我国自闭症热点研究 [J]. 西北师大学报（社会科学版），2012，49（1）：128 – 132.

育研究》，作者杨红荃、苏维，2016 年 6 月发表于《职教论坛》❶。图 8 - 1 为中国知网现代学徒制和工匠精神耦合研究论文发表的年度分布图。2019 年（截至 7 月 1 日）研究论文数量为 26 篇。总体而言，无论是现代学徒制还是工匠精神，国家层面推广和职业教育试点工作尚属于起步阶段，两者耦合性研究也刚处于星火状态未成燎原之势。

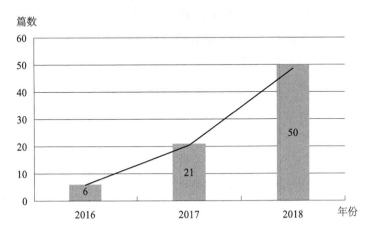

图 8 - 1　论文发表年度分布

2. 教育和行业两类期刊是主要发表源

统计显示，总计 79 家期刊刊发了题名含"现代学徒制"和"工匠精神"的科研论文，其中刊发超过 1 篇的期刊有 16 家，累计发文 40 篇，占刊发总数的 38.83%。这 16 家期刊中教育类期刊占 8 家，累计发文 22 篇（其中职教类期刊有 5 家，累计发文 12 篇），另有行业类期刊 6 家，累计发文 14 篇。杂志主办单位等统计表明教育和行业两类期刊是中国现代学徒制和工匠精神结合研究的主要期刊发表源，而职教类期刊发文量约占总数的 1/3。

3. 东部省会城市作者发表论文数量较多

在 103 篇刊发论文中，单一作者论文 66 篇，占发文总量的 64.08%，剩余 37 篇为合著论文。合著论文中 30 篇作者单位相同，比例占合著论文

❶ 杨红荃，苏维. 基于现代学徒制的当代"工匠精神"培育研究 [J]. 职教论坛，2016 (16)：27 - 32.

总数的 81.08%，余下 7 篇中单位跨省论文只有 1 篇，其他均属同一省份。经统计，发文量排名前 7 的省份中 5 个为东部地区（其中 4 个为东部沿海地区），2 个为中部地区，可见论文发表地域主要集中在我国东部地区，尤其是东部沿海地区，另有部分中部地区，这与地区制造业发达程度正相关，排名前两位的广东、江苏，2018 年全国 GDP 排名同样也处前两位。刊发量排名前 7 的城市，有 6 个是前面 7 个省份的省会城市，可见一线城市需求远比二三线城市迫切，科研技术水平相对雄厚，资源更为集中。浙江省全省发文量排名第 5，但是发文城市分散并未集中在省会城市，这与该地区民营、私企等中小企业发达、分布发散相关。

4. 高等职业技术学院是研究的主力军

对有关中国现代学徒制和工匠精神研究论文的第一作者所在单位做进一步统计，发文数量超过 1 篇的单位有 11 家，均为高等职业技术学院，其中多家为教育部现代学徒制试点单位。从这些单位的地域分布来看，广东、江苏排在前两位，分别有 8 家和 6 家。

5. 多产作者与高引用率论文

按论文的第一作者统计，103 篇有关中国现代学徒制和工匠精神研究论文中，共有第一作者 99 位。从作者发文数量来看，作者张芳、陈洪军均刊发了 3 篇论文，苑振柱、余洁琪、贾广敏均刊发了 2 篇论文，5 位多篇发文作者 4 位来自广东（佛山职业技术学院或广州工程技术职业学院）。以中国知网平台对有关中国现代学徒制和工匠精神研究论文被引次数进行统计，截至 2019 年 7 月 1 日 103 篇论文总被引量为 381 次，排名前 10 论文的被引量合计 267 次，占总被引量的 70.08%，其中 2016 年 6 月在《职教论坛》发表的《基于现代学徒制的当代"工匠精神"培育研究》被引量达到 138 次，单篇被引量占总量的 36.22%，可见职教核心期刊在该领域起到了引领作用。

6. 研究得到多级别基金项目资助

本章对刊发论文获得的支持基金项目来源进行统计，发现共有 69 篇论文源于课题项目研究有项目基金支持，占论文总数的 66.99%。从统计数据来看，中国现代学徒制和工匠精神研究论文得到了各级别基金项目资助，但国家级和院校级课题数量偏少，主要以省、市级课题为主。

（三）文献关键词共词分析

1. 高频关键词统计分析

通过对检索文献高频关键词共现关系分析，可以进一步明晰现代学徒制与工匠精神逻辑关系。在 103 篇刊发论文中，共出现 100 个不同的关键词，使用频次共计 361 次。为了研究结果的准确性，将一些不规范的，同义或同类的词汇进行归类、合并，如"基于现代学徒制"和"现代学徒制"，"中华工匠精神"和"工匠精神"等。整理后统计发现，使用频次 2 次及以上的关键词共有 24 个，详见表 8 - 1，其中"工匠精神"使用频次为 102 次，"现代学徒制"使用频次为 98 次，是使用最频繁的核心词汇。

表 8 - 1　使用频次 2 次及以上关键词列表

关键词	使用频次	关键词	使用频次	关键词	使用频次
工匠精神	102	高职学生	6	烹饪专业	2
现代学徒制	98	培育路径	4	培养途径	2
培育	12	高职院校	4	现代学徒	2
培养	8	汽修专业	3	酒店管理	2
职业教育	8	高职	3	思想政治教育	2
高职教育	8	校企	2	质量	2
校企合作	7	培育策略	2	制度规范	2
人才培养	6	实践	2	产教融合	2

2. 关键词内在逻辑分析

表 8 - 1 中除了核心词"工匠精神""现代学徒制"外，对其他关键词进行归类分组，发现这些关键词相互间存在内在逻辑。词汇"培育""培养""人才培养""质量"体现当今社会在人才供应、产品质量、个性需求等方面的发展跟不上人民大众对美好生活的需要，中国新时代对"现代学徒制""工匠精神"的培育、培养以及对产品质量的追求更为显著；词汇"职业教育""高职教育""高职学生""高职院校""高职"体现社会诉求主要响应领域在职业教育，尤其是高等职业教育；"培育路径""培养途径"有"校企合作""产教融合""实践""现代学徒""制度规范"

等；最先试点应用领域在"汽修专业""烹饪专业""酒店管理"和"思想政治教育"，论文关键词体现的有关中国现代学徒制和工匠精神研究内容逻辑如图 8 - 2 所示。

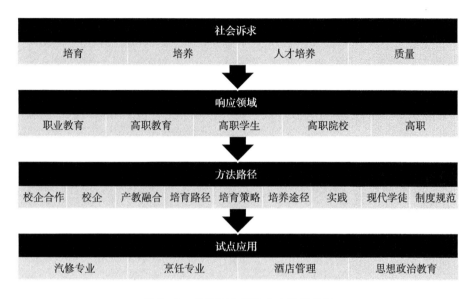

图 8 - 2　关键词分类及内在逻辑分析

3. 关键词共词网络分析

为进一步分析文献关键词之间的内在结构和组织关系，本章采用共词分析法和信息可视化技术绘制网络知识图谱，以反映近年来有关中国现代学徒制与工匠精神研究的主流领域、脉络方向、学术热点等❶。具体研究方法为首先设定文献中出现 2 次及以上频率的关键词为高频关键词，即至少在 2 篇及以上论文中交叉出现的某个关键词，借助 Bib Excel 和 Excel 软件对关键词进行词频统计，筛选确定如表 8 - 1 所示高频关键词共 24 个，然后继续对这些高频关键词进行线性处理，生成 24×24 的共现矩阵，矩阵数值标准化处理后可以进行聚类分析。但研究为增加可读性，继续使用 Pajek 软件将矩阵转化为可视化的关键词共现网络知识图谱，如图 8 - 3 所

---

❶ 金梅，虞飞华. 高校人才培养模式研究文献的计量分析与可视化识别［J］. 黑龙江教育（高教研究与评估），2014，（1）：81 - 83.

示。知识图谱中的"黑点"即网络节点，一个"黑点"表示一个关键词，"黑点"越大、越占据中心位置则说明与其共现的关键词就越多，另外"黑点"间的"连线"越粗，则说明关键词共现频率就越高，即此关键词出现在同一篇论文中的频率就越高，相互关系越密切。❶ 图谱中可以明显看到，近年围绕"现代学徒制"和"工匠精神"这两个中心关键词展开的研究（即整体上是一个"双中心"结构），一侧关键词主要有"培育""培养""人才培养""校企合作"等小核心，另一侧则有"高职教育""高职院校""高职学生""职业教育"等小核心，外围则是体现社会诉求的"质量"，体现方法路径的"培育策略""培养途径""校企""现代学徒"，以及现阶段主要试点应用领域"酒店管理""烹饪专业""汽修专业""思想政治教育"等。

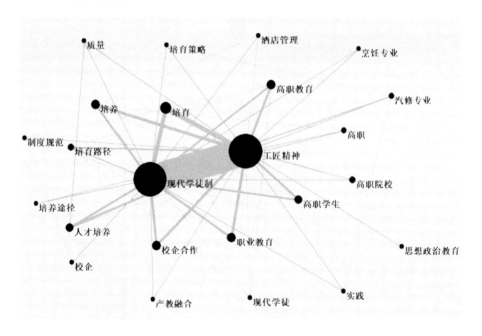

图 8-3　关键词共现网络知识图谱

❶ 王运锋，夏德宏，颜尧妹. 社会网络分析与可视化工具 NetDraw 的应用案例分析 [J]. 现代教育技术，2008（4）：85-89.

（四）研究总结与发展前瞻

1. 现代学徒制将成为工匠精神培育的一条有效路径

不论将工匠精神解读为一种敬畏职业、执着工作、极致产品的价值追求❶，还是质量第一、精益求精、挑战自我的内涵特征❷，终究要在职业教育中落地，现代学徒制为工匠精神在职业教育中落地提供了一条较为完备的实施路径。现代学徒制育人方式从单一的学校育人，改革为校企合作双主体育人，提倡产教融合，在"做中学"在"做中教"，这给工匠精神培育提供了最直接的土壤。现代学徒制从专业开发、课程建设、团队配备、设施保障到教学实施，再到评价反馈，有一整套教学制度规范育人过程，工匠精神培育需要同样的育人体制和制度规范。精益求精、矢志创新、追求卓越等工匠精神的关键内涵特性，对现代学徒制起到形而上的价值引领作用，而现代学徒制则是工匠精神形而下的一种有效实践方式。

2. 现代学徒制培育工匠精神从高职向其他教育层次辐射

在政府推动和政策引导下，高等职业教育作为职业教育典型代表最快做出积极响应，在教学实践中开始尝试将现代学徒制与工匠精神两者结合起来，成为现阶段两者耦合性研究的主力，并在培养途径、培育路径等方面提出了研究观点，如政府政策引领、学校将工匠精神融入教学过程、企业将工匠精神融入学徒培养等❸。但是作为教育层次中同样实践性很强的应用型本科教育和职业教育中的另一个层次中等职业教育，研究则相对滞后。

3. 现代学徒制培育工匠精神专业覆盖将更加广泛

企业在现代学徒制和工匠精神培育上起着至关重要的作用，现阶段两者结合研究基本都以"校企合作""产教融合"方式，但是企业种类繁多，不同类别的企业，校企联合育人路径、难度也不尽相同。从职业院校专业

---

❶ 李梦卿，杨秋月. 技能型人才培养与"工匠精神"培育的关联耦合研究［J］. 职教论坛，2016（16）：21－26.

❷ 孙伟，王子夺. 建筑行业视阈下"工匠精神"的内涵特质及培育进路［J］. 中国职业技术教育，2017（30）：109－112.

❸ 吴婷. 基于现代学徒制的"工匠精神"培育路径与载体构建［J］. 职业技术教育，2018，39（25）：18－23.

向度出发，目前"酒店管理""烹饪""汽修"等社会服务性专业最先将现代学徒制和工匠精神培育两者结合起来，并逐渐形成了行业介入、学徒制为载体、校企共同育人的实践经验，究其原因这些专业最贴近"人民美好生活需要"，驱动力最直接，而"质量""制造""创造"这些较为深层次的社会需求由于时间、难度等原因尚未触及。另外以现代学徒制培育学生工匠精神，目前停留在思想政治课程教育层面居多，课程体系，尤其是专业课程渗透不足。

第三节 职校工匠精神教育范式的实践策略

现代学徒制改革旨在打通教育世界和工作世界的壁垒，提高职业教育的人才培养质量；而重拾"工匠精神"也是对职业教育教育品格和教育质量的追求，落实到个体层面的"工匠精神"培育，就是对劳动者高尚的职业情操、高超的职业技能等综合素养的培育，这与职业学校人才培养模式改革的目标是相融相通的。在职业教育中融入"工匠精神"，将有助于解决目前人才培养中存在的技术与人文相割裂等问题，推进职业学校的教学诊断与改进工作，促进职业教育人才培养模式的改革，从而切实提升职业学校办学品质和办学质量。因此，工匠精神是引领现代职业教育改革发展的重要推手，同时现代学徒制也为当代工匠精神培育提供了有效载体。

如何通过现代学徒制人才培养模式改革，将工匠精神培育落实到实处呢？通过对大国工匠成长轨迹的剖析，结合职业学校教育实际，我们认为"实践·习得"是将现代学徒制改革和工匠精神培育有机结合的重要路径。以深度合作为关键词，全面推进现代学徒制改革，通过建设更全面的多方协同育人机制，培育浸润工匠精神的育人文化，帮助学生在学习生活的实践中体验职业素养规范，在习得的潜移默化中培育工匠精神。

一、深度合作：建设更全面的多方协同育人机制

（一）学徒制与工匠精神培育的高度契合

作为一种古老的技艺传授方式，学徒制曾经是人类知识传授的普遍形

式，人们广泛地应用"口传身授"和"观察训练"的方式传授语言行为能力、生存生活能力和专业技术能力，等等。追溯人类文明的演进，我们可以清晰地看到"学徒制式"下"工匠精神"在"石器文明""青铜文明""铁器文明""工业文明""电气文明"等时代的鲜明烙印及其所创造的辉煌成就。如果说"学徒制"为国家产业发展提供了基础性的制度设计保障，"工匠精神"则是支持国家技术技能保持领先及创新地位的重要内核动力，因此，学徒制与工匠精神培育高度契合，彼此成就。

在西方，"工匠精神"始终贯穿于学徒制教育。自古代"家庭学徒制"、中世纪"行会学徒制"以来，这种精神就成为一种近乎宗教的最高信仰❶，在各行各业中代代传承，并演绎成一种工作和生活的方式；一如德语中"职业（Beruf）"的词意——"天职"——涵盖伦理、操守、信仰等丰富意蕴。譬如，瑞士的"钟表匠"、荷兰的"王室供应商"、英国的"萨维尔街西装"等，都堪称工匠精神的典范并成为一种社会文化。这种精神及其文化依托与产业紧密结合的学徒制教育代代传承，衍生成为国家产业发展的不竭动力。到了近代，西方发达国家在推进"现代学徒制"或"新学徒制"改革时，依然普遍重视对"工匠精神"的传承，以促进职业教育人才培养的质量提升。

中国古代艺徒制度的本质也是匠人精神传承。应该说，"工匠精神"不是新名词，也并非舶来品，中国自古就是一个具有创新传统和工匠精神的国度。从巧夺天工的机械发明到惊艳千年的丝绸云锦，从严丝合缝的榫卯工艺到美伦美奂的亭台楼阁，从流光溢彩的中国瓷器到精妙绝伦的刺绣瑰宝……自古以来，追求卓越的工匠精神就一直流淌于我们中华民族的血脉之中。这种精神成就了古代匠人精湛的技艺，也成就了古代的"中国制造"。而这样一种精神得以传承的重要载体正是我国古代的艺徒制度。制度保障下的艺徒教育为当时的社会培育了大量的良工巧匠。以唐朝艺徒制为例，对学徒的甄选、训教以及出师条件等都有非常严格的规定。"工巧业作之子弟，一入工匠后，不得别入诸色"是对"职业忠诚"的约定；

---

❶　胡解旺. 现代学徒制需要培育"匠心精神"［N］. 中国教育报，2016－03－29（5）.

"细镂之工，教以四年"是对训教期限的规定。与此同时，学徒并不是学习期满就能"出师"的，需要接受一系列严格的考评，"四季以令丞试之，岁终以监试之，皆物勒工名"。"物勒工名"写下了古代工匠对职业的虔诚，代表着责任和担当，传承着匠心和技艺，成就了辉煌灿烂的古代科技文明。

综上，学徒制与"工匠精神"培育具有高度的契合性。在学徒制式下，工匠精神的"技""术""心"得以代代传承并发扬光大。现代学徒制是应对现代社会人才培养需求而提出的学徒制改革；作为培养技术技能人才的制度，它的成功推进同样须以培育"工匠精神"等职业精神为第一要义。

（二）深度合作，现代学徒制改革的必然要求

职业教育改革是系统工程，尤其对于中等职业教育而言，学校、企业和家庭都是不可或缺的教育主体。现代学徒制需要学校、政府、行业、企业和家庭多元协同，这里我们主要讨论校企家三方的合作。三者的"深度合作"是首要命题，也是关键性命题。要探索现代学徒制，校企家三方均需转变观念、更新理念，才有可能突破合作瓶颈，建立与现代学徒制教育理念相适配的长效合作机制。"深度"在此意寓"继承反思、整体构建"，"深度合作"是现代学徒制研究探索与实践行动突破的理念统领与战略选择，是有着共同利益诉求的校企家三方围绕合作主题的理念融合、方式统合和目标整合。

现代学徒制需要的是学校、企业与家庭等分别代表"教育世界"和"工作世界"的不同单元间的相互协同配合。其中，学校与企业是不同类型的组织，固然不同组织在同一社会中承担着各自的职责，但其中提升各自成员的素养、提高各自组织的效能，是双方共同的任务交集。而这样的任务交集与家庭希望子女成才的诉求也是一致的。三方的深度合作应当建立在相互尊重，互惠互利的基础上。合作各方应在充分清楚其各自社会职责、角色担当的基础上，围绕共同提升成员素养的任务，以充分平等对话、协商讨论的方式实现相互的支持、积极的配合、共同的努力、全面的提升以及成果的分享。

基于上述认识，"深度合作"应该有三个层次的合作或者也是三个方面的合作——"理解平等式合作""互惠有效式合作"及"文化自觉式合作"。"理解平等式合作"，是深刻明晰价值意义的合作，是尊重各自独立主体价值的合作；"互惠有效式合作"，是深刻明晰目标追求的合作，是以"专业对接产业"为纽带、以"人才培育"为原点的基于双方共同价值追求的合作；"文化自觉式合作"，是深刻明晰机制完善的合作、是基于"方式整合"、从"目标共合"走向"理念融合"的合作。

建立学校和企业稳定的合作关系并非一日之功。作为学校，应坚持探索灵活多样的合作形式，不断提升多方合作效益，才能增强企业和家庭参与办学的动力。现代学徒制的研究应通过对"深度合作"的深刻理解和全面实现，构建与现代技能人才培养相适配的多边合作运作机制与推进策略，实现教产的深度融合和有效互动，推进职业教育的改革创新和质量提升，并为加快构建具有中国特色的现代职业教育新模式奠定基础。

现代学徒制要求学校、企业和学徒（家长）签署三方协议，明晰各自的责、权、利。为实现深度合作，学校坚持主动加强与企业、家庭的沟通，以"学生成长"为纽带进一步明晰共同的价值取向和利益追求，构建教育共同体，建设完善多方协同育人模式。充分利用理事会、教学指导委员会、家长委员会等平台，积极开展三方联动参与的教育活动，如开设家长学校、举办劳模工匠进校园、教学开放周等活动。在家长学校中邀请现代学徒制合作企业到会，促进家庭教育观念的更新，帮助家长了解与专业成长相关的教育知识，明晰孩子专业成长前景，为孩子专业发展营造适宜的家庭教育环境。学校教学开放周邀请企业代表和学生家长走进学校、走进教室，促进三方的沟通合作，展示教学改革成果和学生发展情况，听取企业和家长的教学改革建议。在深度合作的协议框架下，企业和家庭的教育主体地位更为凸显，他们在参与活动中真切感受到学生的全面成长，将极大提高参与教育的积极性和获得感。

二、深度关照，建立全方位的"五位"育人体系

实境育人，是现代学徒制的鲜明特征。在现代学徒制改革中，我们应

将"实践"作为学生工匠精神培育的逻辑主线，通过创设教育实践活动有意识地培育学生"专注坚持、一丝不苟、精益求精"等精神品质。在校企家深度合作的基础上，我们遵循"关爱生命成长—关注学习生活—关联职业生涯"主线，围绕学生成长场域确立了"学位""工位""餐位""寝位""岗位"等五个教育实践活动的关键点，全面关照学生在学习、生活和工作不同场景中的"角色成长"。以无锡机电高等职业技术学校为例（以下简称无锡机电高职校），学校以"五位实践"为载体，围绕学生工匠精神培育目标体系，系统设计培育学生工匠精神的教育实践活动，构建融入学生工匠精神培育的课程体系和实践活动。

（一）优化模式，构建实践育人体系

学校坚持以"实践育人"理念关照学生素养培育，突出五位"实践"养成，构建整体性、系统化的教育活动，引导学生围绕"工匠精神"培育自主发展。

首先是成长目标引领，通过"我优秀""我能行""我负责""我帮你"的四我目标引导学生将高远的"工匠精神"化为自身成长可达到的目标，关爱学生生命成长。"我优秀"鼓励学生树立信心，以高远志向主动选择"优秀"；"我能行"倡导学生积极作为，以实际行动努力培养"优秀"；"我负责"要求学生敢于担当，以责任意识积极践行"优秀"；"我帮你"教育学生乐于互助，在团队成长中携手成就"优秀"。

其次是"五位"实践养成。通过"学位""工位""餐位""寝位""岗位"学生生活的五位，全面关照学生在学习、生活和工作不同场景中的"角色成长"，使培育落到实处，融教育于行动，引导学生在实践活动中收获成长。"学位""工位"关注"学习者"角色，侧重培育人文底蕴和技术技能；"餐位""寝位"关注"社会人"角色，重在培育公民基本素养和生活能力；"岗位"关注学生"准职业人"身份，包括学校提供给学生锻炼的管理或执勤岗位等，也包括企业提供的实习岗位，重点培育学生的敬业精神和职业能力。

最后是"7S"评价激励，"习惯养成"涵育良好职业素养。通过评价激励引导学生在实践活动中涵养行为习惯、在习惯养成中涵育良好素养。

借鉴企业"7S"管理，构建可操作可考评的五位发展评价体系，将素养发展目标转化为学生日常学习生活的行为规范，以良好习惯培育良好素养。

（二）做评结合，习惯养成培育工匠精神

国外发达国家在推进现代学徒制改革的过程中，注重依据"行业标准"将传承和发扬工匠精神以制度准则的方式纳入人才培养框架中，对学徒制的培训内容、培训方式、培训标准等进行明确规定，以标准制定培育"工匠精神"。如德国双元制培训体系的"职业培训条例""框架教学计划"缔造了德国制造的"七圈半精神"。澳大利亚创建了国家资格框架，对学徒的职业素养培养要求都提出了具体标准，以促进工匠精神培育的有效落实。瑞士的"三元制"、英国的"青年训练计划"，也均为工匠精神的传承和现代学徒制的发展提供了制度保障和参考标准。借鉴上述经验，我们在教育改革中，不妨通过标准研制将工匠精神培育要求转换为"可知、可做、可评"的行动指南，帮助学生在习惯养成中形成良好素养。

以无锡机电高职校为例，借鉴"7S"管理理念，围绕"五位实践"构建"可知、可做、可评"的学生成长评价体系，促进管理评价与教育实践有机融合。"7S"源于企业对生产现场的管理理念，包括"整理、整顿、清扫、清洁、素养、安全、节约"，其核心指向"素养养成"。"7S"管理将教育实践活动赋予了"工作色彩"，强化了学生职业意识和责任意识，将工匠精神培育的要求进一步显性化、目标化、可执行化。

校企家协同构建发展性评价体系。依据"五位发展目标"，构建序列化的"五位实践小目标"，设计与"五位发展"相对应的"7S"活动实施方案及评价标准，将培育要求转换为"可知、可做、可评"的每日行动指南（见表 8 - 2）。

表 8 - 2　无锡机电高职校学生五位发展公约

五位目标	五位发展公约
学位　乐学善学　勤钻研	1. 志学：主动了解专业，制订学习计划 2. 会学：培养良好习惯，学习认真专注 3. 乐学：积极培养专长，融入社团活动 4. 善学：领悟学习方法，讲求学用结合 5. 恒学：坚持终身学习，健体魄增学识

续表

五位目标	五位发展公约
工位　爱岗规范 精技能	1. 爱岗：积极了解专业，规划专业成长 2. 规范：提高安全意识，遵守工位章程 3. 熟练：熟练操作流程，团队协作提升 4. 责任：加强环保意识，追求产品质量 5. 创新：精炼专业技能，勇于挑战创新
餐位　勤俭自律 讲礼仪	1. 勤俭：爱惜粮食资源，践行光盘行动 2. 自律：科学合理饮食，遵守就餐秩序 3. 文明：安静有序就餐，及时送返餐具 4. 优雅：注重用餐礼仪，尊重服务人员 5. 能力：学习生活技能，培养自理能力
寝位　文明友爱 育涵养	1. 自立：生活打理自立，物品摆放有序 2. 净美：寝室卫生洁净，环境美化到位 3. 友爱：同学关心照应，友爱互助和谐 4. 文雅：举止得体大方，人人文明礼貌 5. 幸福：生活习惯良好，追求向善向美
岗位　敬业乐群 勇担当	1. 爱岗：热爱工作岗位，积极履职尽责 2. 敬业：树立职业理想，做事恪尽职守 3. 乐群：培养集体观念，主动融入团队 4. 担当：敢于担当责任，忠诚守信有为 5. 奉献：乐于服务奉献，提升自身价值

以"工位"为例，学生"工位"发展的目标是"爱岗规范精技能"，设计了从"热爱"到"规范"、从"规范"到"熟练"、从"熟练"到"创新"的工匠精神培育路径（见表8-3）。在"工位"培养中以学校和企业的协同教育为主，同时也融入家庭教育。在"工位"成长的启蒙阶段，要求学生向家长汇报专业，并制订技能成长计划；在此后的各学习阶段，学校通过定期举办技能节等活动，向企业和家长展示学生技能成长情况，协同规划成长路径。家庭的关注和认同是学生成长的重要支持，家校互动有效激发了学生的专业成长积极性。

表 8 - 3　无锡机电高职校学生工位实践目标

发展目标	序列目标	实践小目标
爱岗规范 精技能	爱岗	1. 热爱：制作简报，向父母宣传专业
		2. 立志：结对师傅，制订技能成长计划
	规范	3. 知规：知晓规范，熟记工位"7S"标准
		4. 守章：遵守规范，执行工位"7S"标准
	安全	5. 知晓：强化意识，明确安全职责
		6. 应对：排除隐患，学习应急办法
	熟练	7. 勤练：团结协作，操作技能达标
		8. 精技：磨炼技能，争做工位能手
	责任	9. 环保：爱护设备，节约工作耗材
		10. 质量：精益求精，争做工位标兵
	创新	11. 应用：结合专业，探索技术应用
		12. 突破：大胆探究，挑战科技创新

学校在"学生五位发展公约"及优秀学生评选量表的基础上，结合专业人才培养目标，编制了《"五位发展"学生成长手册》。手册包含学校"校训、三风解读""学生五位发展公约""学生五位发展评价量化表""学生五位发展加分项参考标准"等内容，以多维视角全面动态地记录学生在工匠精神培育中的成长过程，以学生行为表现、意志品质、职业态度和成长进步为依据，以"技术创新""公益服务"和"团队发展"为加分指标，将学生自评与家长、班主任、企业导师评价有机结合，通过可视化的评价标准对学生发展进行多元考核，导航学生职业素养提升和全面发展，促进学生在"理解感知—对照行动—评价调节—改进完善—内化提升"的过程中主动发展、体验成长。

（三）课程重构，建设职教特色课程

学校尝试构建融合学生工匠精神培育要素的课程体系，梳理各门课程与工匠精神培育的结合点，力求将学生工匠精神培育融入学校教育教学全过程。学校各专业在开展行业人才素质需求调研的基础上，根据行业所需的专业技能和工匠精神，修订完善包含学生工匠精神培育内容的专业人才培养方案及教学计划。同时，按年级设计培育学生工匠精神的系列活动。

一、二年级在开展专业基础课程教学活动的同时，着力推行学生行为习惯养成活动，让学生感悟学习工匠精神；三、四年级在强化学生专业技能的同时，开展系列社会实践活动，让学生体验践行工匠精神；五年级在提升学生专业技能的同时，走进企业，走上岗位，为学生提供实践内化工匠精神的工作平台。

其一，专业课教学方面。引入企业资源，开设"渐进式"企业岗位专项模块课程和职业体验活动课程，按年级逐步推进专业课程实战化，有序安排企业体验日、企业见习周、工学结合、顶岗实习等，逐步提升学生的职业认同、职业信念和职业能力。聘请企业能工巧匠担任学徒师傅，让学生以学徒身份走进工匠大师们的工作场所，感受现代工匠的真实生活和具体工作。试点中，企业师傅在各个生产环节的实践训练中指导和培养学生"学徒"，着重培养他们严谨专注、精益求精的品质。通过校企深度合作，学校专业课程的教学不仅提升了学生的专业技能，而且对其价值观进行塑造培育，引导他们树立精益求精、追求完美的职业态度，使之真正成为有"工匠精神"的高素质技术技能人才。

其二，公共基础课教学。在文化基础课教学中也进行相应改革，力求经由课程教学营造让学生接触、体验、学习工匠精神的"生活"。如思政教研室在深刻领会学生工匠精神培育重要性的基础上，将当代工匠精神作为学生职业精神培育的重要内容纳入教学过程中。而语文教研室则在梳理挖掘与语文课程相关的工匠精神的基础上，力求由学科体系的语文教学模式转向与专业相结合、富有职教特色的职校语文教学。通过开展阅读工匠传记、聆听工匠讲座、采写工匠故事等语文综合实践活动有效锻炼提升学生的语用能力与精神品质。

其三，开设"洒扫应对"劳动礼仪教育课程，开发学生读本。劳动礼仪教育课程学时为 1 周，学分为 2 分，内容包括礼仪课、岗位执勤保洁、学校活动服务等。编著开发了以弘扬培育工匠精神为主题的学生素养养成教育读本《"位""我"喝彩：让优秀成为习惯》。读本采撷了职校学生成长的鲜活案例，以校园中的"成长故事"为主线，配合设计"话题讨论""心理测试""笃行致远"等内容，生动阐释了"五位"发展。同时编印学生读本《培育工匠精神：成就更好的自己》，全书以大国工匠和身边的工匠事迹为主线，力求通过对实践案例的剖析，探寻工匠精神培育的成长路径，引导学生在阅读中认识、学习并践行"工匠精神"。两本读本均贴近学生实际，力求以生动恰切的表述对如何在行动中培育工匠精神进行解读阐释，引导学生在实践活动中立品做人、收获成长。

（四）活动创设，拓展素养教育阵地

积极探索融合工匠精神培育的实践教育活动体系，重点强调丰富活动内涵、提高活动品质。通过组织开展各类富含工匠精神元素的学生活动，营造学校学习工匠精神的浓郁氛围，构建学校学生工匠精神培育的有效阵地。通过大型主题活动，激发学生工匠情怀，培育学生理想信念；通过社团活动，提升学生能力和才干，增强学生奉献意识和服务社会能力。

其一，精心策划大型主题活动，培育学生理想信念。2016 年 6 月 4 日，承办"向工匠致敬——江苏省名书画家'工匠精神'主题书画作品进校园巡展活动"；观展师生既领略到中华传统文化的博大精深，也感受到艺术家精益求精和道技合一的工匠精神。2017 年 6 月 16 日，承办由教育部关心下一代工作委员会、中华全国总工会宣教部联合主办的"大国工匠进校园"活动总结部署会，活动主题为"弘扬工匠精神 提升职业素养"。来自中国船舶重工集团七○二研究所水下工程研究开发部职工、蛟龙号首载人潜水器首席装配钳工技师顾秋亮，中航工业西飞公司首席技能专家、高级钣金工、高级技师李世锋两位大国工匠进行了现场展示。他们还与学校师生进行了面对面互动交流，讲述自身敬业、精业、奉献的事迹，传授做人学艺的经验和体会，激励师生爱岗敬业、精益求精、报国奉献。2018 年 10 月 12 日，承办无锡市大中专院校"传承工商精神 推进创新创业"对话无锡企业家报告会。学生通过与优秀企业家的面对面交流，深刻感悟到他们身上的家国情怀和工匠精神，从而进一步激励理想信念、激发成长动力。

其二，依托社团活动，培养学生才干。学校紧跟地方经济发展步伐，组织学生主动参与全国职业院校技能大赛、江苏省职业院校技能大赛、江苏省职业院校创新大赛等重大活动的志愿服务工作，在活动中增强学生奉

献意识和服务社会能力。鼓励并吸纳有创新创意想法的同学加入科技创新社团，借助各级各类创新比赛，建设创新微工坊，培育学生创新能力及工匠精神。学校还依托专业优势，组建多支团队深入企业、社区，开展技术服务、职业体验等活动，将以弘扬工匠精神为主旨的教育活动延伸到了校内外实践的诸多方面。

三、深度育人，培育浸润工匠精神的育人文化

工匠精神的培育需要假以时日，需要潜移默化的浸透熏染过程，需要"润物细无声""内化于心，外化于行""桃李不言，下自成蹊"等浸润式的职校育人文化，需要深耕适合"工匠精神"生根发芽的学校文化土壤。

（一）完善制度机制文化以涵养工匠精神

制度机制是学校文化的一个重要组成部分。工匠精神的培育不是一蹴而就的事，它必然是职业学校必须长期坚持坚守的既日常烦琐又艰巨难竟的战略任务，只有全面优化并完善健全相关制度机制的建设，工匠精神的涵养培育常态化才能得到保障。为此，我们首先要认真思考，要从职业教育的内在规律要求出发，认识到"工匠精神"在职业教育中的重要性和它对社会经济转型的价值，以工匠精神的养成为核心做好制度及相关顶层设计，愿景目标和长期规划等都要围绕培育工匠精神这一重中之重来进行；其次要根据这些大小目标和远近规划出台新的规章制度，完善旧的条例规定，从组织机构、经费配套、人员分工、调配管理、应急机制等各个方面使工匠精神的培育更加规范化，让职业学校在培育工匠精神方面有范可循，从而促进工匠精神养成这一职校精神文化核心目标的达成。最后，要构建出台长效可操作的工匠精神养成机制，进一步完善养成工匠精神的激励机制，以调动学校教职工积极投身到培育学生工匠精神的事业中来，把涵养工匠精神落实到日常教学的每个环节。

以无锡机电高职校为例，学校从学生成长成才的规律出发，以立德树人为中心，以学生"工匠精神"培育为抓手和载体，强化部门协同管理，将学校各个规章制度的推行与学生成长的需求紧密结合。同时突出问题导向，注重制度"落地"，形成具有职业学校特色的"学生综合职业素养培

育实施方案""学生五位发展实践方案"等系列制度办法，并以诊断与改进的理念不断修订，使学生工匠精神培育有规可依、有章可循，为学生的成长成才提供更好保障。

（二）优化日常教学文化以渗透工匠精神

师生日常的教学活动是职校文化最重要的组成部分。工匠精神培育是一种深层次的精神渗透与心灵净化教育，仅停留在理论知识的教授层面远远不够，必须要根植于师生的心灵深处，贯穿到师生的职业理念养成，职业道德品质形成、职业理想和人格熏陶等各个方面。因此，要优化日常教学活动全方位渗透工匠精神。首先，要以培育工匠精神为核心设置学校课程进行教学活动：思想政治理论课教学是渗透工匠精神的主阵地，在这里，工匠精神的培养和学生核心素养的养成诸如马列主义世界观、人生观，社会主义公民的核心价值观，科学的劳动观，正确的职业道德等有机结合起来，共同帮助学生树立高尚的职业理想与信念，帮助他们了解职业，热爱技术，干一行，爱一行，专一行，增强职业自信心和荣誉感；增设人文类的选修课如《大国工匠》《非遗欣赏》《世界 500 强企业文化》等，用榜样的力量引领职校生踏着这些优秀工匠、非遗传承人、著名企业家等的成长脚步，把工匠精神贯穿到日常学习劳动生活中，养成习惯并毕生践行；广泛开展心理辅导，把工匠精神的核心"匠心"这种优秀的心理品质内化为职校学生必具的心理品质。让他们能虚心学习，细心行事、一生做好一件事、有恒心、不怕失败、勇于创新、有进取心等；各专业课和文化课教学也是渗透工匠精神的好场所，好机会。专业课程教学可结合相关专业的职业道德和行业规则，文化课教学亦可结合本专业领域的佼佼者，如在体育课可引入学生喜欢的球星数十年如一日的苦练精技，美术课可介绍达芬奇画蛋、梵高生前穷困潦倒的事迹，教育学生要为所热爱的事业坐得十年冷板凳的坚守，化学课有居里夫人，数学课有华罗庚，等等。巧设工匠文化，学生在学习过程中就下意识地就把这些榜样演绎出的工匠精神内化为自己工作生活的习惯，最终成为德技齐备的职业工匠。

而在学校另一教学活动的主阵地——实训基地和实习工厂，以现代学徒制为基础，师徒同做同练，在日常实践中勤学苦练掌握实用技能，精益求精磨炼工匠意志，不断革新进步中增强创新能力，不放过任何一个小误差，不达目的不罢休中养成工匠精神。与企业深度合作，在实习企业中有自己的工位职责，有对自己手口相传的师傅，手把手肩并肩一起学习共同生产的同时，师傅严谨克职、一丝不苟的行为也日益成为视其为父母长辈的徒弟们身体力行的工作方式；另外，有专业特色的高水平专业技能实训基地也是很好地落实现代学徒制养成工匠精神的有效场所，在这里，学生可以接受严格的技能训练，养成在产品中投入自己个性，绝不放过一个瑕疵的工匠作风，形成数年如一日，不浮躁弃功利的工匠毅力；此外，职业学校还要积极投身于创新创业的大潮中来，主动寻求并推行政产学研合作，以赛促学，搭建各种平台，在校园内外建设学生创新创业孵化基地，鼓励和指导师生创新创业等。

（三）健全职校文化生态以浸润工匠精神

文化的本质功能是"以文化人"。职校生工匠精神的养成和加入大国工匠行列离不开周围工匠文化的浸润熏染和"润人细无声"。因此，学校应在原有校园文化的基础上，以"工匠精神"培育为主线，进一步推进学校物质文化、制度文化和精神文化的建设，优化学生成长环境，营造培育学生工匠精神的文化场。

学校物质文化建设。紧扣学生工匠精神培育，精心设计校园环境的空间布局和艺术景观；围绕"工匠精神"命名教学楼（致用楼、致远楼）、办公楼（敬业楼），并在校园布展学校技能大师、技能金牌学生等宣传海报栏。引企入校，共建共享文化环境，将优秀企业文化融入学校文化建设；深化推进现代学徒制试点工作，建设生产性实训基地、研发中心以及智慧实训车间等。学校还借助校园网络、微信公众号等现代化信息平台大力宣传工匠精神。在线上、线下一样浓郁的校园工匠文化氛围中，学生的职业能力、职业素养、劳动情感与创新意识获得全面提升。

学校优良师风文化建设。"学高为师，身正学范"，教师的垂范作用对学生的影响极其重要。教师群体作为学生在学校学习生活的主要指导者，必然是校园文化生态的重要组成部分。因此，学生工匠精神的养成离不开教师的引领与示范。优秀的教师，除了具备渊博的知识、扎实的教学基本功和过人的人格魅力外，还应有爱生如子、勤勉、好中求好的工匠精神。亲其师，则信其道；信其道，则循其步。没有教师的言传身教，以身作则，培育学生的工匠精神便无从谈起。因此，教师首先要培养自己爱岗敬业、严于律己、精益求精的"工匠精神"，在师生共同成长的实践中，要以"工匠精神"培育为抓手和载体，与学生共同进步，一起育"匠心"，铸"匠魂"。

学校精神文化建设。无锡机电高职校围绕工匠精神、传统文化、地方文化、职业文化、工业文化等主题，邀请大国工匠、职业指导培训师、全国劳动模范、国家职业院校技能大赛金牌选手等走进校园、走上讲台，通过现身说法、现场指点，让学生感受工匠精神、理解工匠精神、学习工匠精神。依托"文明风采大赛"，组织学生围绕工匠精神进行征文、演讲、职业规划活动，表达践行工匠精神的思考和行动。学校还组织学生走进著名无锡籍实业家唐君远纪念室、唐翔千纪念室、铁姆肯公司等进行社会实践。如此，与工匠精神一脉相承的"爱国敬业、无私奉献"的君远精神、"敢创人先、坚韧刚毅、崇德厚生、实业报国"的锡商精神，以及"诚信勤韧"的学校校训则悄然融入学生的脑海和血液。

本章小结

培育祖国未来的大国工匠，职业教育任重而道远。工匠精神培育的难点主要在于其具有默会知识性。我们不妨依托积极职业教育理论，思考如何通过积极的、具体的教育情境创设发挥人的主观能动性，提高教育效能。学徒制与工匠精神培育具有高度的契合性。学徒制的本质是"做中学"，是一种基于工作过程从而在行动中改进潜在的教育和学习方式。在学徒制式下，工匠精神的"技""术""心"得以代代传承并发扬光大。工匠精神是引领现代职业教育改革发展的重要推手；同时现代学徒制也为当代工匠精神培育提供有效载体。无锡机电高等职业技术学校通过对大国工匠成长轨迹的剖析，结合职业学校教育实际，提出"实践·习得"是将现代学徒制改革和工匠精神培育有机结合的重要路径。学校以"深度合作"为关键词，全面推进现代学徒制改革，通过建设更全面的多方协同育人机制，培育浸润工匠精神的育人文化，帮助学生在学习生活的实践中体验素养规范、在实践习得的潜移默化中培育工匠精神。

（无锡机电高等职业技术学校　成洁　杨劲平　曾海娟）

职校积极职业安全健康教育范式的实践建构

党的十九大报告提出要树立安全发展理念，弘扬生命至上、安全第一的思想，健全公共安全体系，完善安全生产责任制，坚决遏制特重特大安全事故，提升防灾减灾救灾能力。职业安全健康问题已经对整个社会敲响了警钟，但有调研发现，90%以上的职业院校对职业安全健康教育不够重视，公民的职业安全健康意识和职业安全技能现状更是堪忧，而这一问题的解决还是归根于教育。必须建构积极的职业安全健康教育范式，开展积极的职业安全健康教育，以提高学生的职业安全健康防护意识，使学生能够从"被动抵御"变为"主动防御"。

第一节　职校积极职业安全健康教育范式的实践意蕴

一、积极职业安全健康教育范式的内涵

"范式"这一概念最初由美国著名科学哲学家托马斯·库恩提出，它指的是一种公认的模型或模式。"范式"起先应用于科学结构领域，后来被广泛应用于包括科学、哲学、教育、科学史等几乎所有学科中。库恩的观点是，"范式"由科学界成员共享，是科学研究者这个群体所共有的观

念和模式，衍生至教育"范式"中即为教学相关的教育概念和教育模式的统一。

第二次世界大战后，随着工业化进程的加快，西方国家急需一批具有初中或高中文化程度、又有一定技术应用能力的人才，这样，一种新型的教育类型应运而生，并得到了快速发展，这就是职业教育。在实用主义等哲学思潮的影响下，职业教育更加注重国家的改革，集体利益的追求和社会经济的发展，对个别学生的需求关注较少。从职业教育的教育理念到教育模式、从专业设置到培养方案、从课程的大纲到课程的教材、再到教师的教案到课件设计等方面职业教育似乎从未尽到过维护个体需求的责任。职业院校教学也只是以就业为导向，根据企业所需人才培养相应的技术技能人员，从教育成果来看，职业教育已成为经济社会发展的手段。因此，职业教育教学范式应根据社会经济发展与人的发展和教育理论知识的认识变化而不断更迭变化。积极的职业安全健康范式应关注个人职业的可持续发展而不是就业本身。在职业安全健康课程中，以培养技术应用型专门人才为目的，与社会经济发展紧密结合，对学生无条件积极关注，注重学生内在潜能的发挥，多鼓励，多支持；以人的发展为基本出发点，彰显对个人内在需求的关怀，保障个体接受职业安全健康教育的综合性，追寻个体的完整发展，建立以教师为主导、学生为主体的教学关系。

职业教育所谓的"积极范式"是以人为本的教育范式，正确地贯彻和运用马克思主义关于人性、需要和发展的理论，将历史与现实交织在一起，改进和更新现实的职业教育。

积极教育是指以学生的外在和潜在的积极力量为出发点，以提升积极的学生体验为主要途径，最终实现积极的个人和集体人格的教育。❶ 积极教育是以学生的需要为基础，从技能、态度、行为、沟通方式等方面加强教育，以提高学生的自尊、耐心、尊重他人、关心环境等积极素质为目标，鼓励和促进个人的发展。积极教育的核心价值观是每个人都可以学习并取得成功，无论年龄或生活条件如何，重视和尊重每个人在文化、年

---

❶ 崔景贵. 积极职业教育范式的基本理念与建构策略 [J]. 教育研究，2015（6）：64-69.

龄、生活条件等方面的个人特征。教育的功能是让所有人充分发挥潜力，过上幸福的生活；通过教育过程的积极举措实现培养学生积极人格品质和人生态度。而积极职业教育是以积极、和谐和发展为取向，有目的、有计划地增进职业院校学生素质与幸福感的现代职业教育理论和实践体系。积极职业教育范式是一种现代职业教育的指导思想和建设理念，是一种科学的职业教育思潮和系统的职业教育模式。追寻积极职业安全健康，就是要为中国职教改革创新资鉴，为职业院校学生幸福人生做奠基，建构中国职业安全健康现代化进程中的积极范式。

伴随国家职业教育现代化的实现，职业教育现代化的积极范式研究也日趋走向成熟，积极职业教育是现代职业教育改革创新的一种新范式，意在挖掘每个学生的闪光点，让每个学生都有自我实现的方向，为职业院校学生幸福人生奠基，为职业院校教师专业持续发展铺路。而职业安全健康的内涵中一方面保障生命安全，一方面注重生命健康，是以保障从业者在职业活动中的安全与健康为目的，在工作领域及在法律、技术、设备、组织制度和教育等方面所采取的相应措施。职业安全健康教育是职业院校立德树人的重要体现，以保障生命健康安全为理念，是人在职业生活等方面的重中之重。因此，积极职业安全健康教育在职业教育改革中，肩负着推动现代职业教育积极发展的时代重任和历史使命，必将会在职业教育改革创新实践中茁壮成长。我们要树立为积极而教的理念，深刻理解现代职业教育改革创新的时代意蕴，基于改革创新视角理性认识积极职业安全健康与职业院校学生发展的关系，反思消极职业教育，自觉系统推进职业教育改革创新实践，着力科学建构追求卓越，富有中国特色、气派和风格的积极职业安全健康教育范式。

安全健康是生活上的不可或缺者，更是社会进步、增进生活品质的必要条件。积极推进职业安全健康教育，不仅为我国职业教育改革创新奠定基础，还为职业院校学生幸福生活奠定了基础。从总体上来说，积极的职业安全与健康教育引领和促进现代职业安全健康的创新与发展。必须科学构建职业教育现代化进程中的积极范式。追寻积极职业安全健康教育范式，要积极认识和理性看待职业院校学生、职业教育与职业院校学生心理发展的关系，树立人性化的教育价值观、人本化的教育过程观和人格化的教育评价观。全方位育人的系统工程、模式建构的创新过程和追求卓越的发展进程是建构积极职业安全健康范式的基本策略。

积极职业安全健康范式是在积极职业教育范式视域下，具体化到职业安全健康教育中，重视个体职业安全健康，构建以积极、和谐为发展取向，以学生的潜能开发为目的，对学生积极关注，以人的多元发展为基点，挖掘人的内在价值和内在潜能，尊重知识、崇尚技能、生成素养，着眼终身学习，使教育回归本然。以达到在教育中化学生的被动吸收知识为主动学习体验，变"要我安全"到"我要安全"。

理性建构积极职业安全健康范式，就是要科学理解积极职业教育的深厚意蕴，做到不公式、不形式、不程式。也就是不针对具体情况而死板地根据某种固定方式处理教育问题；不将职业安全健康"否定一切、告别过去"；不将积极职业安全健康的过程"形式化"，教育过程流于表面热闹而没有取得实效；不将职业安全健康"程式化"，不是按照规定的公式步骤去做教育评价，墨守成规而缺失灵活性；理性建构积极职业安全健康教育范式，是发展关于现代职业安全健康教育的科学共同体，在职业安全健康教育内容、方式、目标和路径上开展广泛持续的交流和对话，共同深入探讨职业安全健康教育改革创新与科学发展之路，致力于追求加快发展体现积极取向、具有积极立场和彰显积极气派的现代职业安全健康。学习借鉴当今世界职业安全健康教育研究成果，用中国的理论研究和话语体系解读中国职业安全健康教育改革实践、中国职业安全健康教育发展道路，不断概括出理论联系实际的、开放融通的新概念、新范畴、新表述，打造富有中国特色的积极职业安全健康教育学术话语体系，科学建构中国职业安全健康教育现代化进程中的积极范式，这是我国职业安全健康教育理论界和学术界面临的重大而紧迫的时代课题。

二、积极职业安全健康教育范式的思想渊源

理论是进一步实践探索的基础，没有理论的支持一切行动研究将显得苍白，没有意义。职校构建职业安全健康教育协同创新机构，相关思想能

够提供有力的理论支持。

（一）人本主义理论

人本主义心理学是 20 世纪五六十年代在美国兴起的一种心理学思潮，其主要代表人物是马斯洛（A. Maslow）和罗杰斯（C. R. Rogers）。人本主义的学习与教学观深刻地影响了世界范围内的教育改革，是 20 世纪三大教学运动之一。

人本主义教学论认为，教育的根本价值是实现人的潜能和满足人的需要。他们认为，结构主义教学论着眼于对培养社会精英和科技精英目的追求，导致了人的"畸形化"，迷失了人的价值的实现。因此，教学理论必须以人的需要为基点确立新的教育价值观。人本主义教学论指出，人是具有心理潜能的，潜能的实现具有内在的倾向性；需要是潜能的自然表现，潜能是价值的基础，需要表现价值。所以，教学的教育价值就是实现人的潜能和满足人的需要。

马斯洛于 20 世纪中叶提出需要层次理论，根据需要出现的先后及强弱顺序，马斯洛把需要归纳为五个基本的层次，即生理需要、安全需要、归属与爱的需要、尊重需要、自我实现的需要。自我实现需要由低到高又可以分为：认知需要、审美需要和自我创造需要。马斯洛需要层次理论认为，只有较低层次的需要得到基本的满足，较高层次的需要才会出现；层次越低的需要出现得越早，层次越高的需要出现得越晚；成长需要永远得不到满足。需要层次理论说明：在某种程度上学生缺乏学习动机可能是因为他们的一些低层次需要（爱和自尊）未得到充分满足，这或许正是学生缺乏学习动机的主要障碍（学生厌学、产生问题行为等问题）。作为教师要想激发学生的学习动机，那么就得先满足学生的低层次需要，如需要多关心爱护学生，增加沟通和交流，以促进每个学生全面和个性发展。

人本主义提出，教育的目的是培养人格健全，和谐发展和获得自由的"完整人"。这样的完整人，首先是多种多样的潜能得以发挥，表现为各个层次的需要得以和谐实现；其次是情感发展和认知发展的和谐统一，包括认知、理智和行为的发展。

卡尔·罗杰斯也是美国当代著名的人本主义心理学家之一，他的教育思想对国外 20 世纪六七十年代的教育改革运动产生了较为深刻的影响。罗杰斯根据自我学说理论，形成了一种用于促成个体自我实现的教学策略——非指导性教学。非指导性教学是"以学生为本""让学生自发学习""排除对学习者自身的威胁"的教育。所谓"非指导性"教学模式，是指教师不是直接地教学生，而是一切以学生的经验为中心，鼓励学生自发地、主动地学习。❶

因此，一切以学生为中心，对职校学生进行积极关注，力求发掘职业学生潜能，关心职校学生的职业安全健康，为他们营造安全的职业环境，培养他们健康安全的"心理环境"或内在的安全感是非常急需和必要的。

（二）责任关怀理念

从 20 世纪 80 年代起，国际上化工企业纷纷开始推行"责任关怀"企业理念，到现在这一理念已越来越受到各行各业工作人员的认可。

责任关怀（Responsible Care）是化工企业自发倡导的一种行动，是化工企业在不断为人类社会发展提供产品的同时，还自愿地为人类社会的可持续发展承担责任，也借此提高化工企业的运行标准并赢得公众的信任，其内涵是全球化学工业自发就健康安全及环境等方面不断改善绩效的行为。

"责任关怀"是企业与职业人自发引起的自律行为，不存在任何组织与法律法规的强迫。责任关怀主要体现在健康、安全和环保三个方面的表现。实施责任关怀的企业，应充分意识到自己将要进行与正在进行的项目是否会影响到附近社区、社会公众，员工及公共环境。如果有不良的影响，则应该尽可能减少这方面的影响，如不能减少影响，应该就项目工作做出及时调整与修正，甚至放弃此项目，另寻其他途径。

职校应将责任关怀教育融入学校教学中，围绕对学生的责任关怀开设职业安全健康课程，开展以关注职业学生为内涵的责任关怀教育主题宣传活动和社会实践活动，积极发挥学生社团在培养学生职业素质中的作用，积极关注职校学生，将关怀素质教育贯穿学生在校的教学生活各环节。

---

❶ 皮连生. 学与教的心理学［M］. 上海：华东师范大学出版社，2003.12

（三）诺丁斯关怀生命理论

关怀伦理学兴起于20世纪70年代末80年代初的美国，经过20多年的发展，已成为汇聚众多学者和著作的重要伦理学流派，其中，理论最具深度和最为系统的当推美国教育家内尔·诺丁斯（Nel Noddings）的以关怀为核心的道德教育理论。诺丁斯认为，所有的教育行为、过程与方法都应具有道德性，即关怀性，否则不称其为教育。教育中关怀者的行动目的就是要维持并增进自己与所交往者之间的关怀性关系。诺丁斯以关怀为核心的这种教育精神，强调尊重学生，把关怀深刻地建立在教育者与受教育者相互理解及民主和尊严的基础上。

生命教育的最终目的是要培养学生关爱生命、尊重个体生命、珍爱个体生命、敬畏个体生命的意识。生命意识的对象是人，是一种综合了人的感性与理性的认知。人类要获得可持续发展，必须从诸类不同思想中汲取生命文化的精髓，建构个体的生命意识，并尊重他人的意识。

（四）事故致因理论——人为因素理论

"人为因素"是指与人相关的任何因素，人为因素理论认为事故链的根本原因是人为错误，导致人为错误的主要因素有：超负荷、不恰当的反应、不适当的活动。

超负荷实际上是人在特定时间的能力和特定情形下正负载压力之间的不平衡。一个人的能力是他的本能、培训、心态、劳累、压力和身体状况的综合表现。一个人所承载的压力包括他所负责的工作任务，以及来自环境因素（噪声、干扰等）、内部因素（个人问题、情绪压力和担心）和信息因素（风险水平、不清晰的指令等）所增加的负担。一个人表现的行为状态由他的激励和唤醒水平决定，在教育中，教会学生积极关注自我，以防止自我在工作中出现超负荷情况及其带来职业安全健康危害。

不恰当的反应和不协调是指一个人对特定状况的反应方式可以引起或预防事故的发生。如果一个人发现了危险情况，但是没有采取补救措施，他的反应就是不恰当的。如果一个人为了增加产量而移除机器的安全防护设施，他的行为是不恰当的。如果一个人忽略安全程序，他的行为也是不恰当的。这样的行为和反应都能引起事故的发生。除了不恰当的反应，这部分还包括工作中的不协调，如从业者能力与岗位的不协调、机器和员工操作技能的不协调等。

不适当的活动会导致人为错误，不适当的活动可以一个人从事一项工作，但是他却不知道如何操作。也可以是一个人对于既定任务的风险评估判断失误，却基于此错误判断进行生产。这些不恰当的活动会导致事故或伤害的发生。❶"人为因素"是指与人相关的任何因素，顾名思义，既包括人由于受能力、限制及其环境影响可能发生差错的一面，也包括人具有智慧、创造性和处理突发事件能力等积极的一面。在教育中，更应该关注其积极的一面，规避可能会导致事故出现的不适当的活动，不恰当不协调的反应等。

积极职业安全健康教育范式的建立以人本主义中罗杰斯的非指导教学和马斯洛的需要层次理论为理论核心，以国际上化工企业遵循的"责任关怀"理念和诺丁斯关怀生命理念以及事故致因理论之人为因素理论为理论依据。

马斯洛的需求层次理论把维持生存、保持生命作为最基本的人类需求。职业教育培养的是面向一线的高素质技术技能人才，面对实习生、新员工在单位频繁发生职业安全健康事故，如何让学生在未来岗位中树立健康安全意识，掌握职场健康与安全的"防""控""治""护"能力，这是一项良心工程，是一种责任，一种使命。推进积极职业安全健康教育旨在提高全社会安全和幸福，目前的职业安全健康教育存在诸如政府立法不完善，从业者以及教师们安全防护意识不足，专业技能欠缺，以及社会重视度不够等问题。除此之外，职业安全健康是一项系统工程，项目资金的引入对职业安全健康的发展建设具有决定性的作用，这方面需要国家政府、行业、企业和社会的支持。

---

❶ [美] 大卫 L. 格奇. 职业安全与健康全解 [M]. 杨自华，等，译. 北京：机械工业出版社，2015.

第二节 职校积极职业安全健康教育范式的实践反思

职业安全健康事故应急工作，是保护人民群众生命财产安全的最后一道防线。近年来，大量事故救援实践表明，由于在事故应对过程中政府缺乏具体的法律依据，企业开展应急管理工作时缺乏相应的法律规范，使职业安全健康应急管理工作在一些地区和单位得不到足够的重视，应急准备不落实、应急处置不规范和违规指挥、盲目施救等问题十分突出，造成了重大人员伤亡和财产损失。还有多年来基层关心的应急救援队伍建设问题、现场指挥问题、救援补偿问题，都亟待解决。在我国，职业安全健康形势十分严峻。职业危害和职业病已成为影响劳动者健康、造成劳动力流失的主要因素。我国目前接触职业危害人数超 2 亿人，新发现职业病人数超 2 万例，职业病患者累计数量超 95 万例，均居世界前位。

职业病的危害影响是深远的，而教育给每个青少年儿童带去的积极作用更是深远的。近年来社会及校园发生的突发危机事件，凸显了当前应试教育模式对小学、中学及大学生生命教育、安全教育、应急教育、应急演练与管理等方面的忽视与不足，人的安全意识和应急能力的短板以及人的应急管理与生命教育的重要性。国际劳工组织指出，"工人对工作场所的安全意识与教育程度成正比"，每个人树立了积极的职业安全健康意识后，便可大幅度降低未来可能发生的职业危害，从而减少国家经济损失，塑造一个更加和谐美好的社会。因此，加强积极职业安全健康教育范式研究与实践，形成积极职业安全健康素质和技能育人体系，提升职业安全健康教育水平，提升大众处理突发事件应急能力、降低风险具有重要意义。

一、积极职业安全健康教育范式的建立是现实需求

据报道，全球工伤事故和职业病每年夺去 200 万人生命，造成的经济损失约占全球国民生产总值的 4%。在欧洲，18～24 岁之间的青年工人发生工伤事故的概率要比其他年龄段的工人高 50%。而在我国也有资料表明，中国工伤事故大多发生在工人开始上班前 6 个月中。根据国家安监局

统计，我国每年因公致残人员 70 万人。事故分析表明，90% 以上的事故与人的因素有关。职业安全健康教育的宏观问题主要涉及国家或地方有关职业教育的制度、组织、质量保证等问题。职业安全健康教育的微观问题主要是有关职业院校专业设置、培养目标确定、教育教学环境开发、教学实施与管理等问题，目前中国中职安全类人才需求为 72 万人，但在 2018 年前现行教育部中职专业目录都尚无安全类专业。同时中国也是世界上职业病发病最多的国家，职业病接害人数超过 2.3 亿人，职业安全健康的现状堪忧。有调研发现，建设行业事故死亡人数位居中国工业生产第一位，然而应急救护知识普及率不超过 1%。加强职业安全健康教育，培养既掌握职业安全健康专业知识，又掌握行业内职场环境安全素质和技能提升方面核心素养与能力的基层操作与管理人员，提升职业院校学生就业竞争力及其自救互救能力，降低岗位工伤事故和职业危害风险，促进企业可持续发展是当代必须研究的课题。探索适合职业院校的积极职业安全健康教育范式，对于解决职业教育存在的风险问题而言，尤为重要。

二、积极职业安全健康教育范式的建立是政府要求

我国相关权威法律规定，职业人在从事本职业的工作过程中，在职业工作安全范畴内对行业安全享有基本的知情权、紧急避险权等近十项权利。任何从业人员在工作过程中，都必须要熟悉企业的安全生产相关规章制度和操作规程，主动接受安全生产教育和培训并服从管理。2010 年 8 月中旬，教育部要求全国各省与教育相关的单位，必须在本省开展有针对性的职业安全健康教育试点工作。江苏教育厅颁布具体方案，明确要求省内各职业学校应向学生普及职业安全健康知识，提高他们的安全防护能力。2014 年 12 月国务院提出：加强人才队伍建设。要求职业学校完善应急产业人才培养和服务的体系，将培养高层次、复合型核心技术研发人才和科研团队，作为战略目标。2016 年 4 月初，教育部要求各面向毕业生提供实习机会的单位，要积极会同职业学校，对预定来企业实习的学生进行安全防护知识、岗位操作规程培训并进行严格的考核，并明确指出未经教育培训与考核不及格的学生不准参加实习，不能毕业。2016 年 4 月底，国家安

全监管总局又明确提出今后要重点做好安全生产知识技能方面的宣传和教育，并逐步加强全员安全健康培训，稳步提高从业人员风险辨识、隐患排查治理、事故应急处置和逃生自救的能力。2019 年 4 月 1 日起施行的《生产安全事故应急条例》，其目的就是通过进一步规范生产安全事故应急工作，保障人民群众生命和财产安全。其中第十五条明确要求生产经营单位应当对从业人员进行应急教育和培训，保证从业人员具备必要的应急知识，掌握风险防范技能和事故应急措施。

从政府相关法规来看，政府切实将公民安全问题放在心上，要求教育产业社会法规等各方都紧抓安全建设，但是相关法律条文内容过于原则，操作性不够。政府希望建设安全社会，也要求建设安全社会，同时也希望各方加强安全培训，安全管理，以求建设安全社会。但从教育方面来看，如何构建一个积极职业安全健康的范式，如何将"要我安全"而变成"我要安全"，这是本章研究的重点。

三、积极职业安全健康教育范式的建立是社会变革的延伸

现代社会正处于大变革时期，如果用一个词来概括当今中国经济与社会发展的最大特点，就是转型升级。"不转型就没有出路""升级才能生存""不升级就淘汰""只有转型升级才能持续发展"等观念日渐成为人们的觉悟。不仅社会管理、社会经济、社会文化知识正处于变革发展阶段，集体价值观、教育教学和生活方式等也同样处于转型升级的状态。中国教育的转型升级和产业转型升级是同一道理，即与时俱进，创新发展，迎接社会挑战的理性抉择，也是教育自身实现内在成长的需要。同时教育不是符合经济规律的价值变革，而是一种试图改变中国教育生存和发展的结构，实现发展状态和教育质量升级换代式改进的超越式发展过程。其实质是运用新思想、新理念、新技术、新方法和新方式，优化教育存在与发展结构，开拓中国教育健康成长与有效服务的新境界，创造中国教育的新生命。而在教育的转型升级中，职业安全健康教育在社会的转型升级中具有基础性、战略性和根本性的地位，急需高度关注、加强研究与大力推进。尤其新技术、新工艺、新材料的出现以及升级改造，致使新的职业安

全健康问题出现，粉尘、辐射等成为威胁人的生产生活的重要安全问题。推进以人为本的职业安全健康教育，加快寻求积极职业安全健康教育范式也成为不可忽视的重要课题。

现代职业教育要"让每个人都有人生出彩的机会"，营造人人皆可成才、人人尽展其才的良好环境，努力培养数以亿计的高素质劳动者和技能人才。❶ 实施"尊重人性、呵护天性、张扬个性、提升品性"的充满人文精神的理想职业安全健康，是顺应时代转型需要，解决职业安全健康教育重视不足的重要举措。❷ 加快发展现代职业安全健康，更加呼唤专业、敬业和乐业的积极职业安全健康实践者、管理者。在继承和借鉴前人研究思想、教育改革的经验和趋势的基础上，积极职业安全健康着力构建自己的基本主张和实践体系。目前，积极范式日益成为现代职业安全健康理念的完美组合、职业教育改革创新的重要依据。积极推进、自觉建构这一范式，必将有助于我国职业教育与世界职业教育的对话与接轨，有助于引领和加快我国现代职业安全健康科学发展。对接积极范式，在职业安全健康中引入积极概念，从关心学生身心发展方面，采用系列教育方式，让学生能够在职业安全健康教育方面变被动为主动也是时代的发展需要。

四、积极职业安全健康教育范式的建立是职业教育升级的重要一环

虽然职业安全健康教育已经引起社会的重视，有关职业安全健康教育的研究也成为职业教育中必不可少的一环，但是我国职业安全健康教育尚未形成制度化、规范化、国际化的模式，对应的研究还处在早期的理论探索与初步应用阶段。无论在实践还是理论上，职业安全健康教育仍然面临许多亟待解决的问题。

（1）职业安全健康风险意识弱。一些职业院校管理者不能做到"居安思危"，注重处置而轻视预防，不能够积极主动采取预防措施，存在态度

---

❶ 崔景贵. 培育技术技能人才：加快发展现代职业教育的理念与战略 [J]. 中国职业技术教育，2014（21）：180–183.

❷ 崔景贵. 积极职业教育范式的基本理念与建构策略 [J]. 教育研究，2015（6）：64–69.

懈怠、坐等问题来解决问题的现象，存在侥幸心理。

（2）职业安全健康体系建设不完善，应急预案不系统，缺乏有效的实操演练。大部分职业院校虽然制订了总体预案和分专项预案等，但应急预案没有根据职业院校的现实状况来制订，应急预案的内容缺乏针对性和可操作性，普遍存在"用别人处方，给自己抓药"、目标不明确、可操作性不强等问题。具体应急预案的内容措施不能够落实，一些预案仅是为了应付评估和检查而准备的，职业安全健康教育仅停留在表面上，职能部门之间不熟悉预案，岗位职责不清。安全应急预案实践演练方式比较单一，仅仅是疏散逃生演练，导致师生参与度不高。

（3）职业安全健康教育内容、方法没有结合职校职业特点、专业特色、岗位要求以及师生的身心健康需求来开展，教育内容零散，课程资源匮乏，教育方法滞后，教育效果不明显。

（4）很多职校没有设置职业安全健康教育与管理机构，职业安全健康师资队伍建设缺乏系统性、专业性，职业安全健康应急人员缺乏必要的专业知识和技能培训，自救互救及应急救援能力提升不够。

（5）职校职业安全健康体验基地建设少，职业安全健康教育缺乏贴近职业、贴近生活、贴近实际实践体验，体验场所少而单调，开展的活动未能长效促进师生的职业安全健康素质和技能提升。

（6）职业安全健康教育专项资金投入不足，缺乏职业安全健康基础设施，保障机制、风险管控、预防应急信息宣传力度有待加强。

从教学主体上来看，教师本身职业安全健康知识专业性不够，教师教学注重理论知识，缺乏实践操作。学生主体被动吸收知识，在实践中忽视职业安全健康防护，学生防范意识差，职业安全健康防护技能缺乏。除此之外，在加强职业安全健康教育上，面临很多问题，如教育培训校企合作，协同育人不力，职业安全健康教育体系零散，职业安全健康教育课程教学资源紧缺、教师教学能力不足，实训基地欠缺，应急救援预案实效性不强，事故现场应急救援机制不够完善、救援程序不够明确、救援指挥不够科学；"互联网＋"教学模式手段单一；中高职衔接断层；人才培养过程性动态化监管不力等问题。可见，中国职业安全健康形势严峻，从源头抓起，从学校职业安全健康教育抓起，已成为当今职业安全健康界共识，加强职业安全健康教育势在必行。

当前，我国正处于复兴伟大的中国梦的关键发展时期，职业院校毕业生已成为经济建设生产一线的主力军。江苏作为我国职业教育的大省与焦点，是江苏省乃至我国经济发展的关键。而近些年以人为本，人即是企业最根本的财富的理念不断深入人心。政府和社会公众都期望职业院校能在促进和保障职业安全健康方面承担更多的责任，构建以人为本的积极职业安全健康范式是企业与政府对职业院校的殷切期望，同时也是市场对人才定义的客观需要。

从现实状况来看，职业安全事故频发，应急救护知识普及率低，提升职工就业竞争力及自救互救能力，降低岗位工伤事故和职业危害风险，促进企业可持续发展是现实的迫切需求也是当代社会必须研究的课题。

从政府相关法规来看，政府切实将公民安全问题放在心上，要求教育产业社会法规等各方都紧抓安全建设，但是相关法律条文内容过于原则，操作性不够。政府希望建设安全社会，要求建设安全社会，同时也希望各方加强安全培训，安全管理，以求建设安全社会。

从社会发展来看，当今社会正处于社会变革时期，转型发展日渐成为人们的觉悟，中国教育的转型升级与工业的转型升级具有同样道理，既是顺应与时代进步和满足社会发展需求的理性选择，也是教育自身成长和发展进步的内在需要，积极范式日益成为现代职业安全健康理念的完美组合、职业教育改革创新的重要依据；对接积极范式，在职业安全健康教育中引入积极概念，从关心学生身心发展方面，采用系列教育方式，让学生能够在职业安全健康教育方面变被动为主动也是时代的发展需要。

第三节　职校积极职业安全健康教育范式的实践策略

科学的积极职业安全健康教育范式是职业安全健康教育质量和教学发展的重要保障，与时俱进的积极职业安全健康教育范式建构对提升职业安全健康教育质量具有重要意义。积极职业安全健康教育范式是适合现代职业教育的一种范式。

追寻积极是现代职业教育改革创新实践的"新常态"和新姿态，走向积极是现代职业教育转型升级的希望之路和必由之路。尊重生命，重视生命安全健康，加快发展现代积极职业安全健康教育，我们要充分汲取积极哲学、积极教育学、人本主义观念、责任关怀理念以及积极管理学等的思想智慧，切实解决目前职业院校职业安全健康教育中存在的问题，自觉自主走近积极、走进积极和走向积极，从常规的安全健康转变、转换、转型为积极职业安全健康教育，使学生学习变被动为主动、促进职业安全健康素质和技能提升。

一、建构职业安全健康积极教育理念

在目前的职业教育教学中，职业教育教师仍然延续以"教"为主的传统，在教学中习惯将知识吸收内化后，再以授课的方法直接传递给学生，教师只注重教而忽略学生的学，教师思考过多，而学生思考过少。积极职业安全健康教育范式则更注重把知识转化为应对未来的学习能力，启发学生主动追求知识。传统的教学中，学生似乎就是听讲、记忆和练习，完成自己的"学习任务"，这种学习更多的是任务促成的学习，没有真正享受到课程的乐趣和价值。而且，在职校的课堂学习中，大多数学生往往由于知识基础差、求学期待度低等特殊因素，不能集中注意力于教师授课中，造成学习效率低下，达不到所需知识技能的获取。

因而必须转变传统观念，建构积极职业安全健康教师观，以尊重学生个性、正视学生差异为基点，以培养学生健全的人格为目的，着眼于学生身上的闪光点，采用对学生多方面激励的方式，达到树立学生学习自信心、激发学生学习的内在积极性。建构积极职业安全健康学生观，也就是改变对学生的本质属性及其在教育过程中所处位置和作用上的看法，视学生为积极的主体、学习的主人，视为正在成长的人而达到教育的目的——育人。

二、建构积极职业安全健康课程体系

标准引领，创设多元联动、产教融合的人才培养框架，解决人才培养"课程体系整体架构"的问题。立足行业 HSE 管理体系标准，构建了政、行、企、校协同参与的"防—控—管—护""四位一体"人才培养方案、确立了"精化基础知识—优化专业知识—强化实践能力—深化素质教育"的课程实践框架。

根据国家最新《职业病防治法》和教学实际，在深入研究学生、社会需求以及课程专业标准的基础上，立足学生实践，开发出能为教学提供基本教学内容、方法、规范和要求的具有科学性、实用性、有针对性的教材。

围绕职业安全健康的通识意义、行业意义、岗位意义，紧扣岗位特性，根据最新修订《职业病防治法》和职业院校实际，构建岗前"预防"、岗位"控制"、事后"应急"、权益"维护"的"防—控—应—护""四位一体"课程体系，给学生建立从预防知识到技能实操全方位的课程体系；组建职业安全健康课程协同创新团队，共同开发涵盖职业安全健康法规、职业健康、职业安全、个人防护 4 个部分 28 个模块的国家职业教育数字化资源共建共享项目《职业健康与职业安全》精品课程资源；结合专业和岗位实际，开发出既有通用模块，又有结合专业大类的专业模块的实用教程；建立全国职业安全健康精品课程资源共建共享平台，开发知识点积件、PPT、测试习题及课程标准、教学设计、精品视频、主题教育活动创新设计等原创性资源，服务教学，以达到线上线下同步教学，学生能够随时想学习，就能自主获取资源。

三、建构职业安全健康积极教学模式

职业安全健康课程的改革，是一个不断完善、发展和创新的过程。需要用现代化的教育理念为指导来丰富教学内容、改革教学方法与教学手段，提高课程的教学效果。所以，职业安全健康课程的改革应该将学生的讨论式学习模式作为一个重要的内容加以完善，以学生的培养为本，以素质教育为要务，培养学生的实践能力，分析问题解决问题的能力和创新的能力。激发学生学习的主动性和积极性，使之学会对科学规律的主动发现、主动探索和主动掌握，实现教与学的良睦互动，创建职业安全健康教学的新模式。

1. 基于职业安全健康认知教学

在职业安全健康课程中开展讨论式教学，调动学生学习的积极性，提升学生对实验课的兴趣，推动以教师为中心的教学模式向以学生为中心的实验教学模式的转变，推动学生由被动式的学习方式向探索式学习和研究式学习的转变。这样的教学，不仅有利于学生培养，还有利于课程建设，可以在实施过程中不断地总结经验，创造新的模式，达到更高教学目标。

构建职业安全健康积极教学模式必须立足课堂，开展体验式职业安全健康教育。致力于培养能适应社会主义现代化建设需要，掌握职业安全健康知识、技术、技能和安全生产监督管理知识，具有从事本专业实际工作的综合职业能力和全面素质，能分析和解决安全生产实际问题，胜任企业安全专业领域的各项工作，社会经济发展需要的高素质技术技能型安全人才。

课程教学以学生为中心，发挥学生主体作用，以课堂和实训基地为阵地，以校园文化和企业文化融合为基础，以主题活动为载体，借助"人人通""云课堂"等现代教学手段，突出职业安全健康方面的"前知识""前概念"，强调"做中学、学中做、做中悟"，使学生能够在系统而有趣的课堂中"活学""乐学"；将"事故案例""情景导入"贯穿"探究与实践—知识拓展—综合演练—综合评价"各环节，使学生在学习过程中能够预判、分析职业岗位存在的潜在风险，形成自觉遵守职业安全健康法律法规，强化职业安全健康与自我保护的意识和能力；组织学生参加各类职业安全健康竞赛、设计大赛、职业安全健康情景剧等让学生从活动中学习；学校与实习企业协议学生进入实习，开展体验式实践教学；学校与红十字会等救援组织协议，学生进入安全应急救援方面实践体验，服务社会；开展职业安全健康主题的体验活动或修学旅行等，丰富学生的学习方式和途径，满足学生学习的多感官偏好，使每个人都能找到自己感兴趣的学习方式。积极职业安全健康范式强调在真实的情境中建构学生的能力。

2. 基于职业安全健康应急救护技能教学与演练

职校将职业安全健康应急救护技能课程纳入课程体系，普及与推广应急救护技能，促进师生自救互救能力提升。职校进一步完善自身职业安全健康应急预案建设，强化应急演练。预案修订过程中结合实际情况，要组织不同领域、不同层次人员论证，不断完善应急操作内容和流程，使其成为具有操作性、针对性的动态管理应急预案。预案公布后，要组织学习预案，知悉职责和管理操作流程，一旦发生突发事件，能真正做到预案联动、信息联动、队伍联动、物资联动。在实施中，要严格执行预案中培训、演练、考核、奖惩、经费保障等规定，不使预案停留在书面上，而是具有实质性，一旦启动应急响应，能真正发挥效用。

开展各种专项模拟应急演练，每学期开展疏散逃生演练，还可以组织职业院校应急领导小组成员开展讨论型演练，开展职业安全健康应急专题讨论会，对应急预案决策、操作工作流程等进行论证，达到熟知自身责任和完善应急预案的目的，也可以开展桌面推演，设置不同专项突发情景无脚本、无预案、响应时间限定等，大家根据职责分工，对突发情况进行响应处置，练习对突发事件的响应速度、部门之间的配合协调、资源需求配备、应急队伍建设等。

四、建构积极职业安全健康文化环境

职业院校建立积极职业安全健康文化环境必须进一步转变全体师生安全健康理念，从被动的安全到主动的安全，形成"我要安全""我能安全""我会安全"的教育氛围。

职业安全健康管理者要有"居安思危，预防为主"理念，尤其是校级领导。管理上，强调"行为"和"意识"提前引导干预，领导者以及各级教师积极参加职业安全健康专业认知与技能培训，树立职业安全健康预防为先意识。加强校际联合，校企合作，引进企业职业安全健康文化，在职业安全健康实训教学环境中形成"整理、整顿、清洁、清扫、素养、安全"的6S管理模式。

创办职业安全健康类校内专刊、宣传橱窗，以案例或动画图片的形式宣传职业安全健康知识、操作指南、安全应急逃生技巧路线等富有变化和趣味性的职业安全健康知识宣传，营造安全健康育人氛围，从调动学生的好奇心，到调动学生的好学心；组织职业安全健康知识竞赛、职业安全健康产品创新设计大赛、职业安全健康情景剧等活动，使学生在竞赛中发挥主观能动性，提高自我效能感；组建职业安全健康社团开展系列活动，给学生自由发挥的空间，鼓励学生发挥创造力，在壮大社团，扩大社团影响力的过程中，将职业安全健康知识内化吸收，以此，不断培养广大师生员工全民职业安全健康危机意识和应急能力。

五、建构积极职业安全健康科技创新平台

职校职业安全健康科技创新平台建设要充分挖掘师生专业和技术技能优势，围绕职业安全健康突出问题，结合职业安全健康新技术、新产品、新工艺和新成果，推进校企合作、产学研相结合，积极开展职业安全健康科技创新科普知识普及，推进职业安全健康科技攻关、技术创新，依托全国青少年科学影像节、江苏省职业教育创新大赛、江苏青少年科技竞赛活动等平台，形成职业安全健康科普影像、微电影、微动漫以及专利发明等成果，提升师生职业安全健康科技创新能力。

六、建立积极职业安全健康体验中心

职校充分发挥主体育人功能，调动社会各方面力量参与，建设一批高质量高标准的职业安全健康体验中心，配合职业安全健康专业性课堂教学以及实训课程，增加学生体验性学习途径。职业安全健康体验中心体现公开性、科普性、专业性等特点，贴近岗位实际，贴近专业特色，服务社会，除能提供普通中小学学生进行职业体验、职校学生进行专业实验、实训和专业教师技能培训外，还要积极主动面向市场，开展在职人员培训、职教师资培训、就业与再就业培训和农村劳动力转移培训等，职业安全健康体验中心要创设与生产一线装备水平相匹配的体验环境。设备配置兼顾安全专业教学和技能培训、技能鉴定，符合新时代职业安全健康教育发展

的要求。例如，江苏省南京工程高等职业学校推进积极职业安全健康体验中心建设，建设内容包含七大主题体验区：职业健康体验区、交通出行体验区、安全救护大讲堂、健身体验中心、消防安全体验区、安全生产体验区、安全警示体验区。职业安全健康体验中心展示形式中包括多媒体互动体验、VR、警示教育等高科技手段和形式。

互动体验项目融入"互联网＋"的展教方式，并同步推出包括展厅应用程序自动导游系统，二维码扫描下载 APP，微信运营公共号以及支撑各展教项目的软件系统，致力营造现场体验与远程浏览，实地参观＋二维码，场馆讲解与在线查询互为补充，有机结合智能参观、智能浏览、智能控制 3 大智能系统。职业安全健康体验中心建设中除了考察完国内外职业健康、安全生产、交通出行、消防安全体验馆，同时特别加入了安全责任警示教育的内容，让参观者了解伤害案例，剖析事故伤害发生原因，使之重视安全。

体验中心的建设，在职业安全健康教育中发挥着无可替代的作用，一方面能够配合学校普适性与专业性教学需求，另一方面有利于满足广大市民对职业安全健康知识的需求。积极职业安全健康体验中心，其具有的形式生动形象、项目丰富、职业体验新奇有趣等特点可以吸引各年龄层次人群，对提高全民的职业安全健康防护意识都有重大意义。

七、推动积极职业安全健康协同育人

专家协作，构建优势互补、协同创新的教科研实践共同体，解决人才培养教学中"专业师资紧缺"和"协同育人不力"的问题。以工作室为平台，以科研项目引领，集聚职业安全健康与环保领域专家群体智慧，形成专兼结合、优势互补、资源共享、协同育人的教科研实践共同体。以大赛活动为载体，推进"研训教学做"一体，建成了安全健康与环保、应急救护、科学影像及科技创新等团队，形成建筑、安监、红十字会等部门系统集成、深度参与、内在衔接的立体化协同创新育人新局面。

构建优势互补、协同创新的教科研实践共同体，搭建安监、卫生、红十字会、学校、地质建筑等政校行企深度参与的立体化协同创新、开放融合的育人平台，促进人才培养方案制订、课程设置、实习实践等教学环节深度整合，协同育人，提升人才培养质量。

加强与企业联合，校企协同育人，校企共定岗前培训内容，考核后方上岗，就岗后定期不定期复训考核；实习生上岗后实习动态管理—上岗实践训练；建设毕业生就业质量跟踪服务平台；校企共建职业健康安全实训教学质量评价体系及反馈机制。

创新职业安全健康教育理念，打破传统的以老师"教"为主的观念，尊重学生个性、正视学生差异为基点，以培养学生健全的人格为目的，着眼于学生身上的闪光点，视学生为积极的主体、学习的主人，采用对学生多方面激励的方式，树立学生学习自信心、激发学生学习的内在积极性。建构积极职业安全健康教师观和学生观。

本章小结

在积极职业安全健康教育的未来发展中，首先应强化研究，普及推广。依托科研引领，组建政府、教育、安全生产、行业与企业等部门专家研究团队，进一步挖掘职业安全健康教育内涵，完善"防—控治—护"内在逻辑体系，探索新形势下职业安全健康教育有效途径与评估体系，促进积极职业安全健康教育全面普及与推广。其次应打造团队，推进职业资格准入制度。推进职业安全健康师资培训，将职业安全健康培训模块渗入各级班主任培训、师资培训中，融入专业教学中，打造一批优秀教学团队，培养一批应急救护员，在职业院校高年级学生中开展安全防范评估等职业资格证书教育。最后应加紧体制创新、推动立法。坚持以人为本，创新职业教育职业安全健康教育体制，健全职业安全健康教育机构，完善职业安全健康教育制度，推进职业安全健康教育法规建设，确保组织到位、责任到位、保障到位，为广大职业院校的职业健康与职业安全健康提供保障机制。

推动职业安全健康发展，构建积极职业安全健康教育范式。在教育方面的举措，期望能够支持职校职业安全健康机制建设，将其纳入职校评估体系，建立职业安全健康教育创新发展示范区，形成品牌，引领全国；职校积极推动学校职业安全健康教育，营造良好的职业安全健康文化，推进名师工程建设，建成职业安全健康教育特色学校；行业企业专家参与到职校职业安全健康教育的教育教学及机制研究中，进一步挖掘职业安全健康教育的内涵，提升学生健康意识与安全素养，让更多的人更健康、更安全，目标零伤亡。

（江苏省南京工程高等职业学校　许曙青　汪蕾　许素荣）

职校"五位一体"积极育人范式的实践建构

职校育人范式的实践建构不能只囿于"面"上寻求一些问题的答案，虽然"为什么"需言之有理，但是"怎么做"则更求解决问题的深度，这需要我们规避雾里看花、水中望月的现象。职校育人方式多元，途径多样，但说到底应是围绕人——学生的发展，不能解决人——学生的问题，一切都可能成为虚无。我们从中职教育特点出发，探索以"寝位、餐位、学位、工位、岗位"五位为抓手，以立德树人为红线，侧重于"点"上技术的维度，践行中职"五位一体"积极育人范式，包括该范式的实践意蕴、实践反思与实践策略，为中职学生学业与职业生涯发展探寻一条行之有效的积极路径。

第一节　职校"五位一体"积极育人范式的实践意蕴

中职"五位一体"积极育人范式的内核是"五位一体"，这需要对"五位一体"的概念进行界定，内涵进行解读，指向进行厘清。这一范式的建构有其理论依据和实践基础，具有一定的实践价值。

一、职校"五位一体"积极育人范式的基本认识

（一）"五位一体"的界定

五位指"寝位、餐位、学位、工位、岗位"。"寝位"指学生住宿休息的宿舍位置，"餐位"指学生用餐的食堂位置，"学位"指学生上课学习的教室位置，"工位"指学生专业技能的训练位置，"岗位"指学生在学校的社会实践活动、兴趣小组活动、到企业单位的岗位实习锻炼以及担任学生干部或各类组织的小组长等角色位置。

（二）"五位一体"的内涵

"寝位"的要义是"学会生存，走向共生"，其价值在于引导学生从以我为中心的自我状态走向一群人的和谐共生状态，打造情感人。

"餐位"的要义是"学会尊重，养成习惯"，其价值在于引导学生从我行我素的生活态度走向自觉追求文明的生活方式，打造文明人。

"学位"的要义是"激发学趣，培养学能"，其价值在于引导学生从厌学、走向会学、学会的境界，打造文化人。

"工位"的要义是"挖掘潜能，锻造特长"，其价值在于引导学生从一无所有走向一专多能，打造技能人。

"岗位"的要义是"促进锻炼，走向成功"，其价值在于引导学生从素质的提升走向社会的适应，打造职业人。

（三）"五位一体"的指向

五位既相对独立成系统又相互关联为体系。其中，"寝位"是起点，"餐位"是基点，"学位"是重点，"工位"是支点，"岗位"是据点，即以"岗位"为核心，"寝位""餐位"为基础，"学位""工位"为关键而形成的一个密不可分的有机统一体。"寝位""餐位"侧重指向学生成人，"学位""工位"侧重指向学生成才，"岗位"侧重指向学生成功。

二、职校"五位一体"积极育人范式的实践逻辑

（一）理论依据

积极职教理论。积极职业教育强调职业教育者要以积极的理念与行动

激发和引导学生积极主动地获取从事职业或生产劳动所需要的知识和技能，增强学生的积极情感体验，培养学生良好的职业道德和积极的人格品质和人生态度。❶

素质教育理论。中等职校实施素质教育的现实意义在于：核心职能——以实现学生全面发展为宗旨；价值取向——以实现学生可持续发展为目标；根本目的——以实现学生个性发展为理想追求。

生活教育理论。生活教育理论对职业教育的启示：树立正确的职教观，明确职业教育目的，加强校本课程建设，改革教学方法与步骤，转变教学组织形式，构建良好的师生关系。

多元智能理论。职业教育在人才培养上有巨大潜力，我们应该首先转变教师的学生观，树立学生的自信心，同时改革课程体系、教学方法、评价机制，改变办学体制和模式，让每一个人都能人尽其才，真正做到"天生我材必有用"。

人本主义理论。人本主义教育理论认为：职业教育的任务，不只是为经济社会发展服务，还要为受教育者的生存和发展服务；职业教育培养的人，不仅是一个职业人，而且是一个学会生存、学会发展的社会人。

需要层次理论。需要层次理论在中等职校管理中的应用："呵护每一个生命体"，满足生存和生理需要；"安全在我心中"，满足安全需要；"我爱我新家"，满足归属与爱的需要；"你是一个人"，满足尊重的需要；"我是最棒的"，满足自我实现的需要。

（二）实践基础

内在逻辑是学生的全面发展。积极职业教育的理念和准则都是以人为本，其本质就是要促进人不断提升自我发展能力，以人的需要为最终目的。适应社会对人才的素质要求，中职学生作为一类人群，同样需要德智体美劳全面发展，这也是中职培养目标的重要内容，而这在中职特有的"五位"上能够予以逐步实现。

外在逻辑是学生的学校生活和职业社会化过程的契入。中职学生一日

---

❶ 崔景贵. 职校生心理与积极职业教育策略［M］. 北京：知识产权出版社，2018：12.

生活离不开住、食、学、练，这与"寝位""餐位""学位""工位"就有了密切的联系，在以上"四位"积淀的基础上，学生最终要选择找到适合自己的"岗位"，作为社会人去不断实现职业生涯中的人生价值。即外在逻辑指向学生的一日生活和学生的职业岗位，这是现实的要求。

三、职校"五位一体"积极育人范式的实践价值

1. 职校育人模式的内涵发展

职校传统育人模式主要以学生的学习成绩作为评价学生学业的主要依据，而"五位一体"积极育人范式不以知识为唯一评价标准，而是涵盖了学生一日生活、学习、训练、活动、实习等常规内容，把诊断性评价、形成性评价与终结性评价有机结合起来，多方面调动学生自主发展的积极性，拓展了传统模式的内涵。

2. 职校素质教育的特色体现

"五位一体"积极育人范式旨在指引学生向总体目标和个体目标拾级而上，致力于学生的人文能力、应用能力与职业能力等关键能力的提高，推动学生道德和学业的发展，提升学生的职业素养，培养学生自信、自律、自主、自强的优秀品质，促进学生的主动发展、和谐发展、全面发展，使学生成为"合格＋特长"的社会主义劳动者，这在根本上体现了素质教育的本质要求。

3. 职校以生为本的优质管理

"五位一体"积极育人范式遵循了职业教育的发展规律和中职学生的发展特点，以积极职业教育理念为指导，实施"心本"管理。❶ 明确学生毕业的三种类型：合格毕业：学制 3 年。在规定的时间修完学业，取得相应的学分。提前毕业：最多提前 1 年。提前修满学分，提前进入顶岗实习阶段，顶岗实习期满考核合格可提前毕业，鼓励选修第二专业和其他课程获取其他证书。延缓毕业：延长毕业时间，最长不超过 2 年。没有修满规

---

❶ 崔景贵. 职校问题学生心理与积极职业教育管理 [J]. 中国职业技术教育，2012（33）：53－59.

定学分的学生，可申请延长学习年限。这种以人为本的弹性管理，既是学生成长的一种选择，也是对教师的一种解放。

第二节 职校"五位一体"积极育人范式的实践反思

中职"五位一体"积极育人范式的实践，需要规避中职学校在学校、学生、教师、管理、社会等层面的问题，并剖析中职学生成长环境的消极因素，从而更有针对性地践行积极育人范式。

一、职校育人管理存在问题透视

1. 学校层面：吸引力不强

职业教育应更好地实现素质教育，而中职教育如何有效地促进学生的全面发展，提升自身的吸引力，这是一个急需解决的现实课题。职业学校吸引力不强原因有多方面，但其根源在于培养的学生质量还不高，而培养受社会欢迎的学生，关键在于育人范式的创新。

2. 学生层面：方向性模糊

中职学生的自身发展方向往往是模糊的，没有明确的职业生涯规划，缺少跳一跳能摘到的目标，自信、自律、自主、自强意识淡薄，即使做一天和尚撞一天钟也不能把钟撞响，因为学生没有了目标也就没有了动力。

3. 教师层面：成就感缺失

中职教师怕进课堂、怕教学生并不是什么奇闻，中职学生难教、难管似已形成共识，中职教师之所以没有激情、热情、温情，很大程度上就是缺失一种工作的成就感。

4. 管理层面：手段上机械

中职教育的管理常常是疲于应付，由于担心学生这也出事，那也出事，因而管理手段多是堵、卡、压，但还是免不了出事，死管导致管死，中职教育的管理归根结底是缺少一种行之有效的抓手。

5. 社会层面：认可度偏低

职业教育的社会氛围还没有得到根本的扭转，社会对职业教育仍然存在偏见，认为职业教育是二流教育，职业学校的学生是二流学生，职业学校的教师也是二流教师。这往往让师生在社会上很难抬起头来，纠结的结果是自卑或是愤世。

二、职校学生成长环境的问题分析

1. "住"的氛围失和

中职学生家长总体来说社会层次和综合素质不是很高，其对子女要么是溺爱有加，要么是放任自流，学生独立生活的自理能力较差，不少学生以自我为中心，同舍成员人际关系冷漠或是紧张，"寝位"间缺失和谐的氛围。

2. "食"的文明欠缺

中职学生虽不再是"饭来张口"，但表现在"餐位"上还时有喧哗、浪费以及插队等不文明或不讲秩序的习惯举止。

3. "学"的方式被动

中职学生学业不佳往往是源于学习兴趣不浓，学习动机不强，学习习惯不良。另外，"学位"上的主体意识薄弱，学习方法机械，自以为是、封闭也是其重要的归因。

4. "练"的表现消极

中职学生大多是独生子女，家庭比较娇惯，表现为"工位"上不自信、不积极，同时怕脏、怕累、怕苦现象也较为普遍。

5. "找"的方向困惑

中职学生在岗位选择上往往表现为好高骛远，拈轻怕重；或妄自菲薄，缺乏自信；或求全责备，怨天尤人；或因循守旧，不思进取。此外，更多的是不知道创业或不敢创业。

第三节　职校"五位一体"积极育人范式的实践策略

中职"五位一体"积极育人范式如何实践建构需要落地生根，以积极职业教育理念为指导，中职"五位一体"积极育人范式具有其特有的实践架构、路径与方案,其操作与应用具有可行性。

一、职校"五位一体"积极育人范式的实践架构

积极职业教育突出以人为本的哲学理念,育人为本的实践艺术,与时俱进的创新策略。❶ 学校应该以学生为中心,根据每个学生的能力倾向进行有针对性的教育,❷ 而中职"五位一体"积极育人范式的实践体现了这些本质要求。

(一)"五位一体"发展目标的定位

合格＋特长。"合格"即要有道德、有文化、有体质、有情操。"特长"即要有技能,能让企业招得进、留得住、用得上,强调学生在专业素质和职业能力上兼顾"点"与"面"。即是提倡在合格基础上培养有特长的人才,或者从激发学生潜能的基础上形成特长,培养自信心,并促进各方面的全面合格。

(二)"五位一体"学业规划的指导

五位学业发展规划,是立足学生所学专业基础上,结合学生个人性格特质和兴趣爱好,按照学分制改革的要求,明确学生五位学业发展目标,实现学业目标所需的职业素质、专业知识技能。以五位学业目标为导向,在导师指导下,学生自主分学期(学年)制定学业规划,通过实施学业规划,逐步提高职业素质、知识和技能,形成竞争优势,为就业或深造做好充分的准备。实现学生由被动型学习向主动型学习、由盲目型学习向目标型学习、由应试型学习向素质型学习的三个转变。五位学业规划实施遵循学生身心发展规律,突出学业目标导向与学业规划制定两个关键,抓好学生自主实施与导师指导两个环节,形成学校各相关职能部门相互配合、齐抓共管的高素质技能人才培养机制。

1. 规划主要目标

五位学业发展目标即学生通过在校期间五位规范培养,发展成为具有

---

❶ 崔景贵. 职校生心理教育论纲 [M]. 北京:科学出版社,2013:296－313.

❷ [美] 彼得森. 积极心理学 [M]. 徐红,译. 北京:群言出版社,2010:155.

良好的日常行为习惯、政治思想素质和职业道德水准，具备服从意识、吃苦耐劳的品质和团队协作的精神；具有良好的文化和科学素养，掌握主修专业的基础知识、基本理论和基本技能，有专业特长和岗位职业资格证书的"合格＋特长"的高素质技能人才。

2. 规划实施流程

明确目标要求—制定学业规划—明晰达成途径—确认五位学分。

（1）明确目标要求。

学校教务处组织各专业部制定不同专业学生五位学业发展目标和五位学分具体要求，建立五位学籍网络管理系统，依据五位学分要求设计专题栏目，实施分权限管理。网络管理系统设计输入输出终端，一个终端既可以实现输入也可以实现输出。

（2）制定学业规划。

发展定位：导师（各班班主任）组织学生借助职业生涯规划理论和专业测评工具，对学生专业兴趣、价值观、性格和能力等方面进行评价分析，使其全面客观地认识自己，为确立专业发展方向和目标提供科学依据；在完成专业认知和自我认知的基础上，学生结合自身专业方向，在导师指导下，初步确立五位学业发展目标。制定规划：学生分三个阶段制定学业规划，第一阶段为高一年级，第二阶段为高二年级，第三阶段为高三年级。学生登录五位学籍网络管理系统，明确本专业五位学业目标所需知识、技能和素质体系，填写学生五位学业发展规划表，填写完成后提交给导师，由导师指导，审核确定。

（3）明晰达成路径。

学生制定五位学业发展规划后，在班级导师指导下，主动与五位考评部门对接，向考评部门递交五位学业发展规划表。考评部门督促学生执行好学业规划，依据五位学分细则要求，对学生如何获得该位学分进行具体指导，明晰学分获得路径，并逐日记录学生五位表现，一周一反馈，及时将结果反馈给学生和班级导师。班级导师跟踪了解学生五位表现，帮助本班学生及时反思总结，适时给予表扬或批评指正，提出发展建议。

（4）确认五位学分。

学期结束后，五位考核部门评价学生五位学分，班主任导师汇总学生学位的总学分后报专业部审核并上报教务处备案。学生要及时进行总结，填写学生五位学业规划学期总结，对该学期学业规划完成情况进行评价，分析原因，总结经验，明确方向。班级导师写出评语，发放学生综合素质报告册。

（三）"五位一体"学分体制的构建

实施学分制，学分结构需要瞄准学生的和谐发展，关注学生学习负担，❶"五位一体"学分体制是"五位一体"积极育人范式的核心所在。五位学分制系指在"寝位""餐位""学位""工位""岗位"基本规范的基础上，契合学生最近发展分别制定共性的基本发展目标和个性的自主发展目标，通过目标的引领、诊断、反馈、修正，以期检测学生目标达成度促进学生素质全面发展的一种评价机制，其外在形式是在五位上分别予以一定的学分对学生进行综合性的量化考核，它是学生顶岗实习和毕业的根本依据。主要内容包括以下三个方面。

1. 五位基本规范

寝位：按时起居、值日，保持宿舍个人用品和整体环境清洁卫生，节约用电用水，注意安全，同学之间谦让互助，积极参加宿舍文化建设。

餐位：自觉排队，文明就餐，保持桌面干净，不边走边吃，不乱倒乱扔，不抽烟喝酒，勤俭节约。

学位：态度端正，准时上课，认真听讲、记录，不打瞌睡，不懂就问，独立完成作业并及时上交，诚信考试。

工位：整队进入场地，服从老师指导。牢记工艺流程，安全文明操作，按时完成任务。积极参加技能大赛，技能考核达到规定等级。

岗位：积极参加社会实践活动、兴趣小组活动，以及企业单位的岗位实习锻炼，做好自己的角色，注意安全生产，发展特长，争先

---

❶ 别敦荣. 论学分制的教育原理及实施的原则要求［J］. 中国高教研究，2013（3）：12.

创优。

五位基本规范的宗旨是：五位奠基，德技双馨。

2. 五位学分设计

（1）标准分。在籍中等专业学生的标准学分合计为 300 学分，由五个部分构成：

寝位：30 学分（每学期 5 学分）

餐位：30 学分（每学期 5 学分）

学位：120 学分（每学期 20 学分）

工位：90 学分（每学期 15 学分）

岗位：30 学分（每学期 5 学分）

（2）必修分。每学期五位的总学分为 50 学分，必修学分为 30 学分。

寝位：每学期总学分为 5 学分，必修学分为 3 学分。

餐位：每学期总学分为 5 学分，必修学分为 3 学分。

学位：每学期总学分为 20 学分，必修学分为 12 学分。其中文化基础课总学分为 12 学分（语文、数学、英语三门课程均为 3 学分，政治、体育、计算机基础各 1 学分），必修学分为 7.2 学分；专业理论课总学分为 8 学分，必修学分为 4.8 学分。

工位：每学期总学分为 15 学分，必修学分为 9 学分。

岗位：每学期总学分为 5 学分，必修学分为 3 学分。

中职普通班的学生第六学期的学分评价将寝位、餐位、学位、工位四位的评价学分合并为岗位学分，总计 50 学分，必修学分为 30 学分。

（3）奖惩分。指学生在校内的活动表现荣誉性加分，违纪违规的惩罚性减分。

① 奖励分。参加各类竞赛获奖及受到各种形式的表彰可获得奖励性学分，主要是学生参加校级以上各类比赛获奖及取得两个以上技能等级证书等所评定的学分。

② 处罚分。学生因违反校纪校规，受到学校警告以上处分的，除按学校规章制度进行处罚外，扣除已获得的学分。

受到警告、严重警告处分的，分别扣除 3 学分、4 学分。

受到记过、记大过处分的，分别扣除 8 学分、10 学分。

受到留校察看处分的，扣除 20 学分。

3. 五位评定办法

寝位：宿舍管理处就每学期住宿生的寝位学分主要从内务整理、劳动能力及态度、遵章守纪情况等方面计分。分文明宿舍、优质宿舍、合格宿舍、不合格宿舍四种情况进行宿舍内务月度评估。采取班主任及班级排名、专业部授星的考核形式。

餐位：膳食管理处对申请餐位学分的班级和学生进行考核，现场考核学生就餐规范的执行。考核合格后该餐桌获得文明餐桌称号且该餐桌学生获得 3 学分，并发放餐位学分记载卡。学分获得后进行每餐的检查，根据学分奖惩细则记载于学生餐位学分记载卡上，学期结束后确定每位学生的最终学分。

学位：各专业部确定学位学分的设置与获得。学位学分由日常学习行为习惯（过程）学分和考试成绩（结果）学分两部分构成，音乐、军训、综合社会实践等以选修课学分计入。开学初科任教师在调查研究的基础上，指导学生依据自身实际情况，选择课程过程性学分与考试结果学分的比例：A 类 3：7，B 类 5：5，C 类 7：3。对口高考班级学生主要在 A、B 类选择，评选三好学生、素质优等生时优先在 A、B 类考虑，达不到必修学分实施补修制。

工位：各专业部确定工位学分的设置与获得。分日常职业行为习惯（过程）学分和考试成绩（结果）学分两部分，各占该项目学分的 50%。日常职业行为习惯主要考核学生遵守学校颁布的专业学习规范的情况，由技能教师和实习管理员共同评价，以百分制评价。考试成绩主要考核学生实训、实验工件完成的情况及技能证书取得的情况。达不到必修学分实施重修制，考工或考证通过，则该项目学分不低于该项目课程学分的 60%。

岗位：学生处、团委、各专业部等部门根据学生需要设置相关岗位类别。学生到班主任处领取岗位学分获取凭证到考核主体处登记，考核主体如实填写岗位学分并盖章或签字，学生将岗位学分获取凭证交给班主任汇总，班主任统一填写学生综合素质报告单中的模拟岗位学分一栏。

二、职校"五位一体"积极育人范式的实践路径

（一）建立运行机制

1. 目标引领

建立目标体系，包括总目标："合格＋特长"；分目标："五位"考核指标。形成操作量表，使之既成为学生的评价标准，又成为学生的发展目标，让学生明确努力的方向。

2. 节点考核

依据学生的一日生活，以学生成长过程中的"寝位""餐位""学位""工位""岗位"作为考核的节点。

3. 信息综合

"五位"考评员将定性记载和量化数据按月统计汇总给相关组织部门，相关部门及时分析掌握情况，并交由负责学籍管理的教务处扎口进行信息的现代化综合处理，由月综合到学期综合再到毕业综合，最终形成每个学生一份完整的成长评价档案，以之作为学生毕业的依据。

4. 适时反馈

教务处分月将综合处理的学生"五位"评价信息适时传递给专业系部，专业系部备案后适时传递给班级管理者班主任，班主任通过适当途径如校园网络或家校通平台适时将综合信息反馈给学生及其家长，让学生看到不足，学习典型，修正方向，以重新形成从目标引领到适时反馈的再循环。

（二）规范监管环节

1. 校长室抓统筹，促运转

校长室负责指挥领导和统筹协调，着重督查有关部门在"五位"方面的组织管理情况，以学生在"五位"方面的综合表现考察各部门的工作成效。

2. 各部门抓组织，促落实

在校长室领导下有关部门分工协助，如学生处、总务处、教务处、专业系部、就业处，分别就"寝位""餐位""学位""工位""岗位"构建专项考核体系，并组织相关管理人员予以责任性落实。

3. 班主任抓布置，促管理

班主任根据有关部门提出的"五位"考核要求对学生进行全面布置，及时上情下达，并全程负责和跟踪，及时下情上报，以"五位"考核为标杆，促进班级的有效管理。

4. 管理员抓考核，促发展

相关管理人员在有关部门的组织下对学生在"五位"方面的表现实施考核，生活指导员、就餐管理员、科任教师、实训教师、实习指导教师分别对应"寝位""餐位""学位""工位""岗位"的考核指标要求予以实施操作，促进学生的全面发展。

（三）提供设施保障

1. 学生提供一张卡

学生从入学第一天起，学校即为每名学生提供一张信息卡，这张卡应同时具备以下多种功能：身份识别功能、信息记载功能、评价获取功能。这张卡要求学生全天候佩戴，妥善保管，遗失要及时补办。

2. 教师配备一台机

学校要为涉及"五位一体"管理的每名人员配备一台具备移动办公功能的评价工作机，同时配置一张管理权限卡。教师可在任何一个节点上通过互联网对其权限以内的学生就某个方面的行为进行及时的评价或者数据分析。

3. 学校建设一个网

首先，要构建覆盖校园每个角落的局域网，实施数字化管理。其次，依据五位要求设计专题栏目，实施分权限管理。最后，网信一体化，实施输入输出终端管理。一个终端既可以实现输入也可以实现输出，并通过网络或者手机短信的形式向被考核者及其家长反馈。

（四）优化制度设计

1. 一位一标准

基于"五位"设计考核量化表，实现一位一套考核标准，既有考核的统一要求，又有考核的个性要求。指标涵盖养成教育、知识教育、技能教育、实践教育等内容。

2. 一岗一职责

一岗一职责是指在实践"五位一体"积极育人范式的过程中，明确每一个考核评价岗位，以及对应的考核评价对象，明确具体的考核评价内容和考核职责，严格按岗位职责履行考核、评价义务，行使考核、评价权利。

3. 一评一反馈

评价手段是实施积极职业教育的指挥棒与抓手，❶ 评价方面首先要创新评价制度。

（1）要创新评价制度。

①评价目的的导向性。指导帮助学生寻找"五位"现有水平与"五位"目标预期水平之间的差距，通过"五位"评价的检查与诊断功能，改进教育教学决策，指引学生向总体目标和各自目标拾级而上，促进学生道德和学业发展。

②评价内容的全面性。在评价中既要体现学生智力因素等方面的内容，又要能体现学生在动力、兴趣、人格等非智力因素方面的内容，于此，学生的热情才会被激发和上涨。

③评价方式的灵活性。要把诊断性评价、形成性评价与终结性评价有机结合起来。基于"寝位"的评价可侧重考察，基于"餐位"的评价可侧重考查，基于"学位"的评价可侧重考试，基于"工位"的评价可侧重考工，基于"岗位"的评价可侧重考核，以此多方面调动学生的积极性。

④评价过程的发展性。学生获得的发展应是贯穿于教育活动的整个过

程，不仅只体现在教育活动后的结果上，因而"五位"学分体现一定的弹性，具有毕业分值的下限以及毕业时段的上限。

⑤评价主体的多元性。除了教师的评价外，还要尊重学生在"五位"评价体系中的主体地位，指导学生进行自我评价，鼓励同伴、家长、企业等参与评价，使评价呈现多元互动之势。

⑥评价原则的激励性。针对中等职校学生的心理特点，中等职校教育评价宜多从正面适时而又恰当的采取鼓励、表扬、赞赏等积极的激励性评价，评价学生的"五位"成绩时既要考察其历史情况，又要关注其发展的潜力。

（2）要建立学生申诉机制。

①建立申诉评议委员会。根据效率和民主性原则，建立专门的申诉评议委员会，设在学校学生处，作为处理学生申诉的专门机构。

②严格申诉评议程序。首先要向申诉评议委员会提交书面申请，陈述申述理由和申诉要求，然后由学生申诉评议委员会对申诉案件进行审查，事实清楚后再进行集体评议，最后报学校校长审核后，以申诉评议委员会的名义做出决定并落实申诉结果。

③完善申诉的处理机制。学生申诉的处理机制，其层次应当分为向学校申诉评议委员会申诉和向学校的上一级教育行政管理机关申请复议两级。学校对申诉的评议，以一次为限。

（3）反馈方面应体现协调性、及时性、发展性。

专业系部和学生处指导下、专业系部组织下的班主任是学生"五位一体"考核评价反馈的两大"扎口"，要相互配合、相互协调。班主任负责学生学习中期的反馈，如一日一反馈，一月一反馈，一学期一反馈；专业系部作为二级管理体系下的育人核心部门负责学生学习结束毕业前的综合反馈。

及时性、发展性就是要即时告知、及时反馈、适时调整。当"五位"中出现任何新的考核评价应即时告知、及时反馈，并要求学生做出适时的调整，促使形成良性循环发展。

（五）建设管理队伍

1. 理论引领，强化服务意识

理论引领体现在两个方面：一是通过各种途径和方式着力宣传积极职业教育理念，形成理念先导。二是深入学习领会"五位一体"体系，形成理论支撑。带领全体教职员工学习"五位一体"基本架构，使之成为共同的价值取向；组织学生学习"五位一体"考核评价要求，使之成为学生共同的成长指南。

2. 技术培训，掌握操作要领

培训内容分为量化考核体系的培训和信息技术的培训，主要做到三点：学标准，心中有数；学技术，手中能操作；学考核技巧，脑中有策略。

3. 信息分析，开展个别指导

考核评价的目的是促进学生提升和发展，而非一大堆枯燥无生命的数据。因此考核评价的"扎口"部门和人员要对考核信息及时开展定性、定量分析，把无生命的数据信息变成可观、可感的具体评价，并通过下发问题整改通知书、公告栏（或者大型电子屏）告知典型引领、管理者友情提示等方式适时开展个别辅导。

三、职校"五位一体"积极育人范式的实践方案

（一）"寝位"实施方案

1. 指导思想

寝位学分制管理是"五位一体"学生目标管理体系的重要组成部分。实施学生寝位管理学分制，旨在规范学生日常行为、养成良好习惯、培养学生自律意识，引领学生学会学习、学会做事、学会共同生活、学会生存，塑造学生文明形象，培育独具职教文化个性特色的学生生存发展的核心素质和能力。

2. 考核内容

寝位学分获取对象：在籍学生。寝位学分考核分三类：住宿生、走读生、校外实习生。住宿学生考评内容如表 10 - 1 所示。

表 10-1 寝位考核内容

序号	项 目	内 涵	学生自评得分	宿管办考评得分	考评部门
1	学会学习（25分）	尊重老师（5分），听从教导、服从管理（12分），正当渠道反映意见（5分）。宿舍管理知识专项考查成绩合格（3分）			
2	学会做事（20分）	内务整理规范（15分），劳动、值日、执勤积极主动（5分）			
3	学会共同生活（15分）	尊重同学、助人为乐（5分），正确处理矛盾纠纷和人际交往（10分）			宿舍管理办公室
4	学会生存（20分）	讲究个人卫生（4分）、勤俭节约（4分）、有安全意识、不违章操作、遵守安全规章（12分）			
5	公德守纪表现（20分）	按时作息（5分）、遵守制度（10分）、爱护公物（5分）			
常规得分合计					
折算寝位实得学分					

内务整理、劳动能力及态度、遵章守纪情况等，考核单位：宿舍管理处；走读生主要考评该生在校外及家庭的综合表现，包括：校外遵章守纪情况、公德心及家庭中生活自理能力及表现等，考核单位：学生处、安保处、社区、家庭等。

3. 考核措施

（1）说明。

"寝位"在"五位一体"学分制中的学分分配为三学年 30 学分，分学期给评，每学期 5 学分。实习期间的寝位学分一方面可拿出部分学分用来奖励在校期间杰出表现，一方面通过以下两种途径获取：其一，参考走读生寝位学分获取标准；其二，由实习单位给评。每位住宿生每学期的寝位必修学分为 3 学分，必修学分：主要从内务整理、劳动能力及态度、遵章守纪情况等方面进行打分。原则上，学期末达不到必修学分的，取消住宿资格；毕业前修不足必修学分的，一是推迟发放毕业证书；二是发放结业证书或肄业证书。

（2）操作。

① 学分的分配。每学期，住宿生寝位标准学分为 5 分，每月 1 学分，如果一学期只有 4 个月，则还有学分可以从住宿费、水电费等的收缴、室长、学生干部、班主任评价综合计算。

② 学分的获得。个人当月学分的获得如表 10 - 2 所示。

表 10 - 2　寝位每月学分

当月扣分		奖惩措施	获得学分	奖励学分		补救学分	备注
0 分	一个月未扣分，且月度本人未涉及偶发事件或违纪事件	星级住宿生	1 学分	非文明宿舍	文明宿舍	不必	
				0.4 学分	0.5 学分		
	一学期未扣分，且月度本人未涉及偶发事件或违纪事件	文明住宿生	5 学分	非文明宿舍	文明宿舍	不必	
				2 学分	2.5 学分		
1 ~ 8 分		无	0.8 ~ 1 学分	无		不必	
9 ~ 20 分		无	0.6 ~ 0.8 学分	无		不必	
21 ~ 40 分（或一次性扣分为 5 ~ 9 分）		黄牌警告一次	0.1 ~ 2.9 学分（低于必修学分）	无		申请补救学分	两次黄牌，建议不在宿舍区就宿 三次黄牌，取消其住宿资格
超过 40 分（或一次性扣分超过 10 分）		取消其就宿资格	0 学分	无		无资格	之后的寝位学分均为 0 学分

奖励学分（分值视情况定），奖励学分可带入"五位一体"总分计算。主要是：学生所在宿舍被评为"文明宿舍"，学生被评为"星级住宿生"

"优秀住宿生";示范性寝位、宿舍;学生服从力、执行力、正义感、公德心等方面的杰出表现;学生干部主要从工作责任心、管理能力及效果、公众形象和影响力等方面由管理人员和学生代表投票打分,决定其得分;其他方面的突出表现。如见义勇为、拾金不昧、及时阻止偶发事件、重大事件的发生等。

补救学分:一个月检查,累计扣分超过 20 分,或一次性扣分超过 5 分,且未涉及重大偶发事件或违纪事件,则该生有权且必须申请补救学分。步骤:本人申请—班主任签字—宿舍管理办公室批准—安排补救方案—实施—宿舍管理办公室打分—存档—补救成功。补救学分的获取途径:义务劳动、志愿者、执勤、拾金不昧、见义勇为、有立功表现、有显著改过表现、及时阻止偶发、突发、重大事件的发生等。

惩罚学分:住宿生在宿舍区有重大违反学校及宿舍区管理规定的,或一次性扣分超过 10 分,将直接扣除其当月一定的必修学分,直至取消住宿资格。

(3)宿舍内务月度评估办法。

宿舍内务月度总评以当月扣分情况,分文明宿舍、优质宿舍、合格宿舍、不合格宿舍四种。具体评估方法如表 10 - 3 所示。

表 10 - 3 宿舍内务月度评估方法

宿舍扣分情况	授予称号	说明
平均每周最多只扣 1 分或一个月最多扣 4 分,且月度宿舍无重大偶发事件或违纪事件	文明宿舍 (三星宿舍)	1. 只有获得过文明宿舍或优质宿舍的班级有评优资格,按获得文明宿舍和优质宿舍的比率排名推进班级评优次序 2. 文明宿舍成员和室长有奖励学分 3. 优质宿舍成员无奖励学分
平均每周扣 1～2 分或一个月扣 4～8 分,且月度宿舍无重大偶发事件或违纪事件	优质宿舍 (两星宿舍)	
平均每周扣 2～10 分或一个月最多扣 40 分,且月度宿舍无重大偶发事件或违纪事件	合格宿舍 (一星宿舍)	

续表

宿舍扣分情况	授予称号	说明
平均每周扣分超过 10 分或一个月扣分超过 40 分	不合格宿舍	能处分至个人的，追究个人责任，不能处罚至个人的，追究全体宿舍责任
单笔扣分超过 5 分		
月度宿舍发生重大偶发事件或违纪事件		

重大偶发事件是指宿舍内成员出现打架斗殴、抽烟喝酒、赌博、偷窃、敲诈、在宿舍内使用明火、故意损坏公物、蓄意撕毁配电箱封条以及拆卸毁坏用电设备或其他违纪事件造成严重后果的事项。

（4）班级及班主任考核。

① 学期结束将班级各宿舍得分进行累加，取平均值，再进行全校排名。前十名的班级班主任津贴上浮，并授予班主任荣誉称号。后十名的班级，原则上无优秀班集体评选资格，班主任无优秀班主任评选资格；班级住宿生在宿舍区有重大违纪行为的班级无优秀班集体评选资格，班主任无优秀班主任评选资格。

② 所在班级宿舍被评"文明宿舍"的、班主任到宿舍率较高的，学期结束后，将建议学校给予奖励。

（5）系部考核授星如表 10 - 4 所示。

表 10 - 4　系部考核授星情况

项目		授星
所在系部各宿舍得分累加并取平均值	第一名	两颗星
	第二、三名	1 颗星
文明班级占的比率	第一名	两颗星
	第二、三名	1 颗星
班主任到场率	第一名	两颗星
	第二、三名	1 颗星
最终累计星数（最高六星）		

（二）"餐位"实施方案

1. 餐位学分设置

根据学校"五位一体"学分制管理体系的要求，"餐位"每学期总学分为5学分，必修学分为3学分。必修学分的获得是学生毕业、实习的必备条件。

2. 餐位学分的获得

（1）申请学分。就餐学生具备了下列条件可向学校膳食管理办公室申请学分：申请学生知道必修学分的重要性和意义，熟悉就餐规范要求，熟背餐位规范口诀；接受膳食管理办公室关于就餐规范的考核并过关；就餐学生需佩戴胸卡和携带饭卡，每餐均能凭卡在餐厅按时就餐，遵守餐厅管理要求；班级学生以餐桌为单位并推举桌长，向膳食管理办公室提出学分考核申请及文明餐桌的评定。

（2）申请时间。开学第一个月申请考核合格，得3学分，如延期申请，则每延后一个月减0.5分。

（3）学分获得。膳食管理办公室组织对申请学分的班级和学生进行考核，现场考核学生就餐规范的执行，考核持续一周时间。考核合格后该餐桌获得文明餐桌称号且该餐桌学生获得3学分，由膳食管理办公室发放餐位学分记载卡（学生放置于胸卡背面）。学分获得后，学校膳食管理办公室进行每餐的检查，根据学分奖惩细则进行学分的奖惩并记载于学生餐位学分记载卡上，学期结束后确定每位学生的最终学分，计入本学期成绩。

3. 学分的奖惩细则

（1）学分奖励。

①学期结束班级餐位考核列全校前五名，班级每人加0.5分，班级餐位考核六到十名，班级每人加0.2分。

②积极申请参与"餐位"考核的监督管理工作，连续工作一周并成效显著的加0.2学分。

③平时主动参与餐位管理，能及时制止或报告违纪现象经查实的每次加0.1分。

④参加食堂义务劳动或完成突击性任务，表现突出的学生每次加

0.1分。

⑤考核获得3学分后，学校膳食管理办公室检查连续一个月无扣分现象的餐桌或同学，奖励0.5学分。连续两个月无扣分现象，奖励1学分。保持到该学期结束，则相应同学餐位考核得5分。

⑥学期结束，评选40名优秀桌长和60名文明就餐标兵，学校给予相应的精神和物质奖励。

⑦其他符合奖励的条件由学校膳食管理领导组确定。

（2）学分处罚。

①排队：不按时到指定窗口排队扣0.1分，无胸卡扣0.1分，高声喧哗、打闹扣0.1分。插队扣0.2分，代打饭扣0.1分。

②进餐：不在指定餐位扣0.1分，乱倒饭菜扣0.1分，乱丢餐具、餐具不放至指定位置扣0.1分。

③桌面和地面：桌面及地面有污物，桌长扣0.05分，责任人扣0.1分。

④随地吐痰、乱丢垃圾、纸屑、嚼口香糖扣0.1分。

⑤损坏公物，除赔偿外视情节轻重扣0.1~0.5分，情节严重给予相应的纪律处分并取消其在餐厅就餐的资格。

⑥不服从管理扣0.2~0.5分，情节严重给予相应的纪律处分并取消其在餐厅就餐的资格。

⑦打架：扣1~5分，情节严重给予必要的纪律处分并取消其在餐厅就餐的资格。

⑧不到餐厅就餐，按就餐次数比例计算相应的学分。

4. 就餐纪律

（1）学生佩带胸卡在食堂就餐，排队到指定窗口凭卡打饭，不许插队或让他人代买，不大声喧哗，嬉戏追逐，更不得在餐厅内吵架、打架。

（2）学生在食堂就餐，须在指定餐桌就餐，并保持餐桌及地面整洁，饭后将餐具送到指定位置。

（3）严禁将外来食品带入食堂，就餐学生不得将所购饭菜带出餐厅到教室。

（4）要养成良好卫生习惯，餐厅内不随地吐痰，乱抛瓜皮果壳，乱泼污水，严禁吃口香糖。

（5）爱惜粮食，养成勤俭节约的好习惯，适量买饭菜，杜绝浪费现象。

（6）爱护食堂的公物和设施，不得随意挪动或损坏，若有损坏，照价赔偿。

（7）未经允许，学生不得进入操作区域。

（8）严格遵守食堂管理规定，服从值班教师和工作人员的管理和调度。

（9）尊重食堂工作人员的劳动，有意见礼貌提出，或通过老师转达，不得与食堂工作人员争吵，更不得辱骂和有其他无理行为。

5. 餐位规范口诀

按时就餐是个宝，烟酒不沾身体好。

尊重劳动讲礼貌，主动排队素质高。

细嚼不语浪费少，桌面地面常清扫。

剩饭剩菜不乱倒，轻放餐具零损耗。

崇尚美德要记牢，争当标兵我自豪。

（三）"学位"实施方案

1. 学位的内容

学生在教室上课学习的位置。

2. 学位学分设置

学位学分由日常学习行为习惯（过程）学分（G）和考试成绩（结果）学分（K）两部分构成。

文化基础课总学分为 12 学分（语文、数学、英语三门课程均为 3 学分，政治、体育、计算机基础各 1 学分），必修学分为 7.2 学分；专业理论课总学分为 8 学分，必修学分为 4.8 学分。音乐、军训、综合社会实践等以选修课学分计。

开学初科任教师在调查研究的基础上，指导学生依据自身实际情况，选择该课程过程性学分（G）与考试结果学分（K）的比例。A 类 G：K = 3：7；B 类 G：K = 5：5；C 类 G：K = 7：3。

高考班级学生主要在 A、B 类选择。评选三好学生、素质优等生时优先在 A、B 类考虑。

3. 学位学分获得

日常学习行为习惯（过程）学分（G）主要考核学生在座位上遵守上课纪律和完成科任老师布置的学习任务、作业及单元测试等情况，即考核学生遵守学校颁布的学习规范的情况；考试成绩（结果）学分（K）主要是指期中、期末考试成绩的总评（期中占40%、期末占60%；未进行期中考试的课程期末按照100%计）。

某学生学期末语文学科学分计算方法，语文课程规定 3 学分，如选 A 类，则该课程过程性学分：$G = 3 \times 0.3 \times$ 教师对该生平时综合评价得分（百分制）%。考试结果学分：$K = 3 \times 0.7 \times$ 考试成绩的总评（百分制）%。该生语文本学期学分 $= G + K$。

教师在评价时要客观，以鼓励积极向上为主，更要看到学生的进步，如该生课堂遵纪等情况进步显著，则教师对该生平时综合评价得分（百分制）可以上调，尺度由教师把握，不超过 0.9 学分。如该生在班级（或 A 类、B 类、C 类）考试的名次有进步，K 值也可以给予上调。A 类、C 类学生每进步一个名次可加 0.1 ~ 0.6 学分，B 类学生每进步一个名次可加 0.1 ~ 0.4 学分，不超过 2.1 学分。G + K 值之和不超过 3 学分。

如该生 G + K 值之和小于 1.8（即小于语文学科必修学分值：$3 \times 60\%$），该学科需要补考。

（四）"工位"实施方案

1. 工位的内容

学生参加专业技能训练的场所。

2. 工位学分设置

每学期总学分为 15 学分，必修学分为 9 学分。根据本学期所有实验、实训项目将 15 学分进行分配，以课时数（或折算课时数）原则分配。如若本学期没有实验、实训，每人均计 9 学分（即合格学分）。

3. 工位学分获得

分日常职业行为习惯（过程）学分（G）和考试成绩（结果）学分（K）两部分，各占该项目学分的 50%。日常职业行为习惯主要考核学生在工位上遵守工作纪律及遵守操作规程、安全文明生产的情况，即考核学生遵守学校颁布的专业学习规范的情况。由技能教师和实习管理员共同评价，以百分制评价。考试成绩主要考核学生实训、实验工件完成的情况（含实训、实验报告等）及技能证书取得的情况。

如该项目学分：G + K之和小于分配学分60%的必修学分值，需要重修。考工或考证通过，则该项目学分不低于该项目课程学分的60%。

本学期学生获得的奖励性学分，可以由学生提出申请，换算后加到不及格课程（成绩不低于30分）学分中，加入后如达到该课程必修学分，则课程不需要补考。

该生学年学分达不到必修学分60学分的或三门以上主专业课程需要重修的予以留级，如需留级却没有相同的专业，则应服从学校的调剂，重修课程或延长的年限所需的费用依据省物价局核定的学校收费标准收费。

（五）"岗位"实施方案

1. 指导思想

通过岗位学分考核，增强学生的岗位意识，展示学生的个性风采，挖掘学生的自我潜能，培养学生的各种能力，提高学生的综合素质，为今后更好地适应岗位、就业和创业打下坚实的基础。

2. 岗位学分界定

本办法中，岗位学分指学生在学校期间从事卫生值勤、校园值周、勤工俭学，参加训练比赛、公益活动、志愿服务，担任各种自治组织、学生社团、兴趣小组、创业团队的组织者和参与者，完成相关部门布置的临时性、突击性工作等所获取的学分。学生参加校外顶岗实习的岗位学分考核办法由相关部门另行制订。

3. 原则

（1）基础性原则。因所有学生在学校期间均承担一定的劳动、值日、值周等任务，故为每一名学生提供基础性岗位学分2分。

（2）均衡性原则。努力创设每一名学生都有机会获取基础性岗位学分之外岗位学分的机制。

（3）激励性原则。学生个体差异较大，获取岗位学分的办法和途径多样，无法用较为统一的标准考核，故可采取灵活的以激励为主的考核办法。

4. 岗位学分分值

标准学分 5 分/每学期，必修学分 3 分/学期。

5. 学分计算办法如表 10 - 5 所示。

表 10 - 5　岗位学分计算办法

类别	分值				考核主体或依据	备注
	优秀（省）	良好（市）	合格（县）	不合格（校）		
卫生值日、校园值周	2	1.8	1.6	1	班主任	岗位基础性学分
勤工俭学	1	0.8	0.6	0.4	组织部门	
校学生会主席、副主席	2	1.8	1.6	1	学生处	
学生分会主席、副主席，团总支书记	1.6	1.4	1.2	0.6	学生处、团委	
学生自治组织部门负责人	1.6	1.4	1.2	0.6	管理部门	
班长 团支部书记	1.6	1.4	1.2	0.6	班主任	
班委会、团支部其他成员，学生自治组织干事	1.2	1.0	0.8	0.6	班主任、管理部门	
室长、桌长、课代表、组长	1	0.8	0.6	0.4	宿管处、膳食处、任课教师	
学生社团负责人	1.6	1.4	1.2	1.0	组织部门	
学生社团成员	1	0.8	0.6	0.4	组织部门	
兴趣小组	1	0.8	0.6	0.4	指导老师	
志愿服务	1	0.8	0.6	0.4	组织部门	
公益活动	1	0.8	0.6	0.4	组织部门	
集训队	1	0.8	0.6	0.4	组织部门	
各类比赛	1.6 ~ 2.0	1.2 ~ 1.6	0.8 ~ 1.2	0.4 ~ 0.8	获奖证书	

6. 学分确认和获取办法

（1）学生到班主任处领取岗位学分获取凭证到考核主体处登记。

（2）考核主体如实填写岗位学分并盖章或签字。

（3）学生将岗位学分获取凭证交给班主任汇总。

（4）班主任统一填写学生综合素质报告单中的模拟岗位学分一栏。

7. 说明

（1）如果在"五位一体"学分制其他考核办法中获得了本办法中的考核学分，不重复获取学分。

（2）在同一组织、同一活动中、同一比赛中实行就高不就低的办法，不重复获取学分。

（3）为鼓励更多学生获取岗位学分，可考虑以月或半学期为单位实行各类岗位轮值或更换。

本章小结

中职"五位一体"积极育人范式中"寝位""餐位"侧重指向学生成人，"学位""工位"侧重指向学生成才，"岗位"侧重指向学生成功，但"五位"形成一个有机的整体。该范式的实践建构主要以积极职业教育理论为支撑，实践逻辑是学生的全面发展以及学生的学校生活和职业社会化过程的契入。这一范式的实践价值是职校育人模式的内涵发展、职校素质教育的特色体现以及职校以生为本的优质管理。规避中职学校育人层面的问题，并反思中职学生成长环境的消极因素，可以有针对性地实施中职"五位一体"积极育人范式的实践策略。其实践架构："五位一体"发展目标的定位，即合格＋特长；"五位一体"学业规划的指导，实施流程为明确目标要求—制定学业规划—明晰达成途径—确认五位学分；"五位一体"学分体制的构建，包括五位基本规范、五位学分设计、五位评定办法。其实践路径：建立运行机制、规范监管环节、提供设施保障、优化制度设计以及建设管理队伍。其实践方案具有可行性。

（江苏省海安中等专业学校　沈志美　于友林　吴如林）

职校教师积极教育力的实践建构

没有积极就没有真教育，真正的教育应该呈现出积极性。职业教育是教育的重要组成部分，为积极而教是职业学校的重要使命。在职业学校，实施教育的主体是教师，教育的效果优劣体现在教师，所以，职业教育的"积极"关键在教师，而体现职业学校教师的"积极"关键在教师教育力。

第一节　职校教师积极教育力的实践意蕴

职业学校发展的关键在教师，无论是学校教育，还是专业发展、课程建设一切都依赖于教师。所以，通常所说的教育力，一般是指学校教师的教育力，对于职业学校而言，就是职业学校教师教育力。

一、职业学校教师教育力概述

（一）教育力

目前，国内外学者对教育力的理解因人而异，没有统一的定义与概括，出现了很多的解读。

1. 国内外学者的主要观点

日本东京大学斋藤孝博士认为：一个社会之所以要产生教育，就是因为这个社会是有梦想的，有一个值得去实现的目标，这样的目标就构成了一种梦想。梦想是否存在，是教育能否产生的前提条件，一个人如果拥有这种梦想，他所做的事情就会产生一种内心所怀抱的向往，产生超人一般的热情。而具有这种热情的人将是富有教育力的人。他在其所著的著作《教育力》中把教育力定义为"传递梦想的能力"。❶ 国内有学者认为教育力就是教师的感召力、说服力、感染力、人格力、文化力、道德力、教学力、亲和力、管理力、情感力以及科学与人文力等的融合。❷ 也有人认为教育力就是教师的核心竞争力，是教师赖以生存的生命力。❸ 还有人认为教育力是指教师在教育活动中所反映出来的一系列能力的总和，可以细分为技术力、人群力、政策力、文化力和学习力五个方面。❹ 可见，不同的学者对教育力的认识有所差异，总体上可以概括为教师教育教学的能力。

2. 教育力的物理学理解

教育力可以看成"教育＋力"，"教育"应该比较容易理解，广义的教育泛指一切有目的地影响人的身心发展的社会实践活动，狭义的教育是指学校教育。"力"是物理学一个概念，即物体对物体的作用。如果按照字面理解，可以这样定义"教育力"，广义的教育力泛指一切通过有目的地开展社会教育实践活动而产生教育效果的力，中观层面上的教育力是指学校教育力，狭义的教育力应该指教师的教育力。

教育力表现为三个层面，一是微观层面，即教师；二是中观层面，即学校；三是宏观层面，即整个教育。❺ 围绕培养全面发展的高素质技术技能型人才，从教育力的大小、方向与作用点加以分析，不难看出，在微观层面，教育力的大小表现为对每一个学生个体的教育的分寸，教育力的方

❶ ［日］斋藤孝. 教育力［M］. 张雅梅，译. 上海：华东师大出版社，2011：6.

❷ 朱光钛. 教师与教育力关系探析［J］. 青海师范大学学报（哲学社会科学版），2009（4）：141－144.

❸ 吴天武. 对大学教师教育力的再思考［J］. 成都师范学院学报，2014，30（10）：5－8.

❹ 壮国桢. 教育力提升：高职院校师资队伍建设的核心［J］. 职业技术教育，2009，30（1）：57－59.

❺ 崔景贵，沈贵鹏，胡卫芳，等. 新时代 新思想 新征程：做优质高效的积极职业教育［J］. 当代职业教育，2018（3）：32－37.

向表现为对每一个学生个体施加的积极教育，教育力的作用点表现为对每一个学生个体的教育切入口；在中观层面上，教育力的大小表现为因材施教，教育力的方向表现为符合国家政策法规，教育力的作用点表现为面向全体学生。在宏观层面上，教育力的大小表现为提供适合的教育，教育力的方向表现为符合教育规律，教育力的作用点表现为以学生为中心。

为了能够促进教师个体的教育力提升，本章研究与分析微观层面的教师教育力。

3. 教育力的属性

可以从力的效果及力的三要素等物理学概念分析教育力，但因为冠有"教育"二字，其教育力又必然具有教育属性，且教育属性是其最大的属性。

（1）教育力非物对物的作用。

力是物体对物体的作用，但教育力是人与人之间的作用，显然教育力有别于物理学上"力"的特性，更多是具备"人"的特性，所以，教育力体现出的应该是教师与学生的心灵碰撞。

（2）教育力体现教师施教的主动性。

作为力，必有施力的一方和受力的一方，教育力是教师对学生施加影响，教师是主动方，学生是被动方，教师需要思考实施什么样的教育力、从哪儿施加教育力、施加多大的教育力等。

（3）教育力是师生情感融通的过程。

力是相互作用的，也是相互影响的，当教师对学生施加教育力的同时，学生也应该有一个反作用力，即学生也对教师施加了一个反教育力，这种反教育力对教师的成长与发展也有很大的影响，这与"师生是成长共同体"的观念是不谋而合的。

（4）教育力必须产生效果。

力的效果体现有两种可能，即物体发生形变或改变运动状态，反之，如果不产生形变和改变运动状态，即不能称为"力"。同样，对于教育而言，教育力的效果可以理解为发生思想转变或行为改变，不能产生效果的教育不能称之为教育力。

（二）教育力与教师发展

无论是广义的教育力，还是狭义的教育力，最后均指向实施教育的起点，谁来实施？显然是教师。所以，教育力是伴随着教师的存在而存在，教育力体现一个教师的教育能力的大小，也体现一个教师的教育智慧和人格魅力。

1. 教育力随着教师的发展而发展

对于教育力而言，教师是载体，离开了教师，就谈不上教育力，教育力伴随着教师的发展而发展。针对不同的教师个体而言，教育力的大小以及教育力的发展也有所不同，有成长环境的影响，更有个体对教育价值追求的影响，一般来说，对教育富有情怀的教师教育力发展较为迅速。

2. 教师的发展主要体现在教育力

职业学校的教师发展体现在多方面，有专业方面，有学历层次方面，有科研能力方面，有课程建设方面，等等。而教师的本职是教书育人，所以，能直接体现教师发展的就是教育力，离开了教育力，就不能称为教师，离开了教育力，教师发展就毫无意义。

3. 教育力影响着教师的发展

教育力影响着教师的发展，这是毫无疑问的。现行的教师评价机制中，无论是职称评定，还是各类评先评优，还是选拔年轻教育管理干部，教师教育力均是一项核心指标，集中体现在教师教育教学能力上。这种评价也是目前相对公平、公正的一种方式，对教师发展有鲜明的导向作用，对教师的发展有较大的影响。

二、职业学校教师积极教育力的意涵

（一）积极教育力的概念

积极教育力可以理解成"积极＋教育力"，通过积极的行为有目的性开展教育实践活动，而产生积极效果的教育教学能力总和。所以，"积极"应该体现在两个方面，一是施加教育力的主体行为的积极性，二是施加教育力的效果要体现积极性。

1. 教师行为积极性的体现❶

（1）发展的主动性。

教育力的积极性首先体现在"主动"，有了主动意识，就会给自己定下发展目标，有了目标就会有发展方向和发展动力；有了主动意识，才能在发展过程中主动思考问题，主动发现问题，主动寻找解决问题的办法。

（2）行为的责任性。

教育力的积极性还表现在责任意识。"为人师表"决定了教师行为的责任性，实施教育行为，是一种职业，更是一种事业。教育与其他职业不一样，是研究与培养"人"的职业，有其特殊性与复杂性，往往不能以"钱"来衡量教育的优劣，失去了责任心，就失去了教育良知，也就无从谈起"积极性"。

（3）效果的优质性。

教育力的积极性还表现在优质性，即具有质量意识。培养优秀的技术技能型人才，是职业教育的责任所在，也是职业教育追求的目标。坚持人才培养的优质性，需要我们不断优化人才培养方案，不断创造条件，提升教育教学能力，提高课堂教学效率。

（4）过程的螺旋性。

教育力的积极性还表现在教育的可持续性。人的成长过程是一个不断学习的过程，也是一个螺旋上升进步的过程。让学生通过眼前的考试，还是让学生学会学习，掌握自我成长的法宝，这完全取决于教育实施过程的"可持续性"要求与策略。

2. 教育效果积极性的体现

教育效果的积极性是体现积极教育力的重要内容，积极的教师培养出积极的学生，学生的积极主要呈现在以下几个方面。

---

❶ 崔景贵，沈贵鹏，胡卫芳，等. 新时代 新思想 新征程：做优质高效的积极职业教育 [J]. 当代职业教育，2018（3）：32-37.

（1）三观的端正性。

树立正确的世界观、人生观、价值观是教育的重要任务，如何正确看待这个世界，如何准确理解人生的目的与意义，如何区别好坏、明辨是非，这是教师教育力必须要有的成效，通过生活体验、社会实践、榜样激励等手段，让学生在实践中体悟、内化，形成积极向上的人生观、强有力的社会主义核心价值观、科学唯物的世界观。

（2）人格的健全性。

人格健全是指人格正常和谐的发展，主要表现在有信心、有爱心、有恒心、有责任心，诚实守信、宽容谦逊、乐观坚韧，等等。学生能够独立自主、自强不息地生存、生活与发展，注重个人人格的健全，这也是教师教育力成效的重要体现。

（3）发展的可持续。

教师教育力不能满足于当下知识的掌握、个人的发展，而应该着眼于人的长期与长远发展，建立"现在是为将来发展打基础"的理念，学生有自我发展的能力与愿望，能积极参与社会活动，积极参加生活体验，掌握学习与生活的方法与技能，主动发展、积极作为、不断追求，不断演绎精彩人生。

（二）职校教师积极教育力的作用

职校教师积极教育力的作用体现在不同层面，主要体现在对教师自身的发展，体现在服务对象，体现在对教育的贡献度等方面。

1. 促进教师事业走向成熟

教师的成长也是教师教育力提升的过程，教育力的提升同时促进了教师的成长。一名优秀的职校教师，如何从一名职教"新兵"走向一名成熟的职教"将军"，同样需要在积极教育力提升上下工夫、求进步。由于职业教育的特殊性，在实施教育过程中，要充分把握职校生的心理与生理特点。

2. 促进学生健康幸福成长

教育的目的是为了人的成长，长期处于学习低位的职校生，更需要教师的积极教育力，通过教师的关心与关爱以及教师积极的指导与引导，让学生重新拾起信心，燃起希望，找到生活与学习的乐趣，教师的积极教育力是学生健康幸福成长的重要保障。

3. 促进职业教育品质发展

教师积极教育力是职业教育高质量发展的前提，也是呈现职业教育高品质发展的重要体现。职业教育的高品质发展体现在职业学校，职业学校的高品质发展体现在职业学校的教师，教师的积极性直接影响教育的品质，抓住教师的积极教育力，就抓住了职业教育的发展之魂，就能充分保证职业教育的高品质发展。

三、职业学校教师积极教育力的意义

职业学校教师积极教育力的意义，主要在于改变消极状态。职业学校中的消极或者不积极的状态，主要体现在社会、行业、企业的认可度，家长、学生的认可度，教师及学校的自我认可度。

1. 社会、企业、行业的认知：由"偏"走向"正"

目前，社会对职业教育还存在认识上的偏差，对职业学校的认可度还有待提高，如何纠"偏"呢？客观上影响因素是存在的，更重要的是职业学校发展过程中的主观因素，特别是教师教育力问题，教师的积极教育力直接影响学校的积极发展，学校积极发展直接影响社会对职业学校的积极认识。

2. 家长、学生的认知：由"低"走向"高"

选择职业学校，对于大部分家长和学生而言，绝大多数是一种无奈的选择，大部分家长对学校管理是否严格十分在乎，大部分学生对职业学校没有抱多大希望。如何让家长放心、学生安心，关键还是在于教师，教师的形象代表学校的形象，教师教育力代表学校质量水平。显然，提高家长、学生对职业学校的认知，还得需要教师有积极教育力。

3. 教师及学校的自我认知：由"客"走向"主"

改变外界对职业学校和职业学校教师的认知，这是必要的，但当外界无法改变时，改变自己十分必要。通过"自我革命"，从自我定位的"客"转向于奋发向上的"主"，教师积极教育力就是一个重要的路径，除了能够改变外界对职业学校的认知外，更重要的是通过积极的思维、积极的参与、积极的行动、积极的反思，获取积极的体验、积极的情感和积极的认知，促进教师个体的成长与进步，也带动学校的自我发展。

第二节　职校教师积极教育力的实践反思

教师积极教育力是保障职业学校高质量发展的重要前提，如何有效地提升职业学校教师积极教育力，发挥其对职业教育发展以及人才培养的重要推进作用，需要详细地分析目前职业学校教师积极教育力存在的问题以及影响职业学校教师积极教育力因素。

一、职业学校教师教育力方面存在的不足

目前职业学校教师教育力方面主要存在教育态度不积极、教育力方向不准确，教育力大小不适中、教育力作用点不着力等现象。这些现象严重影响教师的个人发展，也影响职业教育的发展，特别对职业学校学生成长不利。

1. 教育态度不积极

职业教育发展的整体环境时刻影响职业教师的发展，长期从事较为繁重的职业教育，教育成果不明显，很容易使职业学校教师产生职业倦怠和职业疲劳，对从事的工作提不起兴趣，对教育对象激不起热情、对教育前途充满着迷茫。久而久之，就会消极对待工作、消极对待学生、消极对待生活以及人际关系，教育成为谋生手段，成为生活中不得不做的事。此时，教育力已失去了提升的氛围与环境，失去了"教育"的价值与初心。

2. 教育力方向不准确

教育力的方向是为谁培养人、培养什么样的人的问题。坚持为社会主义发展培养技术技能型人才目标不能变，坚持培养健康、快乐、和谐的社会主义公民不能变，所以，基于人的全面发展的方向是教育力施力方向所在。在当前职业教育工作中，就这样一个基本问题，职业学校很多教师还

是没有能够搞明白、说清楚，他们把学生视为"差生群体"，把学生视为看管对象，把学生看成企业廉价劳动力，不仅失去自身的教育信心，也偏离了职业教育的培养方向。

3. 教育力大小不适中

教育力的大小是回答怎样培养人的问题。工作中，有很多职业学校教师感叹：自己付出那么多，但学生就是不理解，就是不能改变。有些教师甚至得出结论：儒子不可教也。教育是一个情感交流的过程，授之有道，则听其言，授之有度，则励其心。无论是表扬，还是批评，都讲究一个力度，力度适中则起到作用，偏大或偏小都会打折，不起作用甚至起反作用。所以，教育力大小是教师教育过程中很难把握的尺度。

4. 教育力作用点不着力

教育力的作用点也是回答怎样培养人的问题。教育是否起到作用，主要在于"心"，作用点就是受力点，作用点选得好，就能"四两拨千斤"，作用点选择得不好，就会拨不动，甚至产生破坏效果。教育教学过程中，我们经常发现一些学生屡教不改，大部分教师都会把责任推到学生身上，认为这是一种恶习，不容易改。其实可以反思一下我们的教育行为，当学生行为不当时，我们每一次教育行为是不是过于简单粗暴了，是不是作用点没有找着或者找偏了，所以导致了每一次教育效果都没有达到预期目标。

二、影响职业学校教师积极教育力的因素

教师的积极教育力不是与生俱来的，是在教师成长与发展过程中逐渐提升的，显然，成长必然受到环境的影响，也受到自身对职业教育、教师岗位、社会环境的理解与认识。

（一）影响教师积极教育力的外部环境

1. 社会因素

社会对职业教育的认识影响职业学校教师的发展，也影响教师积极教育力的发挥。"考上大学才是正道"，是当今社会仍然存在的价值观念，中考"落榜生"是人生竞争中的第一轮"失败者"，职业学校只是无奈选择，

职业学校也被扣上了"差生与乱生的集聚地"。同样，职业学校的教师也就不受待见，在这样一种环境中，选择做职业学校教师就是一个艰难的抉择，成长为具有积极教育力的教师难度更大。

2. 家庭因素

任何一个家庭都是个体成长与发展的坚强后盾，没有家庭的支持，很多工作就难以开展，职业学校教师同样如此，面对职业学校现状，工作任务重、工作压力大，特别对于一些不理性的家长、不理智的学生，压力就更大。此时，家庭的"力挺"与"包容"就十分重要，教师积极教育力与家庭的支持有很大的相关性。

3. 学校因素

学校是教师成长的平台，也是影响教师发展的重要因素，一个校风、学风、教风严谨的学校，无疑对教师起着潜移默化的作用，一个环境和谐、积极向上的工作氛围，无疑也会对教师产生积极的影响。公平公正对待每一位教职员工，努力为每一位教师发展与成长创造条件，建立与完善相关的质量运行机制、科学合理的激励机制等就显得十分必要与重要。

4. 团队因素

一个人可以走得很快，一群人可以走得更远。教师团队建设有利于教师积极教育力的提升。青年教师的成长离不开老教师的指导，个人的成长离不开团队的智慧，无论是教育教学的经验，还是教育教学能力，在积极的团队中可以感悟到智慧的碰撞、同行的引领、同伴的感染，良好的团队可以带动个体的快速发展，也会带动教师积极教育力的提升。

（二）影响教师积极教育力的内部因素

职业学校教师积极教育力与外部成长环境有一定的关系，但对教师积极教育力起决定因素的还是教师自身。主要体现在以下几个方面。

1. 对职教事业价值的认同

职教事业是一项伟大的事业，2019 年国务院正式印发《国家职业教育改革实施方案》，明确提出职业教育是一种类型教育，是国家国民教育的重要组成部分。从事职业教育不低人一等，而是国家的需要、人民的需要，是全面落实"高中入学率"的重要支柱，更是地方经济发展重要的人力资源保障。从事职业教育的贡献度不亚于任何一种教育，这是一种事业价值认可，离开这个谈积极教育力就显得苍白无力。

2. 对教师岗位价值的认同

教师岗位是一个神圣的岗位，教师的职业不同于其他职业。有人称教育为"良心饭"，普通职业只需要按时按点上下班、按时按点完成任务即可，而教育是做的人的工作，既有制度上的刚性要求，更有情感上的柔性沟通，有别于其他职业。教书育人，是一个神圣的使命，关系到国家、民族的发展，任何一个从事教育的工作者都不能懈怠。培养什么样的人？怎么培养人？为谁培养？这是教师成长生涯中的"三追问"，也是教师岗位价值的"初心"。对教师岗位价值的认同方能保持自己的教育定力，方能为积极教育力的追寻作出努力。

3. 对职教学生价值的认同

人本没有高低之分，中考的成绩只能代表当时的学科成绩，不能代表一个学生的终身发展。事实也证明，很多从职业学校毕业的学生走向了成功，看低教育对象或不认可自己的教育对象，往往会使自己不能专注于教育，会自觉不自觉地发生体罚、变相体罚等现象。积极教育力的基本要求就是对教育对象要有无私的爱，要挖掘学生内在的潜力，帮助学生实现自己的人生价值。

三、人工智能时代对职业学校教师教育实践影响[1]

人工智能起源于 20 世纪 50 年代，随着计算机的发展而发展。1950 年，马文·明斯基（人工智能之父）和邓恩·埃德蒙建造了世界上第一台神经网络计算机，1956 年，约翰·麦卡锡首次提出"人工智能"的概念，经过近 70 年的发展，人工智能时代开始进入发展的"高速时代"。

2016 年 Alpha Go 利用深度学习击败了围棋冠军，2017 年机器人索菲亚成为地球上第一个被赋予公民身份的机器人，把人工智能推向了一个新

---

[1] 杨永年. 面向人工智能时代的积极职业教育力探析［J］. 机械职业教育，2019（3）：55－57.

的高度。近几年，国务院先后下发了《国务院关于积极推进"互联网+"行动的指导意见》（国发〔2015〕40 号）、《"十三五"国家科技创新规划的通知》（国发〔2016〕43 号）、《新一代人工智能发展规划》（国发〔2017〕35 号）等，国家如此密集地下发与人工智能发展相关的文件，一是表示人工智能发展的重要性，二是显示人工智能已上升为国家战略发展，三是突出人工智能发展的迫切性。

（一）人工智能时代对生活的影响

在日常生活中，人工智能也正逐步影响人们的生活，机器人代替人的工作已不为稀奇，网络信息的推送已成为打开网页的自然现象，商品交易的无纸化已成为各类市场交易的必要方式，人们之间的沟通方式逐渐让电报、电话成为历史。人工智能在不知不觉中带动和推动了整个社会发展，正改变人们的"稳定"生活状态。

（1）生活节奏加快。网络把人与人的空间距离拉近，瞬时的信息传递、便捷的商品交易等，助推了人们的生活节奏。

（2）身份的透明化。由于定位、推送等功能的增强以及数据收集的需要，让人们的身份更加透明化，不知不觉地进入一个"透明社会"。

（3）信息推送的个性化。大数据的收集与整理，促进了人的个性化在人工智能面前"无处藏身"，信息个性化推送满足了人们的爱好与需求。

（4）新闻传播的即时性。无论是地球的哪一端，只要有网络的存在，瞬间发生的事，马上可以传播到地球的任何一个角落。

（5）货币的无纸化，只要带着手机就可走遍天下已成为了现实，千百年来使用的货币、纸币已成为手机中的一串数字。

（6）生活空间的虚拟化。一方面人们的生活变得透明，另一方面人们又在追求物理空间与现实社会不能带来的刺激，游戏、陌生人已构成了人们生活的一部分。

（二）人工智能时代职业教育的发展愿景

教育部职业教育与成人教育司 2018 年工作要点提出：要应对技术变革，启动人工智能教师队伍建设行动，探索信息技术、人工智能等支持教师决策、教师教育、教育教学、精准扶贫的新路径。这一要点的提出，标志着教育开始关注人工智能以及人工智能在教育中的应用。

1. 人工智能时代职业教育呈现特点

与社会发展密切相关的现代职业教育，也必然要受到人工智能的影响。首先是专业的发展，人工智能时代把专业发展带入了快车道，一些新专业将以更快的速度进入国家专业目录，国家专业目录修订的频率会越来越高；其次是教学方式与教学模式的变革，人工智能让教学方式与教学模式变得更加丰富与多元。具体呈现出如下特点。

（1）学习的个性化。社会在变、环境在变、对象在变，人们的思维方式在变、生活方式在变，变的结果不是趋向统一，而是促进了选择的多样化、需求的个性化，职业学校学生的学习也必然会呈现这样的特点，丰富的学习资源让个性化学习成为可能与必须。

（2）信息的海量化。网络的出现，让信息呈现出井喷式发展，信息丰富而且多样，如何检索信息成了基本的要求，信息的丰富与杂乱无章让选择需要的信息就成为重点，把有用信息进行分析、整合，并融入自己的理解与思考，生成新的信息，这也成了一项重要技能。显然处理信息的方法与技巧也成了职业学校教师组织教学的重要任务。

（3）设备的智能化。随着科学技术的发展，特别是人工智能的需求，教学呈现的手段与方法也逐一打破传统。当前，受设备智能程度的影响，教学过程中，还需要掌握一定的设备使用技术与技巧。真正的智能设备是无须教师掌握高尖端技术，应该是一种操作简单、方便的"傻瓜"式设备。

（4）数据的整合化。数据是最好的资源，但目前还处于弱人工智能阶段，如何收集与整理大量的数据，如何区别有效数据与无效数据，还需要走一段路程，也是目前职业学校教师面临的一项重要任务。

（5）内容的精准化。数据的收集与整合，主要目的是进行数据分析，对事物属性或工作进程进行诊断与改进，以便更精准地提供需要的内容。所以，将来的信息推送必然更加精准。

（6）方式的多样化。传统的教与学，是在固定的教室里进行，网络的出现，打破了物理空间的限制，线上教学、远程教学、混合式教学等新方式不断呈现，教与学的方式更加多元丰富。

面对这些新的变化，部分职业学校教师呈现出"无助"状，有的对信息化十分抵触，有的对信息化十分依赖，更多的是面对丰富资源的无所适从。

2. 人工智能时代职业教育发展趋势

人工智能时代的到来，必然会对职业教育产生深远的影响，同时，职业教育必将呈现以下发展趋势。

（1）师生关系的"平等化"。

虚拟网络的出现、教学资源的丰富，个性化的学习需求，必然会带来师生关系的错位与颠倒，老师也是学生，学生可能会是老师，而这种错位与颠倒必定会实现师生关系的真正平等。

（2）专业发展的"一体化"。

人工智能时代不是某一个领域、某一个区域的人工智能，而是关乎社会每一个成员，影响到社会每一个角落，几乎所有的职业都会与人工智能相关，如果这是一种现实，必然会带来专业趋于一体化，即各个专业的智能化发展。

（3）课堂教学的"复合化"。

线上线下教学、远程教学、混合式教学等教学模式已经在实际课堂中得到应用，课程内容也由单一走向复合，师生关系由传统的一对多向一对一、多对一、多对多的师生关系转变，课程呈现方式由传统走向了现代，学习空间由一元走向了多元。所以，将来的课堂必然是复合的。

三种发展趋势必然会对现有的教学组织形式带来深刻的影响，促进教学组织方式的变革，一本教材教一生，这已是过去时，现代教师要坦然面临这样一个信息瞬间万变的时代，随时补充能量与血液，才能保持足够的战斗力。面对人工智能时代，我们有更多的挑战与机遇，与时代同步方能在时代中大展手脚。

第三节　职校教师积极教育力的实践策略❶

教育教学过程中，教师与学生是两个重要的参与对象，也是影响和体现教育效果的两个关键元素，这两个元素最为直接的关系，就是教师教育力和学生学习力的关系。这是当前教育十分关注的话题，也是职业教育教与学亟须解决的问题。

一、职校教师教育力与学生学习力的三维解读

如何用教师教育力来引领推动学生学习力，既要熟悉教师教育力与学生学习力所包含的要素以及相互的关系，还要掌握教师教育力促进学生学习力的关键因素和相关条件。这里用"数理化"的理解方式进行阐释与分析。

（一）数学理解：职业学校教与学的四个状态

如果用横向带箭头的射线表示教育力，箭头方向表示教育力强，反之，则表示教育力弱；用竖直向上的射线表示学习力，同样，箭头方向表示学习力强，反向则表示学习力弱，两条射线相交则形成四个象限，这四个象限分别为：第一象限为教育力强、学习力强，第二象限为教育力弱、学习力强，第三象限为教育力弱、学习力弱，第四象限为教育力强、学习力弱。如图 11 – 1 所示。

图 11 – 1　教育力与学习力的数学象限

❶ 杨永年. 职业学校教师教育力与学生学习力的"数理化"理解 ［J］. 职教通讯，2019 (10)：68 – 73.

1. 四种状态

根据这四个象限分布，可以理解为职业学校目前的四种状态。分别为：现实状态、理想状态、过渡状态、特殊状态。

（1）第三象限：现实状态。

以职业学校学生普通学习力为例分析，职业学校的招生现状充分说明了一个问题，经过小学初中的洗礼后，职校学生无论是学习能力、学习毅力，还是学习动力都很薄弱，学习成绩不高、学习习惯不良、学习方法不适、学习兴趣不浓等是职业学校学生典型的特征。职业学校学生整体学习力低，这是很显然的。另外，尽管党和国家对职业教育十分重视，近年来投入大量的资金改善办学条件，出台了很多政策文件，促进师资队伍提升，但总体来说，职业教育还处于弱势状态，教师积极性不高、主动性发展不够，幸福感不强，面对学习力弱的学生，持消极态度或者不作为，这已成为一种普遍现象，所以教师教育力始终处于低水平状态。

（2）第一象限：理想状态。

教师教育力强、学生学习力强，这显然是各职业学校追求的一种理想状态。经过改革开放40多年的发展，中国职业教育有了显著的提升，为中国经济和社会的发展贡献了力量，这是毋庸置疑的，特别是近几年，职业教育走出国门，在世界技能大赛上，中国的声音充分证明了中国职业教育的力量，从不参与到参与，从参与到十多枚金牌，说明了中国职业教育学生学习力与教师教育力的不断增强。但这些还仅是一些"点"，提升职业教育的整体实力，我们还有很长路要走。

（3）第四象限：过渡状态。

面对职业学校学习力较弱的群体，职业学校所要做的，首先是提升教师教育力，只有提高教师教育力，才能培养出学习力强的学生，这是一个漫长的过程，也是教师教育力与学生学习力发生"化学反应"的过程，显然，也是一个学校、教师、学生同步成长的过程。

（4）第二象限：特殊状态。

职业学校学生个体的差异性，决定了教育的多样性。一些学生有特殊的兴趣、爱好与特长，如何满足这部分学生的个性化成长，职业学校需要解决教师教育力"短板"问题，并创造条件满足学生成长的需要，让学生学习力得到更大的提升。

2. 三个结论

根据四个状态分析，可以得出以下三个结论。

（1）面对现实要有勇气。

就目前职业学校发展而言，我们无法选择我们的学生，这是一个现实问题，采用抱怨、嫌弃等方法是不妥的，我们唯一可做的，就是改变我们自己，提高教育力，以适应目前这种状况，从而提升学生。

（2）健康发展要有信心。

纵观职业教育的发展历史，职业教育的发展成果不仅丰富有成效，而且已经驶上发展快车道。随着社会经济的发展，职业教育发展的环境与空间有所改变，国民对职业教育的认可度逐年提高，职业教育师资也越来越"专业化"，不仅专业技能专业化，而且教育教学能力"专业化"，职业教育的师生也开始走到世界舞台的中央。

（3）改变状态要有行动。

从"现实状态"如何走向"理想状态"，实现这个跨越的主体是教师，如何促进教师的主动发展，如何推动全员教师的行动，这主要在于职业学校。显然，发挥教职员工集体的力量，为教师创造良好的发展环境和氛围，为教师提升提供足够的空间，为教师发展搭建合适平台，提高教师发展的主动性与积极性，这应该是职业学校发展的重要任务。只有行动，方有可能发现问题、解决问题，方有可能实现目标，无论是个体，还是群体都应该有这样的意识。

（二）物理理解：教育力与学习力的三个要素

教育力如果理解成"教育"＋"力"，学习力则可理解成"学习"＋"力"。众所周知，在物理学中，力有三要素，即力的大小、方向与作用点，则教育力必然存在教育力的大小、方向与作用点，学习力也必然存在学习力的大小、方向与作用点。

1. 教育力的方向与学习力的方向：培养（成为）健康、快乐、和谐的社会人

根据力的原理，方向一致，方能叠加合成最大力，方向有偏，合成力就会减小，产生运动的可能性就会降低或运动效果就会打折，方向相反，就会相互抵消削弱，不会产生运动效果甚至产生负面效果。显然，教师教育力的方向与学生学习力的方向必须一致。

职业学校的学生培养目标通常为：培养高素质技能技术型人才，这就是职业学校教师的教育方向。结合对人的终身发展需求的理解，我们应该培养健康、快乐（幸福）、和谐的社会人。身心健康是个体生命与生存的基础，幸福安康是个体的生活追求，和谐是保障稳定生活的社会奠基石，我们目前所做的一切均是围绕这些内容展开的，只不过在教育时间、教育地点、教育内容、教育方式上有所偏差。所以用一种全视角的思维看待职业学校学生的学习和生活，或者引导学生看待自己的成长，教育使命不会偏离方向，我们方能少走弯路、不走冤枉路。如何保持教育力与学习力方向一致，教师需要的是规划力，能规划好自己，更能引领学生规划，而学生需要的是毅力，坚持自己的规划不断努力。

2. 教育力的作用点与学习力的作用点：学生的心（弦）

就物体受力分析而言，假设作用点不在同一点，物体就会有倾倒的可能。教育力的作用点与学习力的作用点显然应该指向同一处，在教育过程中，教育能否产生效果，关键是促动学生心灵深处的变化，所以，扣住学生的"心"，是开展所有教育的前提，否则就会出现"对牛弹琴""格格不入"。

教育力的作用点在于学生之"心"，关键是如何扣住，要能够准确扣住，教师就必须具有洞察力，能够准确把握教育的时机，结合学生心理特点，对症下"药"，达到撬动学生学习的积极性与主动性的目的。学习力的作用点也在于学生之"心"，关键是如何启动，启动在于产生学习动力，这是一切学习的开始，没有动力就没有后续的努力，一切学习无从谈起，也不可能有幸福喜悦的收获。

3. 教育力的大小与学习力的大小：取决于"化学反应"的效果

教育力的大小和学习力的大小均体现在能力上，即教育的力度性和学习的力度性。且两者之间是相互关联的，不涉及学生的教育力就是缺乏说服力的教育力，没有教师引导的学习力肯定是效果低下的学习力，如何让教育力和学习力均得到提升，就必须让两者产生火花，即发生化学反应，教育力和学习力的大小均取决于化学反应的效果。

根据职业学校教育教学特色，教师教育力的大小主要体现在三个方面：一是保持教育力方向的规划力，二是击中教育力作用点的洞察力，三是实施教育的实践力。教育目标是否正确，教育的内容是否正确，教育的方法是否正确，主要体现在教育力的方向上，表现为教师对教育教学的规划力。教育力的作用点主要体现在教育切入点的合适性，教师要对学生个性心理有足够的了解与熟悉，对学生日常表现与行为能足够关注，善于捕捉教育的时机，能有效批评与表扬，这表现为洞察力。在实际教学过程中，如何把控教育教学进程，提高教育教学效果，这是真正体现教师教育的实践力。

对于学生学习力而言，学习力的大小也体现在三个方面。一是保持学习力方向的毅力，二是在作用点上产生学习动力，三是学习的实践力。学习力的方向主要表现为对学习长期保持兴趣，能坚持且有足够的耐力，表现为学习的毅力。学习力的作用点主要表现为产生学习的内驱力，学习成为一种自觉行为，这主要表现为学习动力。学习实践力是一种实际学习能力，包括选择学习内容，如何选择适合自己的学习方法，如何激发自身的创新力，等等。

（三）化学理解：教育力与学习力的三个反应

教育力与学习力可以理解成物理性质的力，但它们两者之间绝不是物体间简单力的物理传递，而是一种化学反应。可以用一个简单的化学反应方程式表示两者的反应关系，如图 11 - 2 所示。

从化学反应关系看，教师教育力与学生学习力在反应前就存在，只不过可能不强或不显著，经过反应后，两者均有所提升。同时，为了使化学反应更加"彻底""有效"，在反应过程中，有必要增加催化剂和设置相关

催化剂

教师教育力1+学生学习力1 ➡ 学生学习力2+教师教育力2

图 11－2　教师教育力与学生学习力的化学反应关系

的反应条件，而这些催化剂与条件正是我们教育教学过程中要关注和实施的重点。根据教师教育力大小与学生学习力大小的三个要素，可以列出如下三种反应关系。

1. "教育规划力与学习毅力" 化学反应

保证教育力的方向需要教师具有教育规划力，保持学习力的方向需要学生具有学习毅力，两者反应促进教师教育规划力进一步提升，促进学生学习毅力进一步加强。促成两者发生反应的催化剂主要在于教师，大量的学生成长事实证明，教师的人格魅力对学生的影响十分巨大。在反应过程中，如何进行规划是影响反应效果的重要因素。

2. 催化剂：教师人格魅力

无论教师教育规划力有多强，要转化为学生学习毅力，首先要让学生能够信服。自古以来，"亲其师而信其道"，教师的积极人格魅力就成了两者发生反应的必要 "催化剂"，如何让教师具有积极的人格魅力，要做到以下几点。

（1）教育有情怀。用心做教育，满怀激情地做教育，从心底爱学生，把教育当作事业看待，敬业乐业。

（2）待人需公平。公平公正首要表现即为尊重，相互尊重方能获得相互理解与信任。平等对待每一个孩子、每一个事件，让孩子们对生活充满希望。所以，公平公正是学生信服的底线。

（3）态度要友善。让孩子生活在一个和谐的环境中，在欢乐、轻松的环境中，师生之间交流才会没有障碍，才会获得相互的认同与认可。

3. 辅助条件：规划做到 "三适"

有了催化剂的作用，要想达到期望的结果，还需在规划上做好文章。

（1）规划的目标要适合。帮学生规划的目标要适当，要根据学生的具体发展实际进行个性化规划，目标不能太高，太高不易实现，容易挫伤学生的学习积极性，目标也不能太低，太低容易使学生产生自满情绪。

（2）规划的内容要适中。规划的教育内容要适中，内容太多，太难，学生难处理，就会导致不处理；内容太少，太容易，学生懒得处理，也会导致不处理，要想让孩子们信心十足地坚持，就必须根据学生的发展实际安排适中的内容。

（3）规划的方法要适当。有效的方法能够使学习更轻松、更快捷，效率更高，这也是学生能够坚持的有效动力，反之，无效的方法只会重复做功，让学习者无法体验学习的快乐，逐渐丧失学习的兴趣，导致学习毅力荡然无存。

4. "教育洞察力与学习动力"化学反应

教育力与学习力的作用点在学生之"心"，关键是如何拨动心弦，产生学习动力，教师就需要具有十分敏锐的教育洞察力，并以学生产生学习的内在动力为目标。如何让教师教育洞察力与学生学习动力产生强烈的反应，反应的催化剂就是保持学生持续的学习兴趣。在反应过程中，如何激励是影响反应效果的重要因素。

一是催化剂：保持学生持续的学习兴趣。

有人说，兴趣是最好的老师，兴趣能够打开与学生交流的大门，也是产生学习动力的最重要因素，所以持续的兴趣保持是最好的"催化剂"。要能让学生长久持续地保持兴趣，教师的教育洞察力要帮学生做到"三心"。

（1）树立自信心。要想让学生有兴趣，首先学生要自信，长期以来，相当多的职业学校学生总认为自己"不是块学习的料""差人一等"等，自信心严重不足。有了自信心才有可能敢想敢做，才能产生学习兴趣，才能产生学习动力。

（2）激起好奇心。好奇心是探寻世界的开始，也是学生学习动力最初的起点，如何激发学生的好奇心，需要教师不断地设计和优化自己的教学方案，通过灵活的方法、科学的手段呈现教育教学内容。让学生产生好奇，是检验教师教育教学能力强弱的重要因子，也是考察教师对教学内容、教学对象洞察力的重要方面。

（3）保持进取心。进取心保持和兴趣保持是相辅相成的，有了强烈的进取心，兴趣才能长久，兴趣也是不断进取的源动力。让孩子认识到自己可以进步，并且通过进步能够获得成功，只有通过不断地螺旋上升，不断强化学生进取心，才能获得兴趣的保持。

二是辅助条件：激励三"适"。

在持续的兴趣保持"催化"下，要能够让学生的学习动力得到有效提升，还必须做到以下三"适"。

（1）适当的学习竞争。没有比较的情况，很难体验到学习成就感，低成就感往往会消退学习动力。通过适当的竞争，可以促使学习者有适当的压力，压力可以转化为动力。当然，过度的竞争则容易使学习者产生疲劳，甚至在失败后自暴自弃，完全失去学习动力。

（2）适宜的目标期待。设立了目标，就有了方向和前进的动力，目标的设置要适宜，通过努力能够达到，不能过低或过高。过高容易导致失败，让学习者错误认为，自己能力低，无法达到；过低则容易使学生有满足感，不利于学生长久保持兴趣。两种极端都会影响学习者的动力。

（3）适时的表扬奖励。表扬与奖励是学生学习动力保持的重要"能量"，不过表扬与奖励也要恰到好处，在适当的时间、适当的场合、适当的环境中做出适中的表扬与奖励，往往会起到事半功倍的效果。

5. "教育实践力与学习实践力"化学反应

实践是检验真理的唯一标准，能力的提升在于实践，方向明确了，作用点找到了，关键在于实践，这是体现教育力大小和学习力大小的核心指标。教育实践力与学习实践力在相互促进过程中不断提升，在提升过程中，要发挥教师主导作用，建立以学生为主体的实践体系。教师教育实践力主要体现在平台搭建能力、活动设计的能力、过程指导的能力。而学生的实践力在于善于捕捉和创造实践的机会，在实践过程中不断提升自己。所以，两者的催化剂就是创设更多的实践机会，在实践过程中，还要把握好三个原则。

一是催化剂：产生更多的实践机会。

能力是在实践中锻炼出来的，没有实践平台，就没有锻炼的机会，就没有能力的提升，教师教育实践力就是不断地为学生学习创造更多的机会。所以，教师教育实践力与学生学习实践力的化学反应，"催化剂"就是产生更多的实践机会。要给学生实践创造机会，就必须具备以下三个能力。

（1）平台搭建的能力。实践不单纯是动手操作，而是全方位的锻炼。当前职业教育要突破在实践问题上的"敢不敢"和"有没有"，敢不敢的问题主要解决教育者的理念问题，关起门来办教育，安全无风险有保障，只要不出事就"万事大吉"，就算"成功"。这成了很多教育管理者的"玉言良方"，也成了很多教师的基本想法，只有冲破这个"紧箍咒"，方能考虑有没有的问题。利用自身周围资源丰富实践资源，这是实践平台搭建的基础，让自己的实践资源有目的地用于"提升学生学习力"，这就是平台搭建能力。

（2）活动设计的能力。有了实践平台，还必须让这些平台起到作用，利用好平台的关键在于实践活动的设计，如何有针对地根据学生学习能力发展的需要开展活动设计，这也是一项基本功。好的活动设计目标明确，过程科学，效果明显，学生学习能力突飞猛进，反之，把活动作为任务，把活动看成管理，效果就会打折扣。

（3）过程指导的能力。加强实践活动的过程指导，也是不断提升学生学习能力的重要步骤。任何一次实践活动在计划时都不可能很完美，需要在活动过程中根据需要进行调整与优化，调整和优化的过程即是服务于学生学习能力发展的过程。

二是辅助条件：落实三个坚持。

在实践过程中，实践的主体与内容还需要坚持以下三个原则。

（1）坚持以学生为主体。能力具有不可传递性，能力必须通过实践方可得到提高，教师教育能力如何提升学生学习能力，就必须让学生参与实践，只有让学生在实践中锻炼、打磨，在实践中交流与思考，方能"修成正果"。

（2）坚持以生活为导向。陶行知先生认为，生活即教育，在教育过程中，要充分利用好生活教育资源，生活是学生的立命之本，只有掌握了生活中的学习能力，才有可能照顾好自己、照顾好家人，才有可能实现奉献社会和报效祖国。

（3）坚持以社会为熔炉。个人是离不开社会而生存发展的，社会是一个熔炉，只有经过社会的锤炼方能适应社会，封闭在校园里的教育永远培养不出适应社会的人才，让学生参与社会实践、社会公益，承担一些社会义务，有助于学生了解社会，增强学习能力，在社会生存中游刃有余。

以数学象限的原理分析职业学校教学现状及其转化的要求，比较贴近目前职业学校实际；从物理学力的属性理解教师教育力与学生学习力，与教育教学规律是吻合的，也是符合职业学校教育教学实际的；以化学反应的原理分析教师教育力与学生学习力的反应过程，突出了教与学的关系以及相关的影响因素，也是我们教育教学过程中需要关注的重点。

二、职校教师积极教育力的提升策略

提升职业学校教师积极教育力，受到诸多的因素影响，主要有以下三方面。

（一）政府层面：创建良好的职教发展环境

党和政府十分重视职业教育的发展，从国家层面多次发出声音，提出解决当前职业教育发展新路径，特别在职业学校教师发展上，《国家职业教育部改革实施方案》要求多措并举打造"双师型"教师队伍，对职业教育教师队伍提出新的要求。

1. 加强职业技术师范院校建设

近年来，职业师范院校发展逐渐萎缩，特别是优质的本科院校对职业教育师资发展缺少关注。对职业学校的师资来源与发展产生了很大的影响。面对《国家职业教育部改革实施方案》中提及"从 2019 年起，职业院校、应用型本科高校相关专业教师原则上从具有 3 年以上企业工作经历并具有高职以上学历的人员中公开招聘，特殊高技能人才（含具有高级工以上职业资格人员）可适当放宽学历要求，2020 年起基本不再从应届毕业生中招聘。"要从长考虑，加强职业技术师范院校建设，努力探索符合现代职教发展的新路径与新方法。

2. 加强校企"两师"双向交流

所谓"两师"，即职业学校教师与企业工程师，《国家职业教育部改革实施方案》中明确提出"建立健全职业院校自主聘任兼职教师的办法，推动企业工程技术人员、高技能人才和职业院校教师双向流动。"由于企业与职业学校的薪资、制度不一致，推动双向交流的难度很大，对于这样一种重要途径，政府要出台相应的考核机制与激励机制，鼓励企业安排人员到学校访学，鼓励学校教师到企业挂职，从多个层面让"流动"落地生根。

3. 加强教学创新团队建设

教学创新团队建设不能仅局限于学校。局限于职业学校发展的创新团队，是不能带动师资的整体提升。政府要为创新团队发展创造条件，为团队创新创造便利。目前，国家为国家教学创新团队创造了"团队性出国访学"，就是一个很好的团队整体提升的案例，各级政府要把各级教学创新团队的发展放到职业学校教师发展的首要位置，不仅要创设整体培训的机会，还要主动与企业牵线，为教学创新团队的发展创造机会，在资金、政策与人力资源上给予支持。

4. 加强优秀教师宣传

教师的发展离不开社会的认可与支持，在职业学校同样存在一批可敬可亲的老师，他们为了学生不辞劳动、辛勤耕耘，用自己的智慧与青春默默地做着贡献。他们同样需要得到社会的认可。加强职业学校的优秀教师的宣传不仅体现对职业教育的重视，更是体现对职业学校教师工作的认可。

5. 关心教师关注的难点与痛点

目前，职业学校的绩效分配方案、职业评定、岗位聘任等还存在一些不完善的地方，影响教师的积极性，也影响教师的发展。如何根据绩效绩酬、公平公正的原则有效解决教师绩效分配，如何逐渐消化前期职称评定存在的问题，真正实现岗位聘任的公平与公正等，这些教师关心的热点、难点与痛点，需要政府部门有效解决。

（二）学校层面：让管理回归教育服务

学校是教师成长的摇篮，学校的土壤决定教师成长的快慢，决定教师积极教育力提升的快慢。换句话说，学校教育力决定教师教育力，反之，教师积极教育力也影响学校的发展。所以，让学校的管理回归教育服务十分重要。

1. 在理念上：紧跟时代步伐

学校的发展理念决定教师的理念，科学合理、符合现代职业教育发展方向的先进办学方针，为教师发展指引方向，有着鲜明、先进发展理念的学校，教师往往也会呈现一种积极向上的教育教学姿态。

2. 在政策上：坚持公平导向

坚持公平公正是保持教师教育积极性的前提，在教师职评、评先评优、绩效分配等方面出台相关政策，充分体现多劳多得、优质优酬，通过政策奖勤罚懒，调动教师工作的积极性以及发挥教师的积极教育力。

3. 在评价上：崇尚尊师重教

尊师重教是中华传统美德，但在现代职业教育发展过程中，从事职业教育的教师地位一直处于"低位"，如何维护教师的利益和保障教师的利益，以及提升职业学校教师地位，让教师有安全感、归属感，这是每一所职业学校都应该要做的。

4. 在培养上：搭建多元平台

教师发展与提升离不开学校提供的平台与机会，如何让教师在专业发展上走得更宽更广，需要各职业学校为教师提供培训、学习、比赛、访学、参观、实践、交流等机会，通过这些平台提升教育教学能力与水平。

（三）教师层面：让教育回归教育初心

职业学校教师积极教育力的提升关键在于教师自身。教师应把教育作为幸福人生的价值追求，愉悦地享受教育过程，在教育过程中不断反思、不断改进、不断提升，让自己的教育情怀回归到教育初心。

1. 在目标上：职业向事业转变

教师是一份职业，但由于其工作的特殊性，很多工作范围与要求又超过了职业要求，社会与民众对教师的关注度远超过对其他行业和职业的关注。教师应该从工作实际需求出发，合理确定自己的职业生涯规划，通过爱岗敬业、为人师表等脚踏实地的行动，努力实现职业向事业的转变，成就自己的职业教育梦想。

2. 在理念上：管理向教育转变

长期以来，因实际工作需要，我们通常以管理代替教育，忘记了教育的本源，让教育变得"冷、硬、燥"，如何让教育中的管理回归教育，让教育有温度和热度，这是现代教育必须要解决的问题，也是我们教师教育思维必须转变的问题。而实现这一转变的核心问题就是教师必须要有一颗"兼爱、仁爱、博爱"之心，用爱充盈课堂，用爱唤起学生学习内驱力，这样的课堂必然是最受学生欢迎的。

3. 在行动上：被动向主动的转变

信息化的到来，让课程资源变得异常丰富，不再是简单的教材、教参，而是与社会发展同步的信息资源，这些新的信息资源需要教师能够获取、消化，还要能够转化。所以教师必须掌握一些新技术的应用，必须主动适应、主动参与、主动实践、敢于改革，否则，理念就会落后，知识就会陈旧，就不能适应公平优质课堂的需要，就不能适应现代职业教育的发展。

4. 在教学上：主教向主学转变

长期以来，我们一直崇尚"学生为主体，教师为主导"的课堂形式，一些课堂仍然是长期"满堂灌"，教师从头讲到尾。课堂如何成为学生的课堂，把课堂还给学生，已成为现代职业教育必须面对的课题，这也是考验教师教育力的重要命题。唤起学生学习，带领学生一起学习，应该是教师积极教育力十分重要的体现。

5. 在路径上：个体向群体的转变

一个人可以走得很快，一群人方能走得更远。职业学校教师要实现教育力的提升，必须依靠团队的力量实现个体的发展，一个人的力量是有限的，一个人的资源也是有限的。随着教育信息化的推进，新方法、新技术、新资源不断呈现，需要教师个体不断地消化吸收。同样，利用团队的力量会使消化过程更加快速、更加有营养，这也是快速提升教师积极教育力的有效路径。

本章小结

　　本章主要介绍职业学校教师积极教育力的实践意蕴、实践反思与策略、积极教育力与主动学习力三个方面的内容。明晰教育力、积极教育力的概念，厘清教育力与教师发展的关系，明确教师积极教育力的作用与意义，分析影响职业学校教师积极教育力的内外部因素，结合智能时代对教师发展的要求，从政府、学校以及教师自身提出实践策略。同时，运用数学象限的思维方式分析职业学校教育力与学习力的现状，运用力三要素的物理性质阐释教育力与学习力的内涵，运用化学反应的原理解释教师积极教育力如何推动学生主动学习力。

（常州市教育科学研究院　杨永年）

结　语

2019 年 10 月 10 日，"2019 积极课堂专题研讨"活动在江苏省海门中等专业学校如期举行。8：30，在该校 G2 楼的 336、331 教室，崔景贵教授和与会其他老师一道观摩了海门中专陆培英老师、通州中专丁伶俐老师和启东中专陈卫涛老师分别执教的三节公开课，江苏省职教名师工作室领衔人、海门市新职业教育研究所所长崔志钰老师随后做《积极课堂的教学范式：基本特征·模式建构·意义表达》讲座，参加研讨的 5 位职校教师代表结合评课分别交流发言，南通市名师培养导师团团长王笑君和副团长郭志明在上午、下午分别做专门点评和活动总结。

10 月 10 日下午，在该校图文信息大楼 15 楼的云空间会议室，崔景贵教授应邀做《为积极而教：职业教育范式的实践建构》主旨报告。在交流中充分肯定本次积极课堂研讨的示范意义和实践价值，积极评价课堂教学示范课的探索实践和创新作为，赞誉这是"有学术思想的创新实践，有教育担当的学术交流"，认为示范课教学组织生动精彩、互动有趣，教师导得积极、学生学得投入，课堂上师生始终洋溢着阳光幸福的笑容，并对多个名师工作室的团队协同、资源共享和课堂教学行动研究给予高度肯定。

作为课题负责人，崔景贵教授在报告中简要回顾举办 6 届积极职业教育论坛和 4 次专题研讨会的基本历程，表示要传承与时俱进、创新实践的研究风格，倡导求真求实、协同行动的研究理念，协力为新时代职教现代化高质量发展贡献适合的学术智慧和行动方案。中国职业教育 70 年发展成就辉煌，正在"回顾昨天、总结今天、宣示明天"，一定要不忘本来、回归本来，面向未来、引领未来，自觉用人本、走心、理想和现代四个关键词，写好"办让人民满意的好职业教育"新篇章。重塑"三全"育人的核心价值，是教育能够实现安身立命的"灵魂"和"主线"，是教育自觉实现意义回归的"常识、本分、初心和梦想"。现代职业教育要助人立人、为人成人，培养真正健康快乐、文明和谐、全面发展的现代人，培育具备核心职业素养、追求专业卓越、人格大写健全的积极人，但不要误导学生一心只想成为"人上人"，不愿意成为"人中人"，更不能培养"机器人""技术人"或"空心人"。积极是一种现代理念和教育范式，是一种专业精神和教育情怀，更是一种卓越境界和教育格局。基于积极的时代意蕴、创新视角和专业站位，我们要贯彻落实全国全省教育大会精神，全面实现立德树人、铸魂育人的根本任务，深刻理解和科学把握教学相长、教学育人的核心旨趣，深入践行和自觉守正积极育人、培育时代新人的初心与使命。

积极职业教育就是让每一个职教人都有人生出彩的机会，努力成为最好最优的自我，能够健康快乐和谐的幸福生活。教育的根本目的是人类的幸福，积极职业教育就是要让职业院校每一位师生每一天都健康快乐而有意义地活着，有更多的安全感、归属感、尊严感、获得感和幸福感。这一范式所追求的教育价值取向，和中国教育梦"让每一个学生幸福成长、人人成才"的基本理念，是一脉相承、高度一致的。推进课堂教学的"三教"改革创新，职业院校教师要全面树立积极教育理念，创建幸福课堂，培育优质人才（高素质技术技能人才），厘清职业教育与人（学生）的发展之间的辩证关系和实践逻辑，增强"教什么？教给谁？为什么教？如何教？怎么教得更好？"的问题意识，始终以学论教、以学定教、以学助教、以学促教，实现教学合一、教学相长、教学育人。在学习过程和工作过程、课堂情境和职业情境之间有效转换、积极变换，让课堂上的每一个学生各有所学、学有所得、各得其所、各展其长，真正"发现人才、爱护人才""人尽其才、才尽其用"，促进学生学会自主学习、合作学习、探究学习和意义学习。在学习活动中积极体验感悟、德技兼修，在团队互动中培养合作、利他、友爱、责任等品格，促进实现学思结合、学以致用、手脑并用、知行合一，全面认识自我、客观评价自我、积极悦纳自我、不断完善自我、奋力超越自我。

积极职业教育范式应该成为我们职教实践工作者共同的精神家园，知行合一是积极职业教育范式建构的"心学"路径和实践逻辑。回答新时代职教"三问"，职业院校教师要努力做专业卓越的积极职教实践者、思想者和研究者：一要进一步提升积极育人的高度、深度、温度和力度，以精益求精的专业态度善待教育、敬畏教育，以积极的认知和心态优待学生、关爱学生，树立"学习人、职业人、心理人"三位一体的学生观，以职业精神、专业精神和工匠精神促进和引领学生精神成长。二要更多聚焦把握积极心理视角，关注和挖掘每一个学生的潜能、优势和美德，观察了解每一个学生的学习过程、行为表现和心理感受，理解、尊重和包容学生间的差异（差别或差距），满足学生多元化、个性化心理需求，注重培育自尊自信、理性平和、积极向上的社会心态，全面提升自信、希望、乐观和坚韧等心理资本，教学交流评价要聚焦塑造积极品质和积极人格，巧妙点拨、善于"点石成金"，使微积极、更积极、多积极和常积极充分展示在教学过程的各个环节和细节之中。三要善于读懂本真职业教育和职业教育本质，立足"反思教育、反思学习和反思自身"，不断追寻积极职业教育的价值取向，坚持"积极主导、积极优先、积极回归和积极赋义"，将积极课堂教学改革进行到底，在积极教育与消极教育之间保持实践张力，奋力开启解构、重构职业教育范式的新征程，科学建构系统实践、各具特色的积极职教校本行动范式。

新时代呼唤新思想，新理念引领新作为，新担当建构新范式。唯有自觉追求新时代"三全"教育理想，不断深化"三教"改革创新，坚定直面"三问"的教育实践信念，才能够真正"育积极之人，更积极育人，为积极而教"，为中国职业教育现代化高质量发展做出积极范式的新贡献，这是我们共同唱响中国职教改革创新主旋律的理性选择和使命担当。

让我们一道见证积极职业教育范式的成长！

主要参考文献

一、著作类（35 本）

[1] 崔景贵. 积极职业教育范式导论［M］. 北京：知识产权出版社，2016.

[2] 崔景贵. 心理教育范式论纲［M］. 北京：社会科学文献出版社，2006.

[3] 崔景贵. 职校生心理健康教育模式研究［M］. 北京：知识产权出版社，2014.

[4] 崔景贵. 职校生心理教育论纲［M］. 北京：科学出版社，2013.

[5] 崔景贵. 职校生心理与积极职业教育策略［M］. 北京：知识产权出版社，2018.

[6] 崔景贵. 现代职业教育心理学：积极范式的实证研究［M］. 北京：知识产权出版社，2018.

[7] 范树成. 当代学校德育范式转换与走向研究［M］. 北京：人民出版社，2011.

[8] 冯建军. 生命与教育［M］. 北京：教育科学出版社，2004.

[9] 高清海. 人就是"人"［M］. 沈阳：辽宁人民出版社，2001.

[10] 何仁福. 生命教育引论［M］. 北京：中国广播影视出版社，2010.

[11] 纪洁芳. 生命教育教学［M］. 北京：中国广播影视出版社，2014.

[12] 李秉德，李定仁. 教学论［M］. 北京：人民教育出版社，2007.

[13] 林崇德. 21 世纪学生发展核心素养研究［M］. 北京：北京师范大学出版社，2016.

[14] 刘济良. 生命教育论［M］. 北京：中国社会科学出版社，2004.

[15] 陆士桢，王玥. 青少年社会工作（第 2 版）［M］. 北京：社会科学文献出版社，2010.

[16] 潘永惠，张寅，陈尊雷. 职业学校积极德育模式构建与实践［M］. 北京：知识

产权出版社，2018.

[17] 皮连生. 学与教的心理学 [M]. 上海：华东师范大学出版社，2003.

[18] 任俊. 写给教育者的积极心理学 [M]. 北京：中国轻工业出版社，2010.

[19] 孙效智. 打开生命的16封信 [M]. 北京：中国青年出版社，2011.

[20] 陶行知. 陶行知全集（第2卷）[M]. 成都：四川出版集团，2005.

[21] 叶澜. 回归突破："生命·实践"教育学论纲 [M]. 上海：华东师范大学出版社，2015.

[22] 郑晓江. 生命教育 [M]. 北京：开明出版社，2012.

[23] 周围. 积极道德教育——积极心理学视域中的道德教育 [M]. 北京：中国文史出版社，2014.

[24] 朱小蔓. 情感德育论 [M]. 北京：人民教育出版社，2005.

[25] 严肃，陈先红. 职业精神 [M]. 合肥：合肥工业大学出版社，2013.

[26] [美] 大卫·L格奇. 职业安全与健康全解 [M]. 杨自华，等，译. 北京：机械工业出版社，2015.

[27] [美] C.R.斯奈德，沙恩·洛佩斯. 积极心理学：探索人类优势的科学与实践 [M]. 王彦，等，译. 北京：人民邮电出版社，2013.

[28] [美] 彼得森. 积极心理学 [M]. 徐红，译. 北京：群言出版社，2010.

[29] [美] 克里斯托弗·彼得森. 积极心理学 [M]. 徐红，译. 北京：群言出版社，2010.

[30] [美] 马丁·塞利格曼. 真实的幸福 [M]. 洪兰，译. 沈阳：万卷出版公司，2010.

[31] [美] 马斯洛. 人性能达的境界 [M]. 林方，译. 昆明：云南人民出版社，1987.

[32] [美] 迈克尔·霍恩. 混合式学习——用颠覆式创新推动教育革命 [M]. 聂风华，等，译. 北京：机械工业出版社，2015.

[33] [美] 恰乔. 完全积极的教学 [M]. 郑丽，等，译. 北京：中国轻工业出版社，2005.

[34] [美] 约翰·杜威. 民主主义与教育 [M]. 王承绪，译. 北京：人民教育出版社，2001.

[35] [日] 斋藤孝. 教育力 [M]. 张雅梅，译. 上海：华东师范大学出版社，2011.

二、论文类（85篇）

［1］班华. 德育理念与德育改革——新世纪德育人性化走向［J］. 南京师大学报（社会科学版），2002（4）：73－80.

［2］班华. 对"心理—道德教育"的探索——兼论中国自己的心理教育之道［J］. 教育科学研究，2010（1）：25－29＋33.

［3］别敦荣. 论学分制的教育原理及实施的原则要求［J］. 中国高教研究，2013（3）：6－15.

［4］曾明星，周清平，蔡国民，等. 基于MOOC的翻转课堂教学模式研究［J］. 中国电化教育，2015（4）：102－108.

［5］陈振华. 积极教育论纲［J］. 华东师范大学学报（教育科学版），2009（3）：27－39＋68.

［6］崔景贵，沈贵鹏，胡卫芳，等. 新时代 新思想 新征程：做优质高效的积极职业教育［J］. 当代职业教育，2018（3）：32－37.

［7］崔景贵，姚莹. 工匠精神与现代职业教育：一种积极心理学的视角［J］. 江苏教育，2016（36）：22－28.

［8］崔景贵，陈璇. 职校生职业精神培育：一种积极心理学的视角［J］. 中国职业技术教育，2019（24）：62－68.

［9］崔景贵. 积极型心理教育：21世纪心理教育的主导范式［J］. 江苏教育学院学报（社会科学版），2006，22（5）：17－19＋23.

［10］崔景贵. 积极型心理教育的信念、目标与建构［J］. 当代教育论坛，2006（7）：33－35.

［11］崔景贵. 积极职业教育范式的基本理念与建构策略［J］. 教育研究，2015（6）：64－69.

［12］崔景贵. 加快推进更高质量的江苏职业教育现代化［J］. 江苏教育，2019（4）：45－49.

［13］崔景贵. 培育技术技能人才：加快发展现代职业教育的理念与战略［J］. 中国职业技术教育，2014（21）：180－183

［14］崔景贵. 为积极而教：现代职业教育改革创新的意蕴与范式［J］. 职教通讯，2016（34）：1－7＋25.

［15］崔景贵. 职校生心理健康教育模式建构的现状与策略［J］. 江苏教育，2013（5）：12－16.

［16］崔景贵. 职校问题学生心理与积极职业教育管理［J］. 中国职业技术教育，2012（33）：53－59＋68.

［17］崔景贵. 转型与建构：心理教育范式的发展趋向［J］. 上海教育科研，2005（7）：33－35＋22.

［18］崔景贵. 追寻积极：现代职业教育发展的理念、内涵与范式［J］. 江苏社会科学，2015（5）：242－247.

［19］崔景贵. 走向适合的积极职业教育［J］. 江苏教育，2017（76）：1.

［20］崔景贵. 做家校协同的积极心理健康教育［J］. 江苏教育，2018（64）：1.

［21］崔景贵. 做专业卓越的积极心理教育［J］. 江苏教育，2017（4）：35.

［22］崔景贵. 人工智能时代与积极职业教育范式［J］. 机械职业教育，2019（3）：53－54.

［23］崔景贵. 为积极而教：心理学视域下的积极职业教育范式［J］. 江苏教育，2017（56）：7－10.

［24］崔景贵，黄亮. 心理学视野中的职业教育技术技能人才培养［J］. 中国职业技术教育，2015（24）：87－91.

［25］崔允漷，王中男. 学习如何发生：情境学习理论的诠释［J］. 教育科学研究，2012（7）：28－32.

［26］崔志钰. 课程观察：练好教学诊断"点穴功"［J］. 高职教育研究，2018（3）：11－14.

［27］高德胜. 生活德育简论［J］. 教育研究与实验，2002（3）：1－5＋72.

［28］高伟. 从生命理解到生命教育——一种走向生活的生命教育［J］. 北京师范大学学报（社会科学版），2014（5）：35－42.

［29］侯慧. 美好人性的道德情感期待——读《情感德育论》［J］. 思想理论教育，2008（6）：86－90.

［30］黄宝权. 走向专业的深度课堂观察——基于课堂教学切片诊断的校本教研新尝试［J］. 现代中小学教育，2017，33（9）：88－90.

［31］姜汉荣. 势之所趋：工匠精神的时代意义与内涵解构［J］. 中国职业技术教育，2016（21）：9－12.

［32］匡瑛，井文. 工匠精神的现代性阐释及其培育路径［J］. 中国职业技术教育，2019（17）：5－9.

［33］李宏伟，别应龙. 工匠精神的历史传承与当代培育［J］. 自然辩证法研究，2015

（8）：54 – 59.

［34］李婕瑜，潘海生，闫智勇. 现代工匠精神生成机理及其在职业教育中培养策略
［J］. 中国职业技术教育，2018（24）：85 – 90.

［35］李梦卿，杨秋月. 技能型人才培养与"工匠精神"培育的关联耦合研究［J］.
职教论坛，2016（16）：21 – 26.

［36］李青，王涛. MOOC：一种基于连通主义的巨型开放课程模式［J］. 中国远程教
育，2012（3）：30 – 36.

［37］李顺富，朱小英，张伟. 五年制高职"二三四五"顶岗实习模式的创新实践
——以江苏省江阴中等专业学校为例［J］. 江苏教育研究，2013（6）：24 – 27.

［38］刘玉娟. 高职教育与现代班组长型人才履职素质结构探析［J］. 职教论坛，2014
（2）：91 – 93.

［39］鲁洁. 道德教育的根本作为：引导生活的建构［J］. 教育研究，2010（6）：3 –
8 + 29.

［40］鲁洁. 做成一个人——道德教育的根本指向［J］. 教育研究，2007（11）：11 – 15.

［41］孟维杰，马甜语. 积极心理学思潮兴起：心理学研究视域转换与当代价值［J］.
哲学动态，2010（11）：103 – 108.

［42］孟源北，陈小娟. 工匠精神的内涵与协同培育机制构建［J］. 职教论坛，2016
（27）：16 – 20.

［43］任俊，叶浩生. 积极：当代心理学研究的价值核心［J］. 陕西师范大学学报
（哲学社会科学版），2004（4）：106 – 111.

［44］任俊. 西方积极教育思想探析［J］. 外国教育研究，2006（5）：1 – 5.

［45］沈贵鹏，沈丽萍. 心理—道德教育范式论析［J］. 教育科学研究，2018（9）：
73 – 79.

［46］沈志美. "五位一体"构建职校新型管理模式——江苏省海安中等专业学校的经
验［J］. 江苏教育，2014（4）：19 – 20.

［47］施凤江，郑俊乾. 多元智力理论的教育价值［J］. 中国职业技术教育，2004
（32）：43 – 45.

［48］石鸥，张文. 学生核心素养培养呼唤基于核心素养的教科书［J］. 课程·教材·
教法，2016（9）：14 – 19.

［49］石中英. 缄默知识与教学改革［J］. 北京师范大学学报（人文社会科学版），
2001（3）：101 – 108.

[50] 孙芙蓉. 健康课堂生态系统研究刍论 [J]. 教育研究, 2012 (12): 77 – 83.

[51] 孙伟, 王子夺. 建筑行业视阈下"工匠精神"的内涵特质及培育进路 [J]. 中国职业技术教育, 2017 (30): 109 – 112.

[52] 孙卫华, 许庆豫. 生命教育研究进展述评 [J]. 中国教育学刊, 2017 (3): 72 – 78.

[53] 王丽媛. 高职教育中培养学生工匠精神的必要性与可行性研究 [J]. 职教论坛, 2014 (22): 66 – 69.

[54] 王朋. 学生·教师·学习: 美国大学教学评价的路径演变——基于约翰·比格斯的 3P 教学模型 [J]. 高教探索, 2017 (10): 52 – 57.

[55] 王啸, 鲁洁. 德育理论: 走向科学化和人性化的整合 [J]. 中国教育学刊, 1999 (3): 17 – 21.

[56] 王旭, 李淑杰, 曹静. 学生课堂参与程度的评价方式 [J]. 中国成人教育, 2009 (2): 102 – 103.

[57] 王运锋, 夏德宏, 颜尧妹. 社会网络分析与可视化工具 NetDraw 的应用案例分析 [J]. 现代教育技术, 2008 (4): 85 – 89.

[58] 吴如林. 构建"五位一体"中等职校育人模式的思考 [J]. 江苏教育, 2012 (3): 35 – 38.

[59] 吴天武. 对大学教师教育力的再思考 [J]. 成都师范学院学报, 2014, 30 (10): 5 – 8.

[60] 吴婷. 基于现代学徒制的"工匠精神"培育路径与载体构建 [J]. 职业技术教育, 2018, 39 (25): 18 – 23.

[61] 谢晨, 胡惠闵. 学情分析中"学情"的理解 [J]. 全球教育展望, 2015 (2): 20 – 27.

[62] 杨柳新. 大学的价值观教育与文化认同 [J]. 北京大学教育评论, 2008 (4): 107 – 124.

[63] 乔洪波. 职业学校学生职业精神现状调查 [J]. 当代教研论丛, 2015 (12): 132 + 134.

[64] 朱业标. 中职学生职业认同感的调查与教育对策探讨 [J]. 卫生职业教育, 2017, 35 (11): 26 – 27.

[65] 杨娟. 高职院校学生职业价值观特点的调查研究 [J]. 高教学刊, 2018 (12): 188 – 190.

[66] 李映. 高职院校学生职业认知现状及对策研究 [J]. 产业与科技论坛, 2018, 17

（14）：113 – 114.

[67] 王美荣. 职业精神培养与职业技能提升融合现状调查及思考——以江苏五年制高职会计专业为例 [J]. 江苏教育研究，2018（27）：72 – 75.

[68] 张清，李婷婷，马晶，王阮芳. 高职学生职业素养现状研究 [J]. 文教资料，2017（14）：118 – 119 + 207.

[69] 郑玉清. 现代职业教育的理性选择：职业技能与职业精神的高度融合 [J]. 职教论坛，2015（5）：30 – 33.

[70] 杨永年. 面向人工智能时代的积极职业教育力探析 [J]. 机械职业教育，2019（3）：55 – 57.

[71] 杨永年. 职校教师积极教育力的解读 [J]. 当代职业教育. 2018（3）：35.

[72] 杨永年. 职业学校教师教育力与学生学习力的"数理化"理解 [J]. 职教通讯，2019（10）：68 – 73.

[73] 张涛. 教学切片分析：一种新的课堂诊断范式 [J]. 教育发展研究，2016，36（24）：55 – 60.

[74] 周和平. 班组长是企业"一线管理者"，不是"工人"身份——我国企业班组与国外企业"班组"的比较及思考 [J]. 现代班组，2012（4）：20 – 21.

[75] 周亚娟，潘永惠. 混合式学习视阈下职业院校积极教学模式探索 [J]. 江苏教育研究，2018（27）：14 – 18.

[76] 周亚娟，潘永惠. 基于积极教育培养现代班组技能人才 [J]. 江苏教育（职业教育），2016（2）：54 – 56.

[77] 朱光钛. 教师与教育力关系探析 [J]. 青海师范大学学报（哲学社会科学版），2009（4）：141 – 144.

[78] 朱小蔓，王坤. 涵情育德 以德育人——"全球化时代的'道德人'培养——教师情感表达与师生关系构建"项目的思想与实践 [J]. 中小学德育，2018（9）：27 – 30.

[79] 庄西真. 多维视角下的工匠精神内涵剖析与解读 [J]. 中国高教研究，2017（5）：92 – 97.

[80] 壮国桢. 教育力提升：高职院校师资队伍建设的核心 [J]. 职业技术教育，2009，30（1）：57 – 59.

[81] 陈登福. 参与性教学研究 [D]. 硕士学位论文，重庆：西南师范大学，2004.

[82] 陈鑫. 沉默的外在表现与思维的内在参与：大班课堂下中国学生学习特征的实证

研究 [D]. 硕士学位论文，南京：南京大学，2018.

[83] 吴鑫. 一个基于云平台的智慧校园数据中心的设计与实现 [D]. 硕士学位论文，南京：东南大学，2016.

[84] 张建琼. 课堂教学行为优化研究 [D]. 博士学位论文，兰州：西北师范大学，2005.

[85] 周围. 积极道德教育——积极心理学视域中的道德教育研究 [D]. 博士学位论文，南京：南京师范大学，2011.

三、报刊类（4 篇）

[1] 胡解旺. 现代学徒制需要培育"匠心精神" [N]. 中国教育报，2016 – 03 – 29 (5).

[2] 潘永惠. 职业学校积极道德教育模式构建探索 [N]. 中国教育报，2017 – 10.

[3] 张寅. 积极德育塑人品 幸福教育助成长 [N]. 中国教育报，2016 – 08 – 23 (4).

[4] 崔景贵. 做真正适合学生的积极职业教育 [N]. 中国教育报，2017 – 09 – 12.

后　记

本书是我主持承担的国家社会科学基金项目教育学一般课题《积极职业教育范式建构的实证研究》（课题批准号：BJA170089）的重要研究成果，也是多年来我们团队系统研究积极职业教育的进一步提升和拓展。

本书是国内有关积极职业教育范式实证研究和实践建构的第一本论著。参加本书各章编写的是：第一章，崔景贵；第二章，朱永林、潘永惠、周亚娟；第三章，吴荣平；第四章，马学果；第五章，崔志钰；第六章，郝永贞；第七章，崔景贵、陈璇；第八章，成洁、杨劲平、曾海娟；第九章，许曙青、汪蕾、许素荣；第十章，沈志美、于友林、吴如林；第十一章，杨永年；结语，崔景贵。主编崔景贵负责拟定本书写作提纲及体例、指导各章作者修改，并负责全书最终统稿定稿。副主编朱永林、吴荣平协助开展课题研讨、著作编写工作，对本书出版予以大力支持。我指导的研究生陈璇、姚莹协助整理参考文献、校对部分文稿。

多年来，在积极职业教育实践探索之路上，我和 20 多所职业院校的领导、老师，经常相聚在一起研讨、交流，协同协力协作、携手开拓前行。在举办的六届积极职业教育论坛和 4 次课题工作研讨会上，职业院校教育管理者的创新实践和积极探索，总是给予我变革的思考和思想的启迪，让我对研究积极职业教育增添更多的执着和坚持。这些职业院校有：江苏省江阴中等专业学校、江苏省昆山第一中等专业学校、江苏省高邮中等专业学校、无锡机电高等职业技术学校、江苏省海门中等专业学校、江苏省武进中等专业学校、江苏省海安中等专业学校、江苏省阜宁中等专业学校、常州艺术高等职业学校、镇江高等职业技术学校、江苏省南京工程高等职业学校、常州刘国钧高等职业技术学校、南京商业学校、江苏省徐州经贸高等职业学校、江苏省张家港中等专业学校、江苏省溧阳中等专业学校、江苏省靖江中等专业学校、无锡职业技术学院、南通科技职业学院、江阴职业技术学院等。

这里，我要再次感谢江苏理工学院。本书的出版，得到江苏理工学院优秀学术著作出版基金的资助。从 1990 年 6 月底大学毕业来到当时的常州技术师范学院、后来的江苏技术师范学院和江苏理工学院工作，时光荏苒，已经过去 29 年，是学校求是的大学文化和求实的大学精神滋养成就了我。2000 年 9 月—2003 年 6 月，有幸到南京师范大学教育科学学院攻读博士学位，"正德厚生、笃学敏行"的校训一直激励着我。2003 年 9 月—2005 年 8 月，到浙江大学教育学博士后流动站做研究，竺可桢先生的"志存高远、追求卓越"，我一直铭记在心。2009 年 1—7 月，在德国莱比锡大学访学，合作教授维特胡克博士注重心理学的教育实践应用，启示我要把课题研究的学术著作写在中国职业教育大地上。江苏省职业技术教育科学研究中心、江苏职业教育与终身教育决策咨询研究基地、江苏省高等职业教育教师培训中心、江苏省职业技术教育学会学术工作委员会和江苏省高校哲学社会科学研究优秀创新团队"江苏职业教育现代化研究"的各位专家，江苏理工学院教育学院心理学系、心理教育研究所、职业教育学部，常州市社会科学院积极教育学研究中心以及常州市青少年心理研究与指导中心的各位同仁，学校的诸多领导、同事和同学给予我的关心、信任、理解和支持，至今心存感激之情。

新时代是积极职业教育大有可为的时代，积极育人是新时代立德树人、铸魂育人、育时代新人的应有之义。育人为本、重在育心，积极育人、人人有责，我们要把握新时代职业教育改革创新的心理意蕴，牢记积极育人的初心和使命，全员、全过程、全方位系统推进积极育人，协同协力建构"三全"育人实践的新格局。促进职校生心理成人、幸福成长，成为心理和谐、人格健全的"积极人"是积极职业教育的理想目标。进一步提高积极职业教育的育人站位，以积极为育人的主导和主线，自觉把握积极心理学的优势视角，"育积极之人，更积极育人，为积极而教"，是新时代直面职业教育"三问"的理想之路和实践信念。要以积极教育的基本理念为指导，全面深化职校教学、教材、教法的改革创新，建构专业化、本土化的积极职业教育"共同体"，支持和引导教师坚定做知行合一、追求卓越的"有心人"，争做积极职业教育的先行者和开拓者，争做积极职业教育的思想者和研究者，努力做"顶天立地"而不是"铺天盖地"的实践研究，写实写好新时代职业教育研究协同创新奋进新篇章，着力建构真正适合、更加优质、富有个性的积极职业教育范式，推动中国积极职业教育范式的实践建构，聚力助推新时代中国职业教育高质量发展迈上新台阶。

最后，我要向多次顺利合作的知识产权出版社致敬，特别感谢责任编辑冯彤女士的大力支持和不辞辛劳。正是他们团队精益求精、务实高效的工作，才使本书更为专业、更加优质，更能够得到广大读者的喜爱。

崔景贵

2019 年 10 月 18 日于龙城体育花苑品心斋